REBELDES PRIMITIVOS

ERIC HOBSBAWM

Rebeldes primitivos

Estudo sobre as formas arcaicas de movimentos sociais nos séculos XIX e XX

Tradução
Berilo Vargas

Companhia Das Letras

Grafia atualizada segundo o Acordo Ortográfico da Língua Portuguesa de 1990, que entrou em vigor no Brasil em 2009.

Título original
Primitive Rebels

Capa
Thiago Lacaz

Foto de capa
Antoni Campañà

Preparação
Cacilda Guerra

Índices
Probo Poletti

Revisão
Carmen T. S. Costa
Clara Diament

Dados Internacionais de Catalogação na Publicação (CIP)
(Câmara Brasileira do Livro, SP, Brasil)

Hobsbawm, Eric, 1917-2012
Rebeldes primitivos : Estudo sobre as formas arcaicas de movimentos sociais nos séculos XIX e XX / Eric Hobsbawm ; tradução Berilo Vargas. — 1ª ed. — São Paulo : Companhia das Letras, 2025.

Título original: Primitive Rebels.
ISBN 978-85-359-3819-7

1. Movimentos sociais 2. Movimentos sociais – História I. Título.

24-219932 CDD-303.484

Índice para catálogo sistemático:
1. Movimentos sociais : Sociologia 303.484

Cibele Maria Dias – Bibliotecária – CRB-8/9427

EDITORA SCHWARCZ S.A.
Rua Bandeira Paulista, 702, cj. 32
04532-002 — São Paulo — SP
Telefone: (11) 3707-3500
www.companhiadasletras.com.br
www.blogdacompanhia.com.br
facebook.com/companhiadasletras
instagram.com/companhiadasletras
x.com/cialetras

Sumário

Prefácio à primeira edição 7
Prefácio à terceira edição 11

1. Introdução 21
2. O bandido social 37
3. Máfia 57
4. Milenarismo I: Lazzaretti 88
5. Milenarismo II: Os anarquistas andaluzes 108
6. Milenarismo III: Os Fasci Siciliani e o comunismo camponês 131
7. A turba urbana 148
8. As seitas trabalhistas 169
9. O ritual nos movimentos sociais 199

Apêndice — Em sua própria voz 229
Notas 259
Bibliografia 285

Índice geográfico 289
Índice onomástico 295
Índice de assuntos 301

Prefácio à primeira edição

Meu interesse nos assuntos de que trata este livro foi despertado anos atrás pelo professor Ambrogio Domini, de Roma, que me contou alguma coisa sobre os lazzarettistas da Toscana e os sectários do sul da Itália. O professor Max Gluckman providenciou para que eu fosse convidado em 1956 a proferir três Palestras Simon na Universidade de Manchester, e tive a sorte naquela ocasião de poder discutir o assunto com ele e com um grupo de antropólogos, historiadores, economistas e cientistas políticos, entre os quais especialistas em movimentos milenaristas, como o dr. Peter Worsley e o professor Norman Cohn. Este livro é uma ampliação daquelas palestras, contendo capítulos adicionais sobre assuntos que eu pretendia incluir nas palestras originais, mas não pude. Agradeço à Universidade de Manchester, e sobretudo ao professor Gluckman, sem cujo incentivo este livro sem dúvida não teria sido escrito.

Aqueles que consultei são numerosos demais para agradecimentos individuais. Tentei, quando necessário, fazê-lo nas notas de fim. Elas mostram também em que livros me baseei em especial. Eu gostaria de agradecer ainda ao pessoal da biblioteca do Museu Britânico, da Biblioteca da Universidade de Cambridge, da Biblioteca Britânica de Ciência Política, da Biblioteca de Londres, da Biblioteca Feltrinelli, em Milão, da Biblioteca Universitária de Granada, do Instituto Internacional de História Social, em Amsterdam, da Biblioteca Giustino Fortunato, em Roma, e das bibliotecas municipais de Cádiz, na Espanha, e Cosenza, na Itália, por sua gentileza com um estudante estrangeiro.

Um assunto como este não pode ser estudado só em documentos. Algum contato pessoal, por mais passageiro que seja, com o povo e mesmo com os lugares sobre os quais o historiador escreve é essencial se ele quiser compreender problemas muito distantes da vida normal do professor universitário britânico. Todo leitor de *Os sertões*, de Euclides da Cunha, esse estudo clássico de rebelião social primitiva, estará ciente do quanto essa grande obra deve ao conhecimento em primeira mão que tem o autor — e a seu "entendimento intuitivo" — dos sertanejos brasileiros e de seu mundo. Não cabe a mim dizer se consegui entender os lugares e as pessoas deste livro. Mas se não consegui, a falha não é dos homens e mulheres que tentaram, quase sempre sem intenção, me ensinar alguma coisa. Seria tolice fazer uma lista desses nomes, ainda que eu pudesse. No entanto, há alguns a quem gostaria de agradecer em especial, como Michele Sala, prefeito e deputado de Piana degli Albanesi, na Sicília; o prefeito e os srs. Luigi Spadaforo, camponês, e Giovanni Lopez, sapateiro, de San Giovanni in Fiore, cidade do abade Joachim de Fiore, na Calábria; a sra. Rita Pisano, ex-camponesa, agora organizadora de mulheres para o Partido Comunista na província de Cosenza, na Calábria; o sr. Francesco Sticozzi, agricultor, e o dr. Rafaelle Mascolo, veterinário, de San Nicandro, na Apúlia; e alguns informantes que é melhor que permaneçam anônimos, nas atuais circunstâncias na Andaluzia. Nenhum deles é responsável pelas opiniões expressas neste livro, e talvez seja um consolo saber que para alguns deles isso é indiferente, porque jamais o lerão.

Para concluir, quero deixar claro que tenho perfeita consciência dos defeitos deste ensaio como estudo da história. Nenhum dos capítulos é exaustivo ou definitivo. Embora eu tenha trabalhado um pouco com fontes primárias e feito algum trabalho de campo, tanto uma coisa como outra decerto são inadequadas, e qualquer especialista estará tão ciente quanto eu de que não houve tentativa de esgotar sequer as fontes secundárias, e bem mais ciente do que eu de meus deslizes e erros. No entanto, gostaria de lembrar que o estudo exaustivo não é o objetivo deste livro.

Um capítulo contém material publicado no *Cambridge Journal*.* O conteúdo essencial de outro foi apresentado numa conversa radiofônica em 1957. Sou grato ao sr. P. Thirlby pela elaboração do índice.

E. J. H.
Birkbeck College,
julho de 1958

* Eric Hobsbawm, "Political Theory and the 'Mafia'". *Cambridge Journal*, Cambridge, v. 7, n. 12, pp. 738-55, 1954. [N. E.]

Prefácio à terceira edição

Este livro apareceu pela primeira vez em 1959 e tem sido publicado e reimpresso desde então sem grandes alterações na Grã-Bretanha, nos Estados Unidos, na República Federal da Alemanha, na França, na Itália, na Espanha e no Brasil. Esta edição atualiza algumas referências e abandona ou modifica algumas declarações que discussões ou reconsiderações posteriores tornaram insustentáveis. No entanto, para fins práticos, o texto original permanece o mesmo. Revisá-lo de maneira substancial significaria reescrever a obra; não porque o autor queira negar o que escreveu, mas porque, à luz de sua própria obra subsequente neste campo, e de uma literatura cada vez mais volumosa de autoria de historiadores e cientistas sociais, ele hoje o teria planejado e escrito de modo bem diferente. Como há pessoas que ainda consideram *Rebeldes primitivos* interessante, deixemo-lo como está, até que seja possível descartar por completo o livro original, incorporando o material num tratamento mais amplo e sistemático do grande tema da "fase arcaica" da história dos movimentos sociais.

No entanto, enquanto isso pode ser conveniente formular algumas "reflexões adicionais" sobre os tópicos específicos abordados nestes ensaios.

Minhas opiniões sobre *banditismo social* foram desenvolvidas num livrinho curto, *Bandidos* (1969), à luz de material de uma área mais vasta do que aquela na qual se baseia o capítulo em *Rebeldes primitivos*, mas com o mínimo de duplicação de provas. Esse livro contém ainda um guia da literatura. Duas modificações substanciais em minha opinião podem ser notadas. Eu hoje daria mais ênfase à simbiose particular entre banditismo social e movimentos revolucionários primitivos (milenaristas), que tendem a florescer nas mesmas áreas. A interação dialética entre o "reformismo" primitivo (por ação direta) e o revolucionismo primitivo é evidentemente complexa, embora seja significativo que onde os dois coexistem os bandidos tendem a se ver como subordinados ao movimento ou à aspiração de maior amplitude. Como diz a canção sobre as relações entre o mais famoso bandido e o mais famoso Messias do Nordeste do Brasil, Lampião,

Jurou vingar-se contra todos,
Dizendo "Nesse mundo só respeito
O Padim Ciço e mais ninguém".

A segunda modificação diz respeito ao estereótipo do "bandido social". Está claro que, apesar de ser o mais puro e em certo sentido o mais lógico desses estereótipos, o "bandido nobre" ou Robin Hood não é o único. É possível detectar também mais alguns, como o "vingador" (cuja função ressalta seu poder e mesmo sua crueldade, mas não seu papel redistributivo e sua moderação no uso da violência) e o que se poderia chamar de *haiduk*, o bando de fora da lei militarizados, que sempre se acredita ter funções potencialmente políticas, por exemplo de libertação nacional (como nos Bálcãs). Para uma análise mais aprofundada deste capítulo, sugere-se que os leitores leiam *Bandidos*.

Desde 1959, uma grande quantidade de informações novas foi disponibilizada sobre a máfia siciliana, e com isso já não se pode dizer que a história dessa organização no pós-guerra seja mal documentada. Outros fenômenos análogos, embora conhecidos de modo insuficiente, também chegaram a nosso conhecimento, como a chamada *cofradia de mayordomos* nas áreas produtoras de café da Colômbia, que também vê uma possível classe média rural (de administradores de propriedade) estabelecendo sua riqueza e seu poder numa situação de violência, onde o aparelho oficial do Estado está ausente ou é inoperante, à custa tanto dos proprietários de terras como dos camponeses, e por meio do terror e da chantagem.

No entanto, parece que o estudo de "sistemas paralelos" do tipo máfia dificilmente pode ser conduzido com base apenas em alguns exemplos europeus ou ocidentais de que há registro. Como ocorre com tantos exemplos da política popular de sociedades tradicionais, pode ser que venhamos a descobrir que eles alcançaram seu desenvolvimento mais pleno em outros continentes, como no caso na China imperial, onde sociedades secretas em alguns aspectos parecidas com as máfias desempenharam imenso papel antes da ascensão do movimento comunista. Em tempos recentes elas atraíram a atenção de especialistas em estudos do Leste Asiático.[1] Não estou qualificado para discuti-las, e de qualquer maneira elas ficam fora da área geográfica à qual *Rebeldes primitivos* se restringe. No entanto, desses estudos surge uma questão digna de nota. Como diz Chesneaux,

> as sociedades secretas jamais conseguiram organizar mais do que uma minoria ativa ansiosa para defender seus interesses por quaisquer meios, legais ou ilegais, mas no geral dissociada do resto da

população trabalhadora, e, quando a ocasião exigia, vivendo à custa dela [...]. Ser minoria é quase uma condição de existência das sociedades secretas.

Isso talvez explique a tendência das máfias, de qualquer origem, a se tornarem organizações propícias ao surgimento de uma classe média ou de uma elite criminosa nas condições do capitalismo, e assim se afastarem de maneira mais ou menos rápida de suas raízes populares.

Desde 1959 houve uma vasta quantidade de pesquisas sobre *movimentos milenaristas* ou *messiânicos*, sobretudo em áreas fora da Europa. Houve também alguns trabalhos sobre os movimentos específicos que discuti, embora não muitos, com exceção dos anarquistas rurais da Andaluzia, que se beneficiaram da retomada de estudos históricos sérios da Espanha moderna. Algumas dessas novas discussões criticam especificamente os argumentos de *Rebeldes primitivos* (embora em geral de forma amigável o suficiente), sendo, portanto, apropriado que eu chame a atenção para essas críticas.[2]

Em essência, elas tratam da questão de saber até que ponto os movimentos milenaristas podem ser vistos como "revolucionários" no sentido definido neste livro, de qual é a natureza de seu revolucionismo, de que papel se pode esperar que desempenhem na vida política dos países onde ocorrem e de até que ponto é provável que sejam absorvidos em movimentos políticos "modernos". Além disso, levantam a questão de determinar sob quais circunstâncias sociais e históricas esses movimentos tendem a aparecer. Seria, como sugere *Rebeldes primitivos*, em períodos de transformação social básica, como a transição para a economia capitalista? Ou ocorreriam numa situação mais genérica de "dualidade estrutural", que pode ser devida à coexistência e à interação de duas sociedades em tudo diferentes (por exemplo, penetração econômica ocidental ou conquista colonial de sociedades primitivas), à tensão entre um novo sistema socioeconômico em desenvolvimento e um antigo (por exemplo, a penetração de relações capitalistas no campo), ou apenas — e isso, argumenta-se, é típico do interior do Brasil — a uma sociedade de tal maneira estruturada que acaba produzindo rupturas periódicas do sistema de relações sociais, que são, portanto, periodicamente reconstruídas, entre outros métodos, por meio de esforços milenaristas? As críticas também assinalam que o que todos os movimentos messiânicos têm em comum não é uma situação histórica específica, mas sim uma estrutura social baseada em *parentesco*, e é isso que eles tentam reconstruir contra desafios internos e externos, de uma maneira ou de outra (no Brasil, reconstruindo a pirâmide da família extensa e seus valores a partir do topo do líder messiânico "pai" ou "padrinho").

Argumenta-se que os movimentos messiânicos não são, portanto, em si mesmos, nem revolucionários nem reformistas, embora possam ser uma coisa ou outra ou ambas, a depender da situação. Em outras palavras, os casos discutidos em *Rebeldes primitivos* são especiais e também fazem parte de um fenômeno mais genérico. Este não é o lugar apropriado para discutir de modo exaustivo essas questões, e o argumento geral pode muito bem ser válido. É bom lembrar, no entanto, que a distinção entre reforma/restauração e revolução é necessariamente pouco clara em certas situações históricas, e que a maior parte dos movimentos milenaristas com os quais trabalhos recentes (*Rebeldes primitivos* entre eles) têm se preocupado com a verdade lida com rupturas resultantes do impacto de novas forças econômicas, sociais e políticas sobre as sociedades tradicionais, e é, portanto, específica do ponto de vista histórico. Isso é verdade até no Nordeste do Brasil, onde a grande era de bandidos e messias ocorre durante um período particular de transição e termina mais ou menos de repente por volta de 1940. Não é de surpreender que vivessem seu auge numa época em que o impacto das novas forças ainda é comparativamente marginal. Eu preferiria guardar minha opinião sobre as relações entre milenarismo e parentesco.

Uma crítica mais séria é a que põe em dúvida a alegação de que movimentos milenaristas podem ser tidos como precursores de movimentos políticos modernos. Eles podem, é claro, e tal fato não está em dúvida, "predispor a mente de indivíduos a aceitar (por exemplo) o comunismo de massa moderno", embora isso também possa ser reinterpretado à luz de pressupostos e práticas de movimentos anteriores. A discussão desse ponto é animada entre os estudiosos de movimentos milenaristas e não precisa ser aprofundada agora. O que, no entanto, me leva a uma modificação substancial de *Rebeldes primitivos*, que agora me parece padecer da incapacidade de distinguir com clareza suficiente *movimentos* milenaristas de organizações milenaristas (em geral, comunidades ou seitas).

Os fenômenos que pretendi analisar não são bem a formação e o desenvolvimento da seita messiânica, mas o milenarismo como força que pode mobilizar, e às vezes mobiliza, as massas para a ação revolucionária, embora um caso como o dos lazzarettistas seja muito mais característico do aspecto sectário. Às vezes essa mobilização, quase por definição temporária, a não ser quando "capturada" por algum movimento de massa organizado, se cristaliza em torno de uma seita ou de um grupo milenarista ou messiânico específico e organizado. Esse é claramente o caso do Brasil, embora talvez aqui também devêssemos distinguir entre as comunidades dos fiéis, que afinal se estabeleceram (ou tentaram fazê-lo) numa Cidade Santa sob a batina de um messias, e a massa de sertanejos para os quais Antônio Conselheiro ou Padre Cícero são, ou eram, mais profetas e líderes de autoafirmação e libertação do que "pais". Às vezes, como no anarquismo rural andaluz, não existe praticamente "seita" alguma no sentido estrito, a não ser que contemos como seitas os pequenos e informais núcleos de *obreros conscientes*. Existem apenas profetas permanentes e mobilizações de massa periódicas.

Mas o que importa, do ponto de vista das massas, não é o grupo ou a seita — inevitavelmente restritos —, e sim o "mito comum de justiça transcendental" que "muitas vezes pode induzir e de fato induz os camponeses a agir, de um jeito que outras formas de organização não conseguem". Essa descoberta da possibilidade de liberdade — para continuar minha citação da admirável obra de Eric Wolf —[3] oferece

> apenas uma visão comum, não um arcabouço organizacional para a ação. Esses mitos unem camponeses, mas não os organizam. Se às vezes se desloca pelo campo como uma avalanche, também, o bando camponês se desgasta contra a resistência e se dissolve, caso não haja uma liderança externa adequada. Movimentos camponeses [...] são alinhamentos instáveis e cambiantes de unidades autônomas e antagônicas, sustentadas apenas momentaneamente por um sonho milenarista.

Na derrota e na retirada até mesmo esses movimentos podem se fechar num isolamento autônomo, como o de uma seita: no entanto, nos melhores casos, é o isolamento não de uma seita, mas de uma massa menor. Quando dizia "nós", o camponês de Piana, na Sicília dos anos 1950, se referia não à minoria milenarista e comunista, mas a *todas* as pessoas do distrito (exceto os exploradores).[4] A distinção entre movimento e seita é fundamental, e pede-se aos leitores que a tornem mais clara do que o fez o texto original.

Num determinado aspecto, tanto os milenaristas sectários como os desorganizados são, no entanto, ainda mais revolucionários do que sugeri. Trabalhos posteriores mostraram que ambos são mais persistentemente ativistas do que eu supunha, sendo a fase de expectativa, em geral, apenas a preliminar de um movimento cujo objetivo é a transformação ativa da existência terrena. De qualquer maneira, parece-me que obras subsequentes confirmaram que o milenarismo representa uma forma bastante ambiciosa de rebelião primitiva, um estágio superior, tanto em termos ideológicos como em sua capacidade de mobilizar para a ação, a fenômenos locais e individuais de rebelião social como o banditismo; e decerto um estágio que representa uma visão mais ambiciosa de mudança social do que esses.

O estudo das *turbas* e dos tumultos urbanos, tanto nas cidades pré-industriais como nas cidades modernas, também avançou de forma considerável desde 1959, e nos últimos anos foi estimulado pelo ressurgimento de tumultos urbanos no mundo ocidental. De modo geral, historiadores seguiram linhas parecidas com as sugeridas neste livro. Nenhuma grande modificação de meu capítulo parece necessária, pelo menos para o período e para a área abordados. O mesmo se aplica em geral ao capítulo sobre *seitas trabalhistas*. Não surgiram muitas obras a respeito delas, embora os aspectos religiosos (quase sempre milenaristas) dos primeiros movimentos trabalhistas venham atraindo cada vez mais atenção. Por ora, abstenho-me de comentar o texto original. Quanto ao capítulo sobre o *ritual nos movimentos sociais*, vários detalhes podem ser alterados à luz da vasta literatura sobre as irmandades políticas secretas e da pesquisa menos abundante sobre *compagnonnages* e os aspectos rituais das primeiras sociedades comerciais. Apesar disso, o argumento acerca da ascensão e da queda de irmandades rituais ainda me parece aceitável, e talvez por enquanto seja melhor deixá-lo como está.

Por fim, uma palavrinha de agradecimento a leitores e críticos. *Rebeldes primitivos*, que teve sorte na época da publicação, tem sido inusitadamente bem recebido por leitores não especializados e por colegas historiadores, sociólogos e antropólogos, que, é evidente, consideraram os assuntos interessantes e as ideias, dignas de exploração. Nesse sentido, o objetivo do livro, que era iniciar a discussão, foi alcançado, e o autor, mesmo quando suas opiniões são rejeitadas, não tem como ficar insatisfeito.

E. J. H.
Birkbeck College, Universidade de Londres,
janeiro de 1971

1. Introdução

Este ensaio consiste em estudos sobre os seguintes assuntos, todos eles descritos como formas "primitivas" ou "arcaicas" de agitação social: banditismo do tipo Robin Hood, sociedades secretas rurais, vários movimentos revolucionários camponeses do gênero milenarista, "turbas" pré-industriais e seus tumultos, algumas seitas trabalhistas religiosas e o uso de rituais nas primeiras organizações trabalhistas e revolucionárias. Completei meus relatos com "documentação de casos" que ilustram os pensamentos e as suposições das pessoas que tomaram parte nos movimentos aqui descritos, de preferência utilizando suas próprias palavras. No geral, o campo coberto é a Europa Ocidental e Meridional e em especial a Itália, desde a Revolução Francesa. O leitor curioso pode ler este livro apenas como a descrição de fenômenos sociais que são interessantes, e surpreendentemente pouco conhecidos, tendo gerado uma literatura bastante escassa em inglês. No entanto, o objetivo deste livro é analítico tanto quanto descritivo — na verdade, ele não traz fatos que não sejam conhecidos do especialista nestes assuntos — e, portanto, talvez seja útil explicar o que ele se presta a fazer.

A história dos movimentos sociais costuma ser tratada em duas partes separadas. Sabemos alguma coisa a respeito dos movimentos antigos e medievais: revoltas de escravizados, heresias e seitas sociais, levantes camponeses e coisas do gênero. Dizer que temos uma "história" deles talvez induza a equívocos, pois no passado foram tratados basicamente como uma série de episódios que pontuam a história geral da humanidade, embora historiadores discordem quanto a sua importância no processo histórico e ainda debatam sua exata relação com ele. No que diz respeito aos tempos modernos, essas agitações têm sido vistas por todos, à exceção de antropólogos que são obrigados a lidar com sociedades pré-capitalistas ou imperfeitamente capitalistas, apenas como "precursoras" ou remanescentes peculiares. Por outro lado, movimentos sociais "modernos", quer dizer, os movimentos da Europa Ocidental a partir do fim do século XVIII, e aqueles de setores cada vez maiores do mundo em períodos subsequentes, têm sido tratados em geral de acordo com uma tradição já antiga e razoavelmente sólida. Por motivos óbvios, os historiadores se concentram em movimentos trabalhistas e socialistas, e em outros movimentos incorporados à estrutura socialista. Esses movimentos costumam ser vistos como tendo seus estágios "primitivos" — sociedades de artífices e ludismo, radicalismo, jacobinismo e socialismos utópicos — e por fim evoluindo para um padrão moderno que varia de um país para outro, mas tem considerável aplicação geral. Dessa maneira, os movimentos trabalhistas desenvolvem certas formas de organização sindical e cooperativa, certos tipos de organização política como partidos de massa e certos tipos de programa e ideologia, como o socialismo secularista.

Os temas deste livro não se enquadram em nenhuma das categorias. Em termos superficiais, pertencem à primeira divisão. De qualquer forma, ninguém ficaria surpreso por encontrar Vardarelli e organizações como a máfia, ou movimentos milenaristas, na Idade Média europeia. Mas a questão no caso deles é que *não* ocorrem na Idade Média, mas nos séculos XIX e XX, e, na verdade, os últimos 150 anos os produziram em número anormalmente grande, por motivos discutidos neste texto. Também não podem ser descartados como fenômenos marginais ou sem importância, apesar de ser essa uma tendência entre historiadores mais velhos, em parte devido a um viés racionalista e "modernista", em parte porque, como espero mostrar, a lealdade e o caráter político desses movimentos costumam ser indeterminados, ambíguos ou até ostensivamente "conservadores", em parte porque os historiadores, sendo em sua maioria instruídos e urbanos, até pouco tempo atrás não se esforçavam o suficiente para compreender pessoas diferentes deles mesmos. Pois, à exceção das irmandades rituais do tipo Carbonaro, todos os fenômenos estudados neste livro pertencem ao mundo de pessoas que não escrevem nem leem muitos livros — muitas vezes por serem analfabetas —, que poucas vezes são conhecidas pelo nome a não ser pelos amigos, e ainda assim apenas por apelido, que quase nunca sabem se expressar e raramente são entendidas mesmo quando se expressam. Além disso, são pessoas *pré-políticas*, que ainda não encontraram, ou estão apenas começando a encontrar, uma linguagem específica para exprimir suas aspirações a respeito do mundo. Seus movimentos, embora em muitos sentidos cegos e tateantes pelos padrões dos movimentos modernos, não são desimportantes nem marginais. Homens e mulheres como aqueles de que trata este livro ainda hoje formam a grande maioria da população em muitos países — talvez na maioria deles — e sua aquisição de consciência política fez do nosso o século mais revolucionário da história. Por essa razão, o estudo de seus movimentos não é meramente curioso, ou interessante, ou comovente, para qualquer um que se preocupe com os destinos do homem, mas também de importância prática.

Os homens e mulheres de que trata este livro são diferentes dos ingleses porque não nasceram no mundo do capitalismo, como foi o caso de um engenheiro de Tyneside, com quatro gerações de sindicalismo nas costas. Eles entram nesse mundo como imigrantes de primeira geração, ou, o que é ainda mais catastrófico, esse mundo chega a eles vindo de fora, de maneira insidiosa, pela operação de forças econômicas que eles não entendem e sobre as quais não têm controle algum, ou descaradamente por meio da conquista, de revoluções e de mudanças fundamentais da lei cujas consequências eles talvez não compreendam, mesmo nos casos em que ajudaram a promovê-las. Ainda não cresceram com a sociedade moderna, nem dentro dela: são enfiados nela ou, o que é mais raro — como no caso da classe média gângster da Sicília —, a invadem. O problema deles é como se adaptar à sua vida e às suas lutas, e o assunto deste livro é o processo de adaptação (ou de incapacidade de se adaptar) tal como expressado em seus arcaicos movimentos sociais.

No entanto, não devemos nos deixar enganar por palavras como "primitivo" e "arcaico". Os movimentos discutidos aqui têm atrás de si considerável evolução histórica, pois pertencem a um mundo que há muito conhece o Estado (ou seja, soldados e policiais, prisões, coletores de impostos, talvez funcionários públicos), a diferenciação de classe e a exploração por proprietários, comerciantes e similares, e até as cidades. Os laços de parentesco ou de solidariedade tribal que — combinados ou não com laços territoriais —[1] são essenciais para o que costuma ser visto como sociedades "primitivas" persistem. Mas, embora tenham importância considerável, já não representam a defesa primária de alguém contra os caprichos de seu ambiente social. A distinção entre essas duas fases dos movimentos sociais "primitivos" não pode ser rígida, mas, penso, precisa ser reconhecida. Os problemas que isso suscita não são discutidos neste livro, mas podem ser ilustrados de forma bem rápida por exemplos tirados da história do banditismo social.

Isso nos leva a dois tipos extremos de "fora da lei". Num extremo temos o clássico fora da lei da vingança sanguinária da Córsega, digamos, que *não* era um bandido social lutando contra os ricos para ajudar os pobres, mas um homem que lutava com e por seus parentes (entre os quais os ricos) contra outra parentela (que incluía pobres). No outro extremo temos o Robin Hood clássico, que era e é essencialmente um camponês em rebelião contra latifundiários, usurários e outros representantes do que Thomas More chamou de "a conspiração dos ricos". Entre os dois se estende uma cadeia de evolução histórica, que não é meu objetivo desvendar em detalhes. Assim, todos os membros da comunidade de parentes, incluindo os fora da lei, podem se considerar inimigos dos estrangeiros exploradores que tentam lhes impor suas regras. Todos eles podem, em termos coletivos, se considerar "os pobres", em oposição, digamos, aos ricos moradores das planícies que eles saqueiam. Ambas as situações, que trazem os germes dos movimentos sociais tais como os entendemos, podem ser percebidas no passado das terras altas da Sardenha, estudadas pelo dr. Cagnetta. O advento da economia moderna (combinado ou não com conquista estrangeira) pode perturbar, e provavelmente perturbará, o equilíbrio social da sociedade de parentesco, transformando alguns parentes em famílias "ricas" e outros em famílias "pobres", ou desequilibrando a própria parentela. O sistema tradicional de fora da lei sedentos de vingança sanguinária pode — e provavelmente o fará — "ficar incontrolável", e produzir uma multiplicidade de rixas inusitadamente assassinas e fora da lei amargurados, em que um elemento de luta de classes começa a se insinuar. Essa fase também foi documentada e em parte analisada nas regiões montanhosas da Sardenha, sobretudo no período entre, digamos, o fim dos anos 1880 e o fim da Primeira Guerra Mundial. Tudo o mais permanecendo igual, isso pode no fim das contas levar a uma sociedade na qual os conflitos de classe sejam dominantes, embora o futuro Robin Hood ainda possa — como muitas vezes ocorre na Calábria — ir para as montanhas por motivos pessoais similares aos que levaram o corso clássico a se tornar fora da lei, sobretudo a vingança sanguinária. O resultado dessa evolução pode ser o clássico "bandido social" que cai na bandidagem por causa de um atrito qualquer com o Estado ou com a classe dominante — por exemplo, uma briga com um vassalo feudal — e que é simplesmente uma forma bastante primitiva de rebelde camponês. Esse, em termos gerais, é o ponto em que a análise do presente livro começa, embora ele possa de vez em quando lançar um olhar para trás. A "pré-história" dos movimentos aqui discutidos é deixada de lado. No entanto, os leitores devem ser alertados sobre sua existência, sobretudo se estiverem inclinados a aplicar as observações e conclusões destas páginas a agitações sociais primitivas que ainda mostram seus vestígios. Não é minha intenção estimular generalizações descuidadas. Movimentos milenaristas como os dos camponeses andaluzes sem dúvida têm alguma coisa em comum, digamos, com cultos de carga melanésios; as seitas trabalhistas dos mineiros de cobre da Rodésia do Norte têm alguma coisa em comum com as dos mineiros de carvão de Durham. No entanto, jamais se deve esquecer que as diferenças também são grandes, e que este ensaio não é um guia adequado para elas.

A primeira série de movimentos sociais discutidos neste livro é predominantemente rural, pelo menos na Europa Ocidental e Meridional dos séculos XIX e XX, embora não haja qualquer razão a priori para que eles fiquem confinados a camponeses. (Na verdade, a máfia tem algumas de suas raízes mais fortes entre os mineiros de enxofre na Sicília, antes que se tornassem socialistas; mas os mineiros são um grupo de trabalhadores peculiarmente arcaico.) Os movimentos são tratados em ordem crescente de ambição. O *banditismo social*, fenômeno universal e quase imutável, é pouco mais do que um protesto camponês endêmico contra a opressão e a pobreza: um grito de vingança contra os ricos e os opressores, um vago sonho de algum freio para eles, uma reparação de injustiças individuais. Suas ambições são modestas: um mundo tradicional onde os homens sejam tratados de forma justa, e não um mundo novo e perfeito. Torna-se epidêmico, em vez de endêmico, quando uma sociedade camponesa que não conhece melhores meios de autodefesa vive uma condição de tensão e perturbação anormais. O banditismo social quase não tem organização ou ideologia, e é de todo inadaptável a movimentos sociais modernos. Suas formas mais bem desenvolvidas, que beiram a guerra de guerrilha nacional, são raras e, em si, ineficazes.

A máfia e fenômenos parecidos (capítulo 3) são abordados como um desenvolvimento um pouco mais complexo de banditismo social. São comparáveis ao banditismo porque sua organização e sua ideologia costumam ser rudimentares, porque são fundamentalmente "reformistas" e não revolucionários — exceto, mais uma vez, quando assumem algumas das formas de resistência coletiva à invasão da "nova" sociedade — e porque também são endêmicos, mas por vezes epidêmicos. Como no caso do banditismo social, para eles é quase impossível se adaptar a movimentos sociais modernos ou ser por eles absorvidos. Por outro lado, são mais permanentes e mais poderosos, já que são menos uma série de revoltas individuais e mais um sistema institucionalizado de lei fora da lei oficial. Em casos extremos, podem equivaler a um sistema de lei e poder paralelo ou subsidiário ao sistema dos governantes oficiais.

Por serem extremamente arcaicos, e na verdade pré-políticos, o banditismo e a máfia são difíceis de classificar em termos políticos modernos. Podem ser e são usados por várias classes, e na verdade às vezes, como no caso da máfia, se tornam basicamente os instrumentos dos homens de poder ou de aspiração ao poder, e por conseguinte deixam de ser, em qualquer sentido, movimentos de protesto social.

Os vários movimentos *milenaristas* de que trato aqui — os lazzarettistas na Toscana (capítulo 4) e movimentos camponeses andaluzes e sicilianos (capítulos 5 e 6) — diferem do banditismo e da máfia porque são revolucionários e não reformistas, e porque, por essa razão, são mais facilmente modernizados ou absorvidos em movimentos sociais modernos. O problema interessante aqui é como e até onde essa modernização ocorre. Sugiro que ela não ocorre, ou o faz apenas de maneira muito lenta e incompleta, se a questão for deixada em poder dos próprios camponeses. Ela é mais completa e bem-sucedida se o movimento milenarista for encaixado num arcabouço de organização, teoria e programa que chegue aos camponeses proveniente de fontes externas. Isso é ilustrado pelo contraste entre os anarquistas de vilarejos andaluzes e os socialistas e comunistas de vilarejos sicilianos; os primeiros se converteram a uma teoria que praticamente dizia aos camponeses que sua forma de agitação social espontânea e arcaica era boa e apropriada, e os últimos se converteram a uma teoria que a transformou.

O segundo conjunto de estudos trata em essência de movimentos urbanos ou industriais. É, claro, bem menos ambicioso, pois a maior parte da principal tradição de agitações urbanas ou operárias foi deliberadamente posta de lado. É óbvio que existe ainda muita coisa a ser dita sobre os estágios primitivos e mesmo sobre os estágios desenvolvidos das agitações trabalhistas e socialistas — por exemplo, sobre os estágios utópicos do socialismo —, mas o objetivo deste livro não é tanto suplementar ou reavaliar uma história já razoavelmente bem conhecida em seus contornos, mas chamar a atenção para certos tópicos que têm sido pouco estudados e continuam em grande parte desconhecidos. Estamos, portanto, lidando aqui com fenômenos que talvez possam ser descritos de forma mais correta como marginais.

O estudo da "*turba*" (capítulo 7) lida com o que talvez seja o equivalente urbano do banditismo social, o mais primitivo e pré-político dos movimentos dos pobres urbanos, sobretudo em certos tipos de cidade pré-industrial. A turba é um fenômeno especialmente difícil de analisar em termos lúcidos. A bem dizer, a única coisa certa no que diz respeito à turba é que sua atividade sempre foi dirigida contra os ricos, mesmo quando também dirigida contra outras pessoas, como os estrangeiros, e que ela não tem nenhuma lealdade política ou ideológica firme e duradoura, exceto talvez a sua cidade ou a seus símbolos. Em geral, ela pode ser considerada reformista, na medida em que raramente, ou jamais, concebeu a construção de uma nova ordem da sociedade que fosse além da correção de anomalias e injustiças na velha ordem tradicional. No entanto, era capaz de se mobilizar em apoio de líderes revolucionários, embora talvez não entendesse direito as implicações do revolucionismo deles, e, uma vez que era urbana e coletiva, estava familiarizada com o conceito de "tomada do poder". Por conseguinte, não é nada fácil responder à questão de sua adaptabilidade a condições modernas. Como tendeu a desaparecer no tipo moderno de cidade industrial, a pergunta costuma responder a si mesma, pois uma classe trabalhadora industrial organizada opera de modo bem diferente. Onde ela não desapareceu, a questão talvez precise ser reformulada desta maneira: em que estágio a turba, quando atuando sob lemas ostensivamente políticos, se desvincula de slogans tradicionais ("Igreja e rei") para se atrelar a slogans modernos, jacobinos, socialistas e similares? E até que ponto podia ser absorvida em caráter permanente pelos movimentos modernos aos quais se atrelava? Inclino-me a achar que ela era, fundamentalmente, inadaptável, como, aliás, seria de esperar.

As *seitas trabalhistas* (capítulo 8) representam um fenômeno mais claramente transicional do velho para o novo: organizações e aspirações proletárias de um tipo que se expressava através de uma ideologia religiosa tradicional. O fenômeno é excepcional em sua forma desenvolvida e, na verdade, está em grande parte confinado às Ilhas Britânicas, pois em outras partes da Europa Ocidental e Meridional a classe trabalhadora industrial surgiu desde o início como um grupo descristianizado, exceto onde era católica romana, religião que se presta bem menos do que o protestantismo a essa adaptação específica. Mesmo na Grã-Bretanha pode ser visto como um fenômeno de industrialismo arcaico. Embora não exista razão a priori para que movimentos trabalhistas religiosos não sejam revolucionários, e eles por vezes o foram, há algumas razões ideológicas e mais sociológicas para que as seitas trabalhistas se inclinem ao reformismo. Sem dúvida o sectarismo trabalhista, apesar de razoavelmente adaptável a movimentos trabalhistas modernos moderados como organização, tem sido um tanto resistente à adaptação aos movimentos revolucionários, mesmo enquanto continuava fornecendo terreno fértil para revolucionários individuais. No entanto, essa generalização talvez se baseie de maneira indevida na experiência britânica, quer dizer, na história de um país onde movimentos trabalhistas revolucionários foram anormalmente fracos nos últimos cem anos.

O último estudo, sobre *ritual em movimentos sociais* (capítulo 9), é de difícil classificação. Foi incluído sobretudo porque a ritualização peculiar de tantos movimentos desse tipo, no período que vai do fim do século XVIII a meados do século XIX, é tão claramente primitiva ou arcaica no sentido em geral aceito da palavra que não poderia ficar de fora. Mas pertence essencialmente à história da principal corrente dos movimentos sociais modernos que se estende do jacobinismo ao socialismo e ao comunismo modernos, e das primeiras sociedades de artesãos ao sindicalismo moderno. O lado sindicalista é bastante simples. Limito-me a tentar descrever o caráter e a função dos primeiros rituais, que foram desaparecendo de forma gradual, à medida que o movimento se tornava mais "moderno". O estudo da irmandade ritual revolucionária é mais anômalo, pois, enquanto todos os demais fenômenos descritos neste livro pertencem aos trabalhadores pobres, este é, pelo menos nos estágios iniciais, em essência um movimento de pessoas das classes média ou alta. Entra nesta história porque as formas modernas de organização revolucionária entre os pobres podem ser rastreadas por descendência linear até ela, pelo menos.

Essas observações não esgotam, é claro, o problema de como movimentos sociais primitivos "se adaptam" a condições modernas, menos ainda o problema mais amplo do qual este faz parte. Como já avisei, certos tipos de protesto social primitivo não são examinados neste livro. Não houve qualquer tentativa de analisar os movimentos análogos ou equivalentes que ocorreram ou ocorrem na imensa parte do mundo que fica fora da estreita área geográfica aqui inspecionada — e o mundo não europeu tem produzido movimentos sociais primitivos numa profusão e numa variedade muito maiores do que o Sudeste da Europa. Mesmo dentro da área escolhida, certos tipos de movimento receberam apenas uma olhadela superficial. Por exemplo, falo muito pouco da pré-história do que pode ser informalmente chamado de movimentos "nacionais", pelo menos na medida em que são movimentos de massa, embora elementos dos fenômenos aqui discutidos possam fazer parte deles. A máfia, por exemplo, pode a certa altura de sua evolução ser vista como embrião bem incipiente de um subsequente movimento nacional. No geral, restrinjo-me à pré-história de movimentos trabalhistas e camponeses modernos. Todos os assuntos examinados nestas páginas ocorrem, em termos gerais, no período posterior à Revolução Francesa, e tratam fundamentalmente da adaptação de agitações populares a uma economia capitalista moderna. A tentação de mencionar analogias da história europeia anterior ou de outros tipos de movimento foi grande, mas procurei resistir, na esperança de evitar argumentos irrelevantes e talvez desnorteadores.

Essas limitações não devem ser defendidas. Um estudo comparativo completo e uma análise de movimentos sociais arcaicos são muitíssimo necessários, mas acho que ainda não seria possível fazê-los, pelo menos aqui. O conhecimento que temos ainda não o permite. Pois o que sabemos mesmo sobre os movimentos mais bem documentados neste livro é inconsistente, e nossa ignorância a respeito deles é imensa. Quase sempre o que nos lembramos dos movimentos arcaicos desse tipo ou neles observamos é só aquele pedacinho que, por acaso, foi revelado nos tribunais, ou descoberto por jornalistas com gosto pelo sensacionalismo, ou por algum estudante com faro para assuntos "fora do comum". Nosso mapa deles, mesmo na Europa Ocidental, é tão vago como o do mundo no período anterior à cartografia de verdade. Às vezes, como no banditismo social, os fenômenos são tão padronizados que isso não tem grande importância para os objetivos de uma breve análise. Em outras ocasiões, a simples tarefa de extrair um relato coerente, ordenado e racional de uma massa de fatos duvidosos e contraditórios entre si é quase impossível. Os capítulos sobre máfia e ritual, por exemplo, podem, no máximo, aspirar à coerência. É muito mais difícil verificar se as interpretações e explicações dadas também são verdadeiras do que no caso, digamos, dos bandidos sociais. O estudioso das máfias tem na essência um único fenômeno razoavelmente atestado para servir de base a suas opiniões. Além disso, o material existente é quase sempre contraditório, mesmo quando parece fazer sentido e quando não consiste no tipo de rumor sensacionalista que esse assunto costuma atrair, assim como peras atraem vespas. Nessas condições, qualquer historiador que discorresse com convicção, ou, pior ainda, com ar de infalibilidade, seria tolo.

Este livro é, portanto, provisório e incompleto, e não pretende ser nada mais que isso. Está sujeito a críticas daqueles cujas reservas ele adentra de maneira furtiva para caçar, não só por invasão, mas em alguns casos por invasão desajeitada. Também está sujeito às críticas de todos aqueles que preferem uma monografia completa a uma série de esboços forçosamente superficiais. Há só uma resposta a todas essas objeções. Já passa da hora de examinar a sério movimentos como os discutidos aqui, não apenas como uma série desconexa de curiosidades individuais ou como notas de rodapé da história, mas como fenômeno de importância geral e de considerável peso na história moderna. O que Antonio Gramsci disse dos camponeses do sul da Itália nos anos 1920 se aplica a numerosos grupos e áreas do mundo moderno. Eles estão "em perpétua fermentação, mas, como massa, são incapazes de fornecer uma expressão centralizada para suas aspirações e necessidades". Essa fermentação, os esforços incipientes na busca de uma expressão efetiva dessas aspirações e as maneiras possíveis de evolução são o assunto de *Rebeldes primitivos*. Não sei de nenhum outro estudioso neste país que tenha tentado examinar vários desses movimentos em conjunto, como uma espécie de estágio "pré-histórico" de agitação social. Talvez esta tentativa de o fazer seja equivocada e prematura. Por outro lado, talvez alguém precise dar o primeiro passo, mesmo correndo o risco de ser um passo em falso.

Este pode ser o lugar adequado para uma nota de esclarecimento de alguns termos usados neste estudo. Seria pedante de minha parte definir todos aqueles que são passíveis de má interpretação. Meu modo de empregar palavras como "feudal" talvez esteja sujeito a críticas de medievalistas, mas, como a argumentação do texto não é prejudicada pela substituição por outro termo, ou por sua omissão, parece desnecessário explicá-lo ou defendê-lo. A argumentação, por sua vez, se baseia em parte na aceitação da distinção entre movimentos sociais "revolucionários" e "reformistas". É oportuno, portanto, dizer alguma coisa sobre esses conceitos.

O princípio é bem claro. Os reformistas aceitam o arcabouço geral de uma instituição ou de um arranjo social, mas o consideram capaz de aperfeiçoamento, ou, onde abusos se infiltram, de reforma; os revolucionários insistem em dizer que ele precisa ser fundamentalmente transformado, ou substituído. Os reformistas tentam melhorar e alterar a monarquia, ou reformar a Câmara dos Lordes; os revolucionários acham que nada de útil pode ser feito com nenhuma das duas instituições, a não ser acabar com elas. Os reformistas desejam criar uma sociedade na qual policiais não sejam arbitrários e juízes não fiquem à mercê de proprietários e comerciantes; os revolucionários, apesar de também simpatizarem com esse objetivo, querem uma sociedade na qual não haja nem policiais nem juízes no sentido atual, que dirá proprietários e comerciantes. Por razões de conveniência, os termos são usados para descrever movimentos que visam à ordem social em sua totalidade, e não apenas a esta ou àquela instituição dentro dela. A distinção é antiga. Foi feita, na verdade, por Joachim de Fiore (1145-1202), o milenarista que Norman Cohn chamou, de maneira plausível, de inventor do sistema profético mais influente da Europa antes do advento do marxismo. Ele distinguia entre o primado da *justiça* ou da *lei*, que é em essência a regulação das relações sociais numa sociedade imperfeita, e o primado da *liberdade*, que é a sociedade perfeita. É importante lembrar que os dois não eram, em nenhum sentido, a mesma coisa, embora um pudesse ser o estágio preliminar no caminho para o outro.

O importante nessa distinção é que movimentos reformistas e revolucionários tendem por natureza a se comportar de maneira diferente e a desenvolver diferentes organizações, estratégias, táticas etc. Por conseguinte, é da maior importância, quando se estuda um movimento social, saber a qual dos grupos pertence.

Isso não é de forma alguma fácil, a não ser em casos extremos e por curtos períodos de tempo, embora não seja motivo para abandonar a distinção. Ninguém negará as aspirações revolucionárias de movimentos milenaristas que rejeitam o mundo existente a ponto de se recusarem a semear, a colher, ou mesmo a procriar enquanto esse mundo existir, ou o caráter reformista, digamos, do Comitê Parlamentar do Congresso dos Sindicatos britânico no fim do século XIX. Mas em geral a situação é mais complexa, mesmo quando não é obscurecida pela relutância (universal na política) das pessoas em aceitar descrições precisas cujas implicações não lhes agradam; por exemplo, pela relutância dos radicais-socialistas franceses em renunciar às vantagens eleitorais de um nome que esconde o fato de que não são nem radicais nem socialistas.

Na prática, todo homem que não seja um dr. Pangloss e todo movimento social sofrem influência tanto do reformismo como do revolucionismo, e com diferentes intensidades em diferentes épocas. Exceto nos raros momentos imediatamente antes ou durante profundas crises e revoluções, os revolucionários mais extremos também devem ter uma política qualquer para o mundo no qual são obrigados a viver. Se querem torná-lo mais tolerável enquanto se preparam para a revolução, ou mesmo se querem se preparar a contento, também devem ser reformistas, a não ser que abandonem por completo o mundo construindo uma Sião comunista no deserto ou na pradaria, ou que — como muitas organizações religiosas — transfiram suas esperanças inteiramente para o Além, limitando-se a atravessar este vale de lágrimas sem reclamar, até serem libertados pela morte. (No último caso, deixam de ser revolucionários ou reformistas e se tornam conservadores.) Inversamente, a esperança em uma sociedade de fato boa e perfeita é tão poderosa que seu ideal persegue até aqueles que se resignaram à impossibilidade de mudar o "mundo" ou a "natureza humana", e se conformam apenas com reformas menores e com a reparação de abusos. Dentro da maioria dos reformistas militantes existe um revolucionário modesto e intimidado que anseia em ser libertado, muito embora a idade avançada costume aprisioná-lo com mais firmeza. Dada a total ausência de perspectiva de uma revolução bem-sucedida, os revolucionários podem se tornar reformistas de fato. Nos momentos inebriantes e extáticos de revolução, a grande onda de esperança humana pode arrastar consigo até os reformistas para o lado dos revolucionários, embora, talvez, com algumas reservas mentais. Entre esses dois extremos, uma ampla variedade de posições pode ser ocupada.

Essas complexidades não invalidam a distinção, cuja existência está longe de poder ser negada, uma vez que há claramente pessoas e movimentos que se veem (com ou sem razão) como revolucionários ou reformistas, e agem com base em pressupostos revolucionários ou reformistas. No entanto, ela tem sido atacada de modo indireto, sobretudo por aqueles que negam que qualquer transformação revolucionária da sociedade seja possível ou imaginável por seres humanos racionais e, portanto, incapazes de compreender o que pretendem os movimentos revolucionários. (Compare-se com a persistente tendência, sistematizada pela primeira vez pelos criminologistas positivistas do fim do século XIX, de considerá-los fenômenos psicopatológicos.) Este não é o lugar adequado para discutir essas opiniões. O leitor deste livro não precisa simpatizar com revolucionários, menos ainda com revolucionários primitivos. Apenas é aconselhado a reconhecer que eles existem, e que houve pelo menos algumas revoluções que transformaram profundamente a sociedade, embora não necessariamente da maneira planejada pelos revolucionários, ou de forma tão total, absoluta e definitiva como teriam preferido. Mas o reconhecimento de que mudanças profundas e fundamentais ocorrem na sociedade não depende da crença em uma utopia viável.

2. O bandido social

Bandidos e salteadores preocupam a polícia, mas deveriam preocupar também o historiador social. Pois em certo sentido o banditismo é uma forma bastante primitiva de protesto social organizado, talvez a mais primitiva que conhecemos. De qualquer maneira, em muitas sociedades ele é visto assim pelos pobres, que por conseguinte protegem o bandido, consideram-no seu paladino, idealizam-no e o transformam em mito: Robin Hood na Inglaterra, Janošik na Polônia e na Eslováquia, Diego Corrientes na Andaluzia, que talvez sejam figuras de carne e osso assim transmudadas. Em troca, o próprio bandido tenta viver à altura de seu papel mesmo quando não é um rebelde social consciente. Naturalmente Robin Hood, o arquétipo do rebelde social "que tirava dos ricos para dar aos pobres e nunca matava, a não ser em legítima defesa ou por vingança justa", não é o único desse tipo. O homem durão, que se recusa a suportar as sobrecargas tradicionais do homem comum numa sociedade de classes, pobreza e mansidão, pode escapar delas juntando-se ou servindo aos opressores, bem como se rebelando contra eles. Em toda sociedade rural há "bandidos proprietários" e também "bandidos camponeses", para não falar em bandidos do Estado, embora só os bandidos camponeses recebam o tributo de baladas e histórias. Vassalos, policiais, soldados mercenários muitas vezes são recrutados na mesma fonte de bandidos sociais. Além disso, como demonstra a experiência do sul da Espanha entre 1850 e 1875, um tipo de bandido pode com facilidade se tornar outro tipo — o ladrão e contrabandista "nobre" no *bandolero*, protegido pelo chefe rural ou pelo cacique local. A rebeldia individual é, em si, um fenômeno socialmente neutro, e por conseguinte reflete as divisões e lutas dentro da sociedade. Esse problema será examinado com mais detalhes no capítulo sobre a máfia.

No entanto, existe uma espécie de tipo ideal de banditismo social, e é isso que me proponho a discutir, ainda que poucos bandidos da história registrada, em oposição à lenda, correspondam a ele por completo. Não obstante, alguns — como Angelo Duca (Angiolillo) — até isso conseguem.

Descrever o bandido "ideal" não é, de forma alguma, uma proposta irrealista. Pois a característica mais marcante do banditismo social é sua notável uniformidade e padronização. O material usado neste capítulo vem quase todo da Europa dos séculos XVIII a XX, e a rigor da Itália meridional.[1] Mas os casos analisados são tão parecidos, apesar de provenientes de períodos tão amplamente separados como a metade do século XVIII e a metade do século XX, e de lugares tão independentes uns dos outros como a Sicília e a Ucrânia dos Cárpatos, que acabamos fazendo generalizações com maior confiança. Essa uniformidade se aplica tanto aos mitos de bandido — isto é, ao papel que o povo atribui aos bandidos — como a seu comportamento real.

Alguns exemplos do paralelismo citado podem ilustrar a questão. A população dificilmente ajuda as autoridades a pegarem o "bandido dos camponeses", mas, ao contrário, o protege. É assim nas aldeias sicilianas dos anos 1940, bem como nas aldeias moscovitas do século XVII.[2] Dessa maneira, seu fim típico — pois, quando se torna uma dor de cabeça, quase todo bandido individual acaba derrotado, embora o banditismo possa continuar endêmico — é a traição. Oleksa Dovbush, bandido dos Cárpatos do século XVIII, foi traído pela amante; Nikola Shuhaj, que segundo consta prosperou em 1918-20, o foi pelos amigos.[3] Angelo Duca (Angiolillo), por volta de 1760-84, talvez o mais puro exemplo de banditismo social, cuja carreira foi analisada de modo magistral por Benedetto Croce,[4] teve o mesmo destino. Assim como, em 1950, Salvatore Giuliano, de Montelepre, na Sicília, o mais notório dos bandidos recentes, cuja carreira foi há pouco tempo descrita num livro comovente.[5] Assim como, na verdade, o próprio Robin Hood. Mas a lei, a fim de ocultar sua impotência, reivindica crédito pela captura ou pela morte do bandido: os policiais crivaram de balas o cadáver de Nikola Shuhaj para reivindicar a morte, como fizeram também, a acreditarmos em Gavin Maxwell, com o cadáver de Giuliano. A prática é tão comum que existe até um provérbio corso para descrevê-la: "Morto depois da morte, como um bandido pela polícia".[6] E os camponeses, por sua vez, acrescentam a invulnerabilidade às muitas outras qualidades legendárias e heroicas do bandido. Supunha-se que Angiolillo possuía um anel mágico que desviava as balas. Shuhaj era invulnerável porque — as teorias divergem — tinha um raminho verde com o qual afastava balas, ou porque uma bruxa lhe deu para beber uma poção que o tornara resistente a elas; por isso precisou ser morto a machadadas. Oleksa Dovbush, o lendário bandido-herói dos Cárpatos no século XVIII, só podia ser eliminado com uma bala de prata guardada durante um ano num prato de trigo colhido na primavera, benzido por um padre no dia dos doze grandes santos e sobre o qual doze padres celebrassem doze missas. Não tenho dúvida de que mitos parecidos fazem parte do folclore de muitos outros bandidos importantes.[7] Obviamente, nenhuma dessas práticas ou crenças é derivada de outra. Elas todas surgem em lugares e períodos diferentes, porque as sociedades e as situações nas quais o banditismo social emerge são muito parecidas.

Talvez seja conveniente esboçar a imagem padronizada da carreira do bandido social. Um homem vira bandido porque faz uma coisa qualquer que não é tida como criminosa pelas convenções locais, mas que é considerada assim pelo Estado ou pelos governantes do lugar. Por isso Angiolillo foi para as montanhas depois de uma briga sobre pastoreio de gado com um guarda que trabalhava para o duque de Martina. O mais conhecido dos bandidos atuais na região calabresa de Aspromonte, Vincenzo Romeo, de Bova (por sinal, a última aldeia italiana que fala o grego antigo), se tornou fora da lei depois de raptar uma moça com quem depois casou, enquanto Angelo Macrì, de Delianuova, matou um policial que tinha atirado em seu irmão.[8] Tanto a rixa de família (a *faida*) como o casamento por rapto são comuns nessa parte da Calábria.[9] Na verdade, dos mais de 160 fora da lei tidos como foragidos na província de Reggio Calabria em 1955, a maioria dos quarenta que fugiram para as montanhas por "homicídio" é vista, localmente, como autores de homicídio "honroso". O Estado se mete em disputas privadas "legítimas" e o homem passa a ser um "criminoso" do ponto de vista estatal. O Estado demonstra interesse num camponês por causa de alguma pequena infração da lei, e o homem foge para as montanhas porque não tem como saber o que um sistema que não conhece nem entende os camponeses, e que por sua vez os camponeses não entendem, fará com ele. Mariani Dionigi, bandido sardo dos anos 1890, fugiu porque ia ser preso por cumplicidade num homicídio "justo". Goddi Moni Giovanni, outro bandido, fugiu pelo mesmo motivo. Campesi (de apelido Piscimpala) foi advertido pela polícia em 1896, preso um pouco depois por "violação da advertência" e condenado a dez dias de prisão e um ano de vigilância; e também a pagar multa de 12,50 liras por deixar suas ovelhas pastarem nas terras de um certo Salis Giovanni Antonio. Preferiu fugir para as montanhas, tentou atirar no juiz e matou o credor.[10] Supõe-se que Giuliano tenha atirado num policial que queria lhe dar uma surra por vender sacos de trigo no mercado clandestino — o mesmo policial que deixou escapar outro contrabandista endinheirado o suficiente para suborná-lo; ato que, decerto, seria tido como "honroso". Na verdade, o que se observa na Sardenha talvez tenha aplicação mais geral:

> A "carreira" de um bandido quase sempre começa com um incidente que em si não é grave, mas o empurra para o banditismo: uma acusação policial por infração imputada ao homem, mais do que pelo próprio crime; falso testemunho; erro judicial ou intriga; uma sentença de confinamento (*confino*) injusta ou tida como injusta.[11]

É importante que o bandido social incipiente seja visto pela população como "honrado", ou como não criminoso, pois, se for tido como criminoso pelas convenções locais, não poderá desfrutar da proteção da qual dependerá por completo. É certo que, a bem dizer, qualquer pessoa que se desentenda com os opressores e o Estado provavelmente será vista como vítima, como herói ou as duas coisas. Quando um homem foge, é naturalmente protegido pelos camponeses e pelo peso das convenções locais que representam a "nossa" lei — costume, rixa de família, seja lá o que for — contra a "deles", e a "nossa" justiça contra a justiça dos ricos. Na Sicília, a menos que seja muito problemático, ele contará com a boa vontade da máfia; no sul da Calábria, com a da chamada Onorata Società;[12] em todos os lugares, com a da opinião pública. Na verdade, pode viver — e talvez quase sempre viva — perto de sua aldeia, que cuida de suas necessidades básicas. Romeo, por exemplo, mora normalmente com a mulher e os filhos em Bova, onde construiu uma casa. Giuliano fez o mesmo em sua cidade, Montelepre. Na verdade, a intensidade da ligação do bandido comum com seu território — em geral o lugar de seu nascimento e de "sua" gente — é impressionante. Giuliano viveu e morreu no território de Montelepre, assim como seus antecessores entre bandidos sicilianos, Valvo, Lo Cicero e Di Pasquale, tinham vivido e morrido em Montemaggiore, e Capraro, em Sciacca.[13] A pior coisa que pode acontecer a um bandido é ser isolado de suas fontes locais de abastecimento, pois nesse caso ele é genuinamente obrigado a roubar e furtar, ou seja, a furtar de sua gente, podendo, portanto, se tornar um criminoso e até ser denunciado. A frase do funcionário corso que com regularidade deixava trigo e vinho para bandidos em sua casa de campo expressa um dos lados dessa situação: "Melhor alimentá-los assim do que os obrigar a roubar aquilo de que precisam".[14] O comportamento dos bandidos na Basilicata ilustra o outro lado. Nessa área o banditismo desaparecia no inverno, com alguns bandidos até emigrando para trabalhar, por causa da dificuldade de obtenção de alimento para os fora da lei. Na primavera, quando voltava a haver disponibilidade de alimentos, a temporada de banditismo começava.[15] Esses facínoras lucanos tinham razões para não obrigar os camponeses pobres a alimentá-los, como sem dúvida o fariam se fossem uma força de ocupação. O governo espanhol nos anos 1950 acabou com a atividade guerrilheira republicana nas montanhas da Andaluzia agindo contra os simpatizantes e fornecedores dos republicanos nas aldeias, obrigando os fora da lei a roubar comida e alienar os pastores apolíticos, que, dessa maneira, se dispunham a denunciá-los.[16]

Algumas observações podem completar nosso esboço dos mecanismos da vida do bandido. Em geral ele é jovem e solteiro, ou sem compromissos, quanto mais não seja porque é muito mais difícil para um homem se revoltar contra o aparelho do poder quando tem responsabilidade de família: dois terços dos bandidos na Basilicata e na Capitanata na década de 1860 tinham menos de 25 anos.[17] O fora da lei pode, é claro, permanecer sozinho — na verdade, quando um homem comete um "crime" tradicional que, por costume, lhe permita um dia voltar à plena legalidade (como uma vendeta ou um rapto), esse talvez seja o caso mais comum. Dos mais ou menos 160 fora da lei existentes no sul da Calábria, consta que a maioria é de lobos solitários desse tipo; ou seja, indivíduos que vivem à margem de suas aldeias, a elas ligados por laços de parentesco ou de apoio, mas mantidos longe delas por inimizades e pela polícia. Se ele se junta a um bando, ou forma um, e se compromete economicamente a praticar certa quantidade de roubos, é raro que este seja muito grande, em parte por razões econômicas, em parte por razões organizacionais, pois o bando só se mantém unido pelo prestígio pessoal do chefe. Sabe-se de alguns bandos muito pequenos — por exemplo, os três homens capturados na Maremma em 1897 (nem é preciso dizer que por traição).[18] Há relatos de bandos enormes, de até sessenta indivíduos, entre os *bandoleros* andaluzes do século XIX, mas contavam com o apoio de caciques locais, que deles se utilizavam como vassalos; por esse motivo, talvez nem pertençam a este capítulo.[19] Em períodos de revolução, quando bandos se transformam praticamente em unidades guerrilheiras, formam-se grupos ainda maiores, de algumas centenas de indivíduos, mas no sul da Itália eles também desfrutavam de apoio, financeiro e de outra natureza, das autoridades bourbônicas. A imagem corriqueira até de gangues de bandidos-guerrilheiros é a de múltiplas unidades bem menores, combinadas para operações. Na Capitanata, sob o comando de Joachim Murat, havia algo em torno de setenta bandos; na Basilicata do começo dos anos 1860, 39; na Apúlia, cerca de trinta. O número médio de membros na Basilicata é dado como "de vinte a trinta", mas pode ser calculado a partir de estatísticas como de quinze a dezesseis. É de supor que um bando de trinta indivíduos, como o que Giuseppe de Furia encabeçou por muitos anos durante a era napoleônica e a Restauração, represente mais ou menos o limite que um líder comum é capaz de dominar sem a organização e a disciplina que poucos chefes de bandidos conseguiriam manter, com unidades maiores resultando em secessão. (Pode-se observar que isso bate mais ou menos com o número existente em minúsculas seitas protestantes fissíparas, como os cristãos bíblicos do sudoeste da Inglaterra, com uma média de 33 membros por capela nos anos 1870.)[20]

Não sabemos com exatidão quanto tempo durava um bando. É de supor que isso dependesse do incômodo que causava, do grau de tensão da situação social ou da complexidade da situação internacional — no período de 1799 a 1815, a ajuda dos Bourbon e dos britânicos a bandidos locais pode ter facilitado sua sobrevivência por tantos anos — e da proteção com que contava. Giuliano (com grande proteção) durou seis anos, mas meu palpite é que um Robin Hood de alguma ambição teria sorte se sobrevivesse mais de dois a quatro anos: Janošik, o bandido prototípico dos Cárpatos no começo do século XVIII, e Shuhaj duraram dois anos; o sargento Romano, na Apúlia depois de 1860, trinta meses; e cinco anos desmantelaram os bandidos bourbônicos mais tenazes no Sul. No entanto, um pequeno bando isolado, sem grandes pretensões, como o de Domenico Tiburzi nos confins do Lácio, poderia chegar aos vinte anos (*c.* 1870-90). Se o Estado deixasse, o bandido poderia sobreviver e se retirar para a vida camponesa comum, pois o ex-bandido se integrava facilmente à sociedade, uma vez que só o Estado e a pequena nobreza consideravam criminosas suas atividades.[21]

Não faz muita diferença se o homem começou sua carreira por razões quase políticas, como Giuliano, que se ressentia da polícia e do governo, ou se simplesmente rouba porque é o que um fora da lei faz. É quase certo que ele se conformará ao estereótipo de Robin Hood em alguns aspectos; ou seja, tentará ser "um homem que tirava dos ricos para dar aos pobres e nunca matava, a não ser em legítima defesa, ou por vingança justa". É praticamente obrigado a isso, pois há mais para tirar dos ricos do que dos pobres, e, se ele tira dos pobres ou se torna um assassino "ilegítimo", perde seu ativo mais poderoso, a ajuda e a simpatia públicas. E se é mão-aberta com seus ganhos, só pode ser porque alguém em sua posição numa sociedade de valores pré-capitalistas demonstra poder e status através da generosidade. E se ele mesmo não vê suas ações como uma forma de protesto social, o público o fará, de modo que até um criminoso puramente profissional pode acabar procurando satisfazer suas expectativas. Schinderhannes, o mais famoso, embora não o mais notável, dos chefes de gangue que infestaram a Renânia no fim dos anos 1790,[22] não era em sentido nenhum um bandido social. (Como seu apelido [Hannes Curtidor] o demonstra, ele vinha de um ofício inferior tradicionalmente associado ao submundo.) Mesmo assim, achava vantajoso, em matéria de relações públicas, propagar o fato de que só roubava de judeus, ou seja, comerciantes e agiotas, e em contrapartida as histórias e livrinhos populares que se multiplicaram a seu respeito lhe conferiam atributos do herói Robin Hood idealizado: a generosidade, a reparação de danos, a cortesia, o senso de humor, a astúcia, a coragem, a ubiquidade que equivale à invisibilidade — todos os bandidos das lendas andam pelo campo usando disfarces impenetráveis — e assim por diante. Em seu caso, os atributos são imerecidos, e as simpatias vão todas para Jeanbon St. André, o velho membro do Comitê de Segurança Pública, que pôs esses gângsteres fora de ação. No entanto, pode ser que ele se sentisse mesmo, pelo menos boa parte do tempo, um "protetor dos pobres". Criminosos vêm dos pobres e são sentimentais a respeito de certas coisas. Um trapaceiro profissional tão característico como o sr. Billy

Hill, cuja autobiografia (1955) merece mais estudos sociológicos do que os que lhe foram dedicados, descamba para a autopiedade de sempre quando explica sua carreira de ladrão e gângster pela necessidade de distribuir dinheiro para "sua" gente, ou seja, a várias famílias de trabalhadores irlandeses sem qualificação em Camden Town. O robin-hoodismo é sempre útil para os bandidos, mesmo quando estes não acreditam nele.

No entanto, muitos não precisam que essa função lhes seja imposta. Eles a assumem espontaneamente, como Pasquale Tanteddu, da Sardenha, cujas opiniões (um tanto influenciadas pelo comunismo) estão expostas com mais detalhes no Apêndice. Eu soube também que um importante bandido calabrês da safra pré-1914 fazia doações regulares ao Partido Socialista. Conhecem-se Robin Hoods sistemáticos. Gaetano Vardarelli, da Apúlia, que foi perdoado pelo rei e depois traído e morto por ele em 1818, estava sempre distribuindo parte de suas pilhagens entre os pobres, dando sal, ordenando a administradores que fornecessem pão a trabalhadores das propriedades sob pena de massacre, e à burguesia fundiária local que permitisse aos pobres respigar seus campos. (Para algumas de suas atividades, ver o Apêndice.) Angiolillo era excepcional em sua busca sistemática de uma justiça mais geral do que a que se podia conseguir com presentes informais e intervenções individuais. "Quando chegava a uma aldeia", dizia-se, "mandava formar um tribunal, ouvia os litigantes, pronunciava sentenças e desempenhava todas as funções de um magistrado." Consta até que processava infratores do direito consuetudinário. Mandava baixar os preços dos grãos, confiscava os celeiros mantidos pelos ricos e distribuía grãos aos pobres. Em outras palavras, agia como um governo paralelo, em defesa dos interesses dos camponeses. Não é de surpreender que, ainda em 1884, sua aldeia quisesse dar o nome dele à sua rua principal.

À sua maneira, mais primitiva, os bandidos sulistas dos anos 1860, como os de 1799-1815, se viam como paladinos do povo contra a pequena nobreza e os "estrangeiros". Talvez o sul da Itália nesses períodos ofereça o que há de mais parecido com uma revolução de massa e uma guerra de libertação encabeçadas por bandidos sociais. (Não por acaso, "bandido" se tornou um termo que governos estrangeiros costumam usar para descrever guerrilheiros revolucionários.) Graças a uma vasta literatura especializada, a natureza dessas épocas de banditismo é hoje bem compreendida, e poucos estudiosos compartilham a incompreensão de liberais de classe média que viam neles nada mais do que "delinquência em massa", barbárie, quando não inferioridade racial sulista, uma incompreensão que persiste em *Old Calabria* [Velha Calábria], de Norman Douglas.[23] E Carlo Levi, entre outros, nos lembrou em *Cristo parou em Eboli* como é profunda a lembrança dos bandidos-heróis entre os camponeses do Sul, para quem os "anos dos bandidos" estão entre as poucas partes da história que são vivas e reais, porque, ao contrário dos reis e das guerras, os bandidos lhes pertencem. À sua maneira, os bandidos, vestindo roupas camponesas rasgadas com rosetas Bourbon, ou trajes mais deslumbrantes, eram vingadores e paladinos do povo. Se seu caminho deu num beco sem saída, pelo menos não lhes neguemos o anseio de liberdade e de justiça que os movia.

Por conseguinte, também as vítimas características do bandido são os inimigos por excelência dos pobres. Como registrado na tradição, são sempre aqueles grupos particularmente odiados por eles: advogados (Robin Hood e Dick Turpin), prelados e monges ociosos (Robin Hood e Angiolillo), usurários e comerciantes (Angiolillo e Schinderhannes), estrangeiros e outros que perturbam a vida tradicional camponesa. Nas sociedades pré-industriais e pré-políticas eles raramente, ou nunca, incluem o soberano, que é remoto e representa justiça. Na verdade, a lenda costuma mostrar o soberano perseguindo o bandido, mas, incapaz de eliminá-lo, chamando-o à corte e fazendo as pazes com ele, reconhecendo, dessa maneira, que, num sentido profundo, o interesse dele e o interesse do soberano, a justiça, são os mesmos. Assim acontece com Robin Hood e Oleksa Dovbush.[24]

O fato de que o bandido, sobretudo quando não imbuído de um forte senso de missão, vivia bem e ostentava sua riqueza normalmente não ofendia o público. O anel solitário de Giuliano, as pencas de correntes e enfeites com que os bandidos antifranceses dos anos 1790 se adornavam no sul da Itália eram vistos pelos camponeses como símbolos de triunfo sobre os ricos e poderosos, assim como, talvez, provas do poder do bandido como protetor. Pois um dos principais atrativos do bandido era, e é, o fato de ser um menino pobre que venceu na vida, um sucedâneo para a incapacidade das massas de escapar da própria pobreza, do próprio desamparo, da própria mansidão.[25] Paradoxalmente, portanto, os gastos ostensivos do bandido, como os Cadillacs folheados a ouro e os dentes incrustados com diamantes do menino do cortiço que se tornou campeão mundial de boxe, servem para ligá-lo aos admiradores e não para o separar deles; desde que não se afaste muito do papel heroico que o povo lhe atribuiu.

O padrão fundamental do banditismo, como tentei esboçar aqui, é encontrado quase universalmente, em determinadas condições. É rural, e não urbano. As sociedades camponesas nas quais ocorre conhecem ricos e pobres, poderosos e fracos, governantes e governados, mas continuam profunda e tenazmente tradicionais, e pré-capitalistas em estrutura. Uma sociedade agrícola como a da Ânglia Oriental, ou da Normandia ou da Dinamarca no século XIX, não é lugar para procurar banditismo social. (Essa é, sem dúvida, a razão pela qual a Inglaterra, que deu ao mundo Robin Hood, o arquétipo do bandido social, não produz nenhum exemplo notável da espécie desde o século XVI. Essa idealização de criminosos que passou a fazer parte da tradição popular se limitou a figuras como Dick Turpin e MacHeath, enquanto os miseráveis trabalhadores de aldeia mereceram pouco mais do que a modesta admiração devida a caçadores furtivos dotados de excepcional ousadia.) Além disso, mesmo em sociedades de bandidos atrasadas e tradicionais, o bandido social só aparece quando os pobres ainda não atingiram consciência política ou adquiriram métodos mais eficientes de agitação social. O bandido é um fenômeno pré-político, e sua força é inversamente proporcional à do revolucionismo agrário organizado, do socialismo ou do comunismo. O banditismo em Sila, na Calábria, sumiu antes da Primeira Guerra Mundial, quando o socialismo e as ligas camponesas apareceram. Sobreviveu no Aspromonte, terra do grande Musolino e de outros numerosos heróis populares pelos quais as mulheres rezavam, comovidas.[26] Mas ali a organização camponesa é menos desenvolvida. Montelepre, cidade de Giuliano, é um dos poucos lugares na província de Palermo que não tinham uma liga camponesa de importância, mesmo durante o levante camponês nacional de 1893,[27] e onde ainda hoje as pessoas votam muito menos do que em outros lugares nos partidos políticos desenvolvidos e muito mais em grupos lunáticos marginais, como monarquistas ou separatistas sicilianos.

Nessas sociedades o banditismo é endêmico. Parece mais provável, no entanto, que o robin-hoodismo se torne um fenômeno importante quando seu equilíbrio tradicional é perturbado: durante e após períodos de dificuldades anormais, como fome e guerra, ou nos momentos em que as mandíbulas do dinâmico mundo moderno abocanham as comunidades estáticas para as destruir e transformar. Como esses movimentos ocorreram, na história da maioria das sociedades camponesas, nos séculos XIX e XX, nossa época é em alguns aspectos a época clássica do bandido social. Vemos seu surgimento — pelo menos na cabeça das pessoas — no sul da Itália e na Renânia durante as transformações revolucionárias e as guerras do fim do século XVIII; no sul da Itália depois da unificação, atiçado pela introdução da lei e da política econômica capitalistas.[28] Na Calábria e na Sardenha a grande época do banditismo começou nos anos 1890, quando a economia moderna (e a depressão agrícola e a emigração) fez sentir seu impacto. Nas montanhas remotas dos Cárpatos o banditismo se intensificou no rescaldo da Primeira Guerra Mundial, por razões sociais que Olbracht descreveu, como sempre, com precisão e bom senso.

Esse mesmo fato, porém, expressava a tragédia do bandido social. A sociedade camponesa o cria e invoca quando sente necessidade de um paladino, de um protetor — mas justo nesse momento ele é incapaz de ajudá-la. Pois o banditismo social, mesmo sendo um protesto, é um protesto humilde e não revolucionário. Ele se insurge não contra o fato de os camponeses serem pobres e oprimidos, mas contra o fato de serem por vezes pobres e oprimidos em excesso. Não se espera que bandidos-heróis produzam um mundo de igualdade. Eles podem no máximo corrigir injustiças e provar que às vezes a opressão pode ser virada de cabeça para baixo. São ainda menos incapazes de compreender o que se passa nas aldeias da Sardenha que faz alguns homens terem gado em abundância e outros, que já tiveram algum, não terem mais gado nenhum; ou que leva aldeões calabreses para minas de carvão americanas ou enche as montanhas dos Cárpatos de exércitos, armas e dívidas. A função prática do bandido é, na melhor das hipóteses, impor certos limites à opressão tradicional numa sociedade tradicional, sob pena de baderna, assassinato e extorsão. Nem mesmo isso ele faz muito bem, como uma caminhada por Montelepre convencerá o observador. Ademais, não passa de um sonho de como seria maravilhoso se os tempos fossem sempre bons. "Durante sete anos ele lutou em nosso país", dizem os camponeses dos Cárpatos sobre Dovbush, "e enquanto viveu as coisas iam bem para o povo." É um sonho intenso, razão pela qual se constroem em torno dos grandes bandidos mitos que lhes conferem poder sobre-humano e uma espécie de imortalidade desfrutada apenas pelos grandes reis justos do passado, que a rigor não morreram, mas estão apenas adormecidos e vão voltar. Assim, Oleksa Dovbush dorme enquanto seu machado enterrado avança a menos de um milímetro por ano, o espaço de uma semente de papoula, em direção à superfície da terra, e quando esse machado emergir outro herói surgirá, um amigo do povo, um perigo para os senhores, um combatente da justiça, um vingador de injustiças. Assim como, mesmo nos Estados Unidos de ontem, onde homens insignificantes e independentes lutavam — se necessário recorrendo ao terror, como os Trabalhadores Industriais do Mundo (IWW) — contra a vitória de homens importantes e corporações, havia quem acreditasse que o bandido Jesse James não tinha sido assassinado, apenas fugira para a Califórnia. Pois o que aconteceria com o povo se seus paladinos estivessem irremediavelmente mortos?[29]

Assim, o bandido fica impotente diante das forças da nova sociedade que ele é incapaz de compreender. No máximo, pode lutar contra ela e tentar destruí-la "para vingar injustiças, atacar os senhores, tirar deles a riqueza que roubaram e destruir com fogo e espada tudo que não sirva ao bem comum: por alegria, por vingança, como uma advertência aos tempos futuros — e talvez por medo deles".[30]

É por isso que o bandido costuma ser destrutivo e selvagem além dos limites de seu mito, que insiste sobretudo em sua justiça e em sua moderação ao matar. A vingança, que em períodos revolucionários deixa de ser questão particular e se torna questão de classe, exige sangue, e a visão da iniquidade em ruínas pode ser inebriante para os homens.[31] A destruição, como percebeu corretamente Olbracht, não é apenas uma liberação niilista, mas uma tentativa fútil de eliminar tudo aquilo que impediria a construção de uma comunidade simples, estável, camponesa: os produtos do luxo, o grande inimigo da justiça e das práticas comerciais éticas. Pois a destruição jamais é indiscriminada. O que tem utilidade para os homens pobres é poupado.[32] Assim, os bandidos sulistas que conquistaram cidades lucanas nos anos 1860 passaram por elas abrindo prisões, queimando arquivos, saqueando as casas dos ricos e distribuindo para o povo aquilo que não queriam: eram duros, selvagens, heroicos e impotentes.

Pois o banditismo como movimento social nessas situações era e é ineficiente em todos os sentidos. Em primeiro lugar, por ser incapaz até de organização guerrilheira eficaz. Bandidos sem dúvida conseguiram lançar com êxito um levante bourbônico contra a conquista pelo norte — ou seja, bandidos genuínos, não políticos de um partido chamados de bandidos pelos adversários. Mas quando um soldado bourbônico espanhol, Borjes, tentou organizá-los num movimento guerrilheiro eficiente, eles resistiram e o expulsaram:[33] a própria estrutura do bando espontâneo impedia operações mais ambiciosas, e, apesar de continuarem a tornar o país inseguro por vários anos ainda, os 39 bandos lucanos já estavam condenados. Em segundo lugar, porque sua ideologia os impedia de tornar a revolta eficaz. Não porque os bandidos fossem em geral tradicionalistas em política — pois sua primeira lealdade era para com os camponeses —, mas porque a força tradicional cujo lado tomaram estava condenada, ou porque a opressão antiga e a opressão nova se fundiram, deixando-os isolados e impotentes. Os Bourbon podem até ter prometido redistribuir a terra da pequena nobreza para os camponeses, mas jamais cumpriram a promessa; o máximo que fizeram foi conceder patentes no Exército a alguns ex-bandidos. O mais provável é que os tenham traído e matado quando já não precisavam deles. Giuliano se tornou joguete de forças políticas que não tinha como entender quando aceitou ser o líder militar dos separatistas sicilianos (dominados pela máfia). Um fato óbvio sobre os homens que o usaram e depois o descartaram é que a concepção destes de uma Sicília independente era muito diferente da sua, sem dúvida mais próxima da dos camponeses organizados cuja reunião de Primeiro de Maio ele massacrou em Portella della Ginestra em 1947.

Para serem defensores eficazes de sua gente, os bandidos tinham que deixar de ser bandidos; tal é o paradoxo dos Robin Hoods modernos. Podiam, de fato, dar assistência a levantes camponeses, pois nesses movimentos de massa em geral é o bando pequeno, mais do que a vasta multidão, que prepara o terreno para a ação fora da aldeia,[34] e que núcleo melhor para essas tropas de choque do que os grupos de bandidos já existentes? Assim, em 1905 as atividades camponesas da aldeia ucraniana de Bykhvostova foram em grande parte iniciadas pelo cossaco Vassili Potapenko (o "tzar" do bando), pelo camponês Piotr Tcheremok (seu "ministro") e o resto do bando, dois homens que tinham sido expulsos daquela comunidade por crimes — não sabemos se voluntariamente ou sob pressão —, e mais tarde readmitidos. Como em outras aldeias, esses bandos que representavam camponeses pobres e sem-terra, e o senso de comunidade contra os individualistas e os "cercadores", foram depois mortos por uma contrarrevolução dos *kulaks* no campo.[35] No entanto, o bando não tinha como ser uma forma duradoura de organização de camponeses revolucionários. Podia, no máximo, ser um auxiliar temporário daqueles que não estavam organizados.

Dessa maneira, os poetas românticos que idealizaram os bandidos, como Schiller em *Os bandoleiros*, erraram ao acreditar que eles eram os verdadeiros "rebeldes". Os anarquistas bakuninistas, que os idealizaram de forma mais sistemática por causa de sua capacidade destrutiva, e que se achavam capazes de explorá-los em prol de sua causa, perderam o tempo deles e o dos camponeses.[36]

Eles até podiam ter sucesso de vez em quando. Há pelo menos um caso em que um primitivo movimento camponês no qual a doutrina anarquista se mesclava a "uma forte inclinação bandida" veio a se tornar uma grande, apesar de temporária, força revolucionária regional. Mas quem de fato acredita que, apesar de todo o gênio para a guerra assimétrica de seu chefe, a "Makhnovtchina" do sul da Ucrânia em 1918-21 teria chegado a outra coisa que não a derrota, independentemente de quem conquistasse o poder supremo nas terras russas?[37]

O futuro era da organização política. Bandidos que não se adaptam às novas formas de lutar pela causa camponesa, como muitos deles o fazem em termos individuais, em geral se convertem nas prisões ou são recrutados para exércitos, e deixam de ser paladinos dos pobres, passando a ser meros criminosos ou servidores de partidos de proprietários e comerciantes. Não têm futuro. Só os ideais pelos quais lutavam, e pelos quais homens e mulheres compuseram canções sobre eles, sobrevivem, e em volta da lareira ainda sustentam a visão da sociedade justa, cujos paladinos são bravos e nobres como águias, velozes como cervos, os filhos das montanhas e das profundezas da floresta.

UMA NOTA SOBRE BANDIDOS DE ESQUERDA PRÉ-SOCIALISTAS

Na medida em que o bandido social tinha uma "ideologia" política, essa ideologia era, como vimos, uma forma de tradicionalismo revolucionário. O bandido do tipo "Igreja e rei" corresponde à turba urbana do tipo "Igreja e rei" (ver o capítulo 7). Levando em conta que a lealdade fundamental dos bandidos se dirigia aos camponeses, com sua oposição permanente às autoridades reais, nem mesmo o bandido mais tradicionalista tinha dificuldade para fazer causa comum com outros oposicionistas e revolucionários, sobretudo se estes também fossem perseguidos. Carmine Donatello ("Crocco") pôde baixar a seguinte proclamação em 1863:[38] "Fora os traidores, fora os mendigos, viva o justo reino de Nápoles, com seu religiosíssimo soberano, viva o vigário de Cristo Pio IX, e vivam nossos ardorosos irmãos republicanos" (ou seja, os garibaldinos e os mazzinianos, que também eram oposição).

A cooperação entre republicanos e bourbônicos contra liberais moderados costuma ser relatada em toda a região Sul — o próprio Garibaldi rejeitou ofertas de ajuda de vários bandidos[39] — e alguns ex-soldados garibaldinos, que segundo consta se voltaram contra a Casa de Savoia por causa dos maus-tratos contra seu herói, se tornaram chefes menores de bandidos.[40]

No entanto, há alguns exemplos de bandidos italianos pré-socialistas com ideologia distintamente de esquerda — jacobina ou carbonária, bem como de bandidos idealizados por jacobinos urbanos, como Angiolillo. Pode-se arriscar o palpite de que essas figuras eram socialmente um tanto excepcionais. Assim, os bandidos jacobinos-carbonários de 1815-8 descritos por Lucarelli não são camponeses, muito embora a esmagadora maioria dos bandidos comuns fosse formada por camponeses, pastores ou — o que dá no mesmo — ex-soldados. Gaetano Meomartino (Vardarelli), que foi aceito na carbonária com seu bando em 1816 ou 1817, era seleiro; Ciro Annicchiarico, que ingressou na seita dos *Decisi*, era um intelectual rural, ou seja, um padre de origem camponesa e opiniões jacobinas, que tinha fugido para as montanhas nos períodos napoleônicos por razões puramente não políticas, como disputa por mulher. Para suas opiniões milenaristas religioso-iluministas, ver Lucarelli.[41] É claro que seria bem mais fácil para um intelectual ou para um artesão de aldeia — classe que em geral não fornecia muitos bandidos — adquirir uma ideologia política relativamente moderna do que para pastores de cabras analfabetos ou camponeses pobres. No entanto, na ausência de dados mais completos do que os hoje disponíveis, e em vista da atmosfera política confusa e complexa na qual bandidos costumavam operar, não gostaríamos de propor qualquer hipótese de maneira categórica.

3. Máfia

Não existe uma linha fixa e imutável entre o banditismo social do capítulo anterior e os movimentos a serem discutidos neste, dos quais a máfia siciliana é o mais interessante e persistente. Todos são bastante primitivos, não só nas formas originalmente definidas, mas também na propensão a desaparecer quando surgem movimentos mais desenvolvidos. Em termos coletivos, são pouco adaptáveis. Onde sobrevivem à aparição de movimentos modernos, como ligas camponesas, sindicatos de trabalhadores e partidos de esquerda, o fazem como alguma coisa em tudo diferente de movimentos sociais.

As máfias — é conveniente usar o termo para todos os fenômenos desse tipo — têm numerosas características especiais. Em primeiro lugar, jamais são movimentos sociais puros, com objetivos e programas específicos. São, a bem dizer, os pontos de encontro de todas as tendências existentes dentro de suas sociedades: a defesa de uma sociedade inteira contra ameaças a seu modo de vida tradicional, as aspirações das diversas classes dentro dela, as ambições pessoais e aspirações de membros individuais muito ativos. Por conseguinte, são, em certa medida, como os movimentos nacionais, dos quais talvez sejam uma espécie de embrião, fluidas. Se a tintura de protesto social dos pobres determina sua cor geral, como na Calábria, ou a das ambições das classes médias locais, como na Sicília, ou do puro crime, como na máfia americana, vai depender das circunstâncias. Em segundo lugar, elas são até certo ponto desorganizadas. É verdade que algumas máfias são, pelo menos no papel, centralizadas e com "cadeias de comando" e promoções adequadas, talvez no modelo das ordens maçônicas. Mas a situação mais interessante é aquela em que, como na clássica máfia siciliana, não existe — ou não existiu em alguma etapa — nenhuma organização adequada acima do nível local, e mesmo nesse nível a organização existente é muito primitiva.

Em que condições surgem as máfias? Não há, simplesmente, resposta a essa pergunta, porque não sabemos quantas existem ou existiram. A máfia siciliana é a única organização de sua espécie na Europa moderna que provocou descrições ou análises em quantidade significativa. Fora as breves referências a "associações delinquentes", "associações secretas de ladrões" e protetoras de ladrões, e coisas do gênero, praticamente não sabemos nada sobre a situação em outros lugares, e o que sabemos nos permite, no máximo, dizer que houve uma situação na qual a máfia *poderia* ter surgido, mas não que de fato o fez.[1] Não podemos concluir que a falta de informações significa que esse fenômeno não existiu. Assim, como veremos, não há dúvida alguma da existência de uma organização do tipo máfia no sul da Calábria. Mas, à exceção de uma referência rápida a essas sociedades secretas na Calábria e no Cilento (a região sul do golfo de Salerno), ela parece não ter sido registrada no passado.[2] Isso é menos surpreendente do que pode parecer. Organizações secretas formadas basicamente por camponeses analfabetos operam na obscuridade. Moradores urbanos de classe média são profundamente ignorantes e costumam ter um imenso desprezo pela vida da classe inferior sob seus pés. A única coisa que podemos fazer no momento, portanto, é nos concentrarmos em alguns exemplos de máfias conhecidas e esperar que eles lancem alguma luz sobre a situação em áreas até agora não investigadas.

A máfia é menos conhecida do que se poderia imaginar. Embora os fatos sejam indiscutíveis e exista muita literatura descritiva e analítica de grande utilidade,[3] a discussão pública é confusa, em parte pela desenfreada romantização jornalística, em parte pela simples incapacidade de reconhecer que "o que aos piemonteses e aos lombardos parecia 'delinquência siciliana' era, na realidade, a lei de uma sociedade diferente [...] uma sociedade semifeudal".[4] Talvez seja útil, portanto, resumir o que sabemos a seu respeito. A palavra "Máfia" aqui tem vários significados distintos. Em primeiro lugar, representa uma atitude geral para com o Estado e as leis deste que não é necessariamente mais criminosa do que a atitude bem parecida, digamos, dos alunos de escola pública para com seus professores. O mafioso não invocava o Estado ou a lei em suas brigas particulares, mas se tornava respeitado e seguro conquistando fama de firmeza e coragem, e resolvia suas diferenças através do desagravo. Não reconhecia obrigação nenhuma, a não ser as obrigações do código de honra ou *omertà* (hombridade), cujo principal artigo proibia dar informações a autoridades públicas. Em outras palavras, "máfia" (termo escrito com inicial minúscula quando usado nesse sentido) era o tipo de código de comportamento que sempre tende a se desenvolver em sociedades sem uma ordem pública efetiva, ou em sociedades nas quais os cidadãos veem as autoridades como total ou parcialmente hostis (por exemplo, em cadeias ou no submundo fora delas), ou como incapazes de apreciar as coisas que na verdade importam (por exemplo, nas escolas), ou como uma combinação disso. Deve-se resistir à tentação de ligar esse código ao feudalismo, a virtudes aristocráticas ou a coisas do gênero. Sua regra mais completa e vinculativa estava entre os cafetões e pequenos arruaceiros dos cortiços de Palermo, cujas condições mais se aproximavam da "baderna", ou daquele estado hobbesiano no qual as relações entre indivíduos ou pequenos grupos são como as relações entre potências soberanas. Já se observou, de maneira acertada, que nas partes de fato feudais da ilha *omertà* tendia a significar simplesmente que apenas a denúncia dos fracos e dos derrotados era permissível.[5] Onde existe uma estrutura de poder estabelecida, a "honra" tende a pertencer aos poderosos.

Nas comunidades sem lei o poder raramente se distribui numa anarquia de unidades rivais, mas se coagula em torno de pontos fortes locais. Sua forma típica é o apadrinhamento, seu detentor típico, o magnata ou chefe privado com um grupo de vassalos e dependentes, e a rede de "influência" que o cerca leva homens a se colocarem sob sua proteção. "Máfia", no segundo sentido do termo, é quase sinônimo disso, apesar da tendência a ser aplicada aos vassalos (a "baixa máfia"), e não aos protetores. Algumas formas desse sistema eram, sem dúvida, feudais, sobretudo nos latifúndios do interior, e é bem provável que na Sicília (onde relações legalmente feudais só foram abolidas em termos oficiais no século XIX, e cujo simbolismo ainda hoje sobrevive nas batalhas entre cavaleiros e sarracenos pintadas nas laterais de carroças de camponeses) formas feudais de lealdade tenham ajudado a moldá-la. No entanto, essa é uma questão secundária, pois vassalagem e patronato podem surgir sem que haja qualquer tradição feudal. O que caracterizava a Sicília era o predomínio universal desse patronato e a ausência, para todos os efeitos, de qualquer outra forma de poder constante.

A máfia, no terceiro sentido da palavra, e o mais comum, não é fácil de distinguir do segundo: é o controle da vida da comunidade por um sistema secreto — ou não reconhecido em termos oficiais — de gangues. Até onde sabemos, esse tipo de máfia nunca foi uma sociedade secreta única, centralmente organizada, como a Camorra napolitana, muito embora as opiniões sobre o grau de centralização divirjam.[6] O relatório de 1931 do procurador de Palermo talvez tenha descrito melhor a situação: "As associações das pequenas localidades costumam exercer jurisdição dentro delas e das comunas vizinhas. As dos centros importantes estão em relação umas com as outras até nas províncias mais remotas, prestando ajuda e assistência mútuas".[7]

Na verdade, por ser antes de mais nada essencialmente um fenômeno rural, é difícil entender a Máfia como centralizada em termos hierárquicos, sendo as comunicações o que eram no século XIX. Tratava-se mais de uma rede de gangues locais (*cosche* — hoje parece que são chamadas de "famílias"), às vezes com duas ou três integrantes, às vezes bem maior, cada qual controlando certo território, em geral uma comuna ou um latifúndio, e ligadas entre si de várias maneiras. Cada *cosca* explorava seu território, embora, por vezes, como durante a migração periódica de rebanhos, as gangues dos territórios por onde os animais viajavam cooperassem. As migrações de trabalhadores de colheita, e em especial os elos entre os latifúndios e os advogados urbanos e a massa de mercados de gado e feitas por todo o país, proporcionavam outros contatos entre grupos locais.[8]

Seus membros reconheciam uns aos outros, menos por sinais e senhas secretos do que pela postura, pela vestimenta, pelo jeito de falar e se comportar. A dureza profissional e a virilidade, o parasitismo profissional e a marginalidade geram um comportamento típico, destinado, numa sociedade sem lei, a impressionar as ovelhas — e talvez também os leões — com o poder dos lobos, bem como a distingui-los do rebanho. Os *bravi*, em *Os noivos*, de Manzoni, se vestem e se comportam de maneira muito parecida com os "rapazes" (*picciotti*) na Sicília de dois séculos e meio depois. Por outro lado, cada gangue tinha rituais de iniciação e senhas surpreendentemente padronizados nos anos 1870, embora, ao que tudo indica, essas coisas tenham sido abandonadas mais tarde.[9] Se foram desenvolvidas muito tempo antes na prisão de Milazzo, e popularizadas através de canções e obras literárias como *A vida e as façanhas do bandido Pasquale Bruno*, como quer Cutrera, não sei dizer. Mas eram claramente os rituais de uma antiquada irmandade de sangue mediterrânea. O ritual indispensável — em geral (exceto onde era impossível, como nas prisões) conduzido diante da imagem de um santo — consistia em furar o polegar do candidato para extrair sangue e esfregá-lo na imagem, que então era queimada. Esse último ato talvez se destinasse a vincular o noviço à irmandade pela quebra cerimonial de um tabu: há relatos também de um ritual envolvendo o disparo de um tiro de pistola numa estátua de Jesus Cristo.[10] Uma vez iniciado, o mafioso era um compadre, sendo a copadrinhagem na Sicília, como em outras partes do Mediterrâneo, a forma de parentesco artificial que implicava as maiores e mais solenes obrigações de ajuda recíproca entre as partes contratantes. Ao que tudo indica, as senhas também eram padronizadas. No entanto, nada disso prova que a associação era centralizada, pois a Camorra — uma organização puramente napolitana, sem vínculos sicilianos — também tinha uma iniciação de irmandade de sangue de tipo parecido.[11]

Até onde se pode ver, apesar de padronizado, cada grupo parece ter considerado esses rituais vínculos privados próprios, mais ou menos como as crianças adotam formas padronizadas de distorcer palavras como se fossem línguas estritamente privadas. Pode-se argumentar que a Máfia desenvolveu uma espécie de coordenação quase em nível nacional, com uma direção central — desde que não usemos esse termo com excessiva precisão — estabelecida em Palermo. No entanto, como veremos, isso refletia mais a estrutura econômica e política e a evolução da Sicília do que um plano diretor criminoso.[12]

Sob o regime do Estado bourbônico ou piemontês, embora às vezes vivendo em estranha simbiose com ele, a Máfia (nos três sentidos da palavra) oferecia uma máquina paralela de lei e poder organizado; na verdade, no que dizia respeito ao cidadão das áreas sob sua influência, a única lei e o único poder eficazes. Numa sociedade como a da Sicília, na qual o governo oficial não podia ou não queria exercer influência real, o aparecimento de um sistema como esse era tão inevitável como o aparecimento do domínio das gangues, ou de sua alternativa, os grupos particulares de justiceiros em certas partes dos Estados Unidos do *laissez-faire*. O que distingue a Sicília é a extensão territorial e a coesão desse sistema privado e paralelo de poder.

No entanto, tal sistema não era universal, pois nem todos os setores da sociedade siciliana tinham a mesma necessidade dele. Pescadores e marujos, por exemplo, jamais desenvolveram o código de *omertà* e — a não ser no submundo — ele era mal desenvolvido nas cidades, quer dizer, nas cidades de fato, e não nas grandes aglomerações em que viviam camponeses sicilianos no interior vazio e infestado por bandidos e talvez pela malária. Na verdade, os artesãos urbanos tendiam, em especial durante as revoluções — como na Palermo de 1773 e 1820-1 —, a organizar suas próprias "unidades de milícia", ou *ronde*, até que a aliança das classes dominantes, com medo de suas implicações revolucionárias, lhes impôs a Guarda Nacional, mais confiável do ponto de vista social, e, por fim, a combinação de policiais e mafiosos depois de 1848.[13] Por outro lado, certos grupos tinham uma necessidade especial de defesas privadas. Camponeses nos imensos latifúndios do interior e mineiros de enxofre precisavam de algum meio de aliviar sua miséria além das periódicas *jacqueries*. Para os donos de certo tipo de propriedade — gado, furtado com tanta facilidade nas vastas extensões desertas da Sicília como no Arizona, e laranjas e limões, uma tentação para ladrões nos pomares não vigiados da costa —, a proteção era vital. Na verdade, a Máfia se desenvolveu justamente nas três áreas desse tipo. Dominava as planícies irrigadas de cultivo de frutas nos arredores de Palermo, com seus fragmentários lotes de terra arrendados por camponeses, as áreas de mineração de enxofre do centro-sul e os latifúndios abertos do interior. Fora dessas áreas, ela era mais fraca, tendendo a desaparecer na metade leste da ilha.

É um erro achar que certas instituições são muito antigas só porque parecem arcaicas. Elas podem, como as escolas públicas, ou a parte elegantemente vestida da política inglesa, ter surgido em tempos recentes (apesar de construídas com material antigo ou pseudoantigo) com propósitos modernos. A Máfia não é uma instituição medieval; é dos séculos XIX e XX. Seu período de maior glória vem depois de 1890. Não há dúvida de que os camponeses sicilianos têm vivido, ao longo da história, sob o duplo regime de um governo central remoto, em geral estrangeiro, e um regime local de senhores escravistas ou feudais, já que a Sicília é, *par excellence*, o país do latifúndio. Não há dúvida de que eles jamais tiveram, ou puderam ter, o hábito de ver o governo central como um Estado real, mas apenas como uma forma especial de banditismo, cujos soldados, coletores de impostos, policiais e tribunais desabavam sobre eles de tempos em tempos. Sua existência analfabeta e isolada era vivida entre o senhor com sua atitude autoritária, intimidadora, e seus parasitas, além de seus próprios costumes e instituições de defesa. Em certo sentido, portanto, alguma coisa de parecido com um "sistema paralelo" sempre existiu, como existe em todas as sociedades camponesas atrasadas.

No entanto, isso não era a Máfia, apesar de conter grande parte da matéria-prima de que esta se formou. Na verdade, ela só alcançou sua plenitude depois de 1860. A própria palavra, na conotação moderna, não aparece antes do começo dos anos 1860,[14] e, de qualquer maneira, antes disso estava confinada à gíria de um distrito de Palermo. Um historiador local do oeste da Sicília — um viveiro da Máfia — não encontra vestígios dela em sua cidade antes de 1860.[15] Por outro lado, em 1866 a palavra já é usada em tom de naturalidade por Maggiorani, e nos anos 1870 é moeda corrente na discussão política. É bastante claro que em algumas regiões — talvez acima de tudo na província de Palermo — uma Máfia já desenvolvida deve ter existido antes. Nada poderia ser mais tipicamente mafioso do que a carreira de Salvatore Miceli, o chefe de Monreale, que levou suas *squadre* armadas para lutar contra os Bourbon em Palermo em 1848, foi indultado e feito capitão de armas por eles nos anos 1850 (um toque característico), levou seus homens para Garibaldi em 1860 e foi morto lutando contra os piemonteses no levante palermitano de 1866.[16] E em 1872 a Máfia de Monreale estava tão desenvolvida que a primeira das endêmicas revoltas subsequentes da "jovem Máfia" contra a "velha Máfia" ocorreu — com a ajuda da polícia, que buscava enfraquecer a sociedade — e produziu a "seita" dos Stoppaglieri.[17] No entanto, é óbvio que alguma coisa de bastante fundamental aconteceu com o "sistema paralelo" depois da abolição oficial do feudalismo na Sicília (1812-38), e sobretudo depois de sua conquista pela classe média do norte; e isso, no fim das contas, não é mais do que deveríamos esperar. E qual é a questão? Para responder a ela, precisamos resumir o que se sabe da composição e da estrutura da Máfia desenvolvida. Sua primeira, e de longe mais importante, característica é que *todos* os cabeças das máfias locais eram (e são) homens ricos, alguns ex-feudalistas nas áreas do interior, mas na maior parte homens de classe média, fazendeiros e empreiteiros capitalistas, advogados e similares. As provas sobre esse ponto são conclusivas.[18] Como a Máfia era basicamente um fenômeno rural, isso, por si só, assinala o começo de uma revolução, pois na Sicília de meados do século XIX as terras de propriedade burguesa ainda equivaliam a apenas 10% da área cultivada. A espinha dorsal da Máfia eram os *gabellotti* — pessoas ricas de classe média que pagavam aos proprietários feudais ausentes uma soma fixa pelo aluguel de toda a propriedade e a sublocavam com lucro para os camponeses, e que para todos os efeitos assumiram o lugar deles como classe dominante. Praticamente todos eles, nas áreas da Máfia, parecem ter sido mafiosos. A ascensão da Máfia marca, portanto, uma transferência de poder no "sistema paralelo" da classe feudal para a classe média rural, um incidente no avanço do capitalismo rural. Ao mesmo tempo, a Máfia foi um dos principais motores dessa transferência. Pois, se a usava para impor seus termos ao arrendatário e ao meeiro, o *gabellotto* a usava também para impor seus termos ao senhor ausente.

Como estava nas mãos de uma espécie de classe local de "homens de negócios", a Máfia desenvolveu uma gama de influência que jamais teria atingido se fosse por natureza apenas um negócio de "homens durões", cujos horizontes não ultrapassavam as fronteiras de seu município. A maioria dos *gabellotti* era ligada a Palermo, onde os barões e príncipes ausentes recebiam seus aluguéis, assim como todas as *townlands* [divisões geográficas de terra] irlandesas no século XVIII eram ligadas a Dublin. Em Palermo viviam os advogados que providenciavam as grandes transferências de propriedade (e eram, com toda a probabilidade, filhos e sobrinhos instruídos da burguesia rural); os funcionários e tribunais que precisavam ser "convencidos"; os comerciantes que vendiam os produtos antigos como milho e gado e as novas colheitas de laranja e limão. Palermo era a capital em que revoluções sicilianas — isto é, as decisões fundamentais da política siciliana — tradicionalmente ocorriam. Assim, é natural que os fios locais da Máfia para lá convergissem, muito embora até depois da Segunda Guerra Mundial os mais eminentes mafiosos (como Vito Cascio Ferro, Calogero Vizzini e Genco Russo) representassem áreas latifundiárias do interior.

O mecanismo de coerção do "sistema paralelo" era tão informe e descentralizado quanto sua estrutura política e jurídica; mas cumpria o objetivo de garantir o sossego interno e o poder externo — ou seja, de controlar os moradores locais e atormentar um governo estrangeiro. Não é fácil fazer um relato lúcido e breve de sua estrutura. Em qualquer sociedade tão pobre e oprimida como a dos sicilianos existe uma vasta reserva potencial de homens fisicamente fortes, assim como de prostitutas. O "homem mau" é, na frase expressiva da gíria francesa do crime, *affranchi*; e não existem outros métodos individuais de escapar da servidão efetiva além da intimidação e da marginalidade. Na Sicília, essa grande classe consistia sobretudo em três grupos: os vassalos e as forças policiais privadas (como os *guardiani* e *campieri* que guardavam os pomares e os campos); os bandidos e fora da lei profissionais; e os fortes e seguros de si entre os trabalhadores legítimos. É preciso ter em mente que a melhor chance que um camponês ou mineiro tinha de aliviar sua opressão era adquirir fama de durão ou de amigo de durões. O ponto de encontro normal de todos eles era o entourage do grande homem local, que dava emprego aos audaciosos e arrogantes e protegia os fora da lei — quanto mais não fosse porque seu prestígio exigia que ele demonstrasse a capacidade de fazê-lo. Assim, uma rede local conectando guardas, pastores, bandidos, valentões e homens fortes aos proprietários de terra locais já existia.

É quase certo que duas coisas foram responsáveis por transformar isso na Máfia. Em primeiro lugar, houve a tentativa dos fracos Bourbon de estabelecer as "Empresas Armadas". Como quase todas as tentativas de governos fracos de transferir a manutenção da segurança pública para empresas privadas, espicaçados pelo medo de perda financeira, essa também fracassou. As "Empresas Armadas", criadas de maneira independente em diferentes áreas, eram responsáveis por remediar o que os ladrões levavam.

Como resultado, nas condições sicilianas, cada empresa tinha um incentivo extraordinário para estimular seus homens maus a irem roubar em outro lugar, com a promessa de refúgio local, ou negociar privadamente com eles a devolução dos bens roubados. Um pequeno passo separava esse arranjo da participação real das Empresas Armadas no crime, pois elas eram naturalmente formadas pelo mesmo tipo de homens durões e bandidos. Em segundo lugar, havia o crescente perigo de insatisfação urbana e camponesa, sobretudo depois da abolição do feudalismo. Isso, como sempre ocorre, afetou pesadamente os camponeses, envolvendo-os também na disputa, que se eternizaria, com a classe média rural pela propriedade de terras comuns e eclesiásticas, de que a classe média costumava se apropriar. Num período em que revoluções ocorriam com aterradora frequência — quatro ou cinco em 46 anos —, era natural que os ricos recrutassem vassalos para a defesa de seus interesses — os chamados "*contro-squadre*" —, bem como tomassem outras providências para impedir que as revoluções saíssem do controle, e nada convinha melhor às práticas mafiosas do que uma combinação dos ricos (rurais) e dos durões.

A relação entre a Máfia, os "rapazes" ou vassalos e os bandidos era, portanto, bastante complexa. Como proprietários, os *capi-mafia* não estavam interessados no crime, embora tivessem interesse em manter um grupo de seguidores armados para fins de coerção. Os vassalos, por outro lado, precisavam ter autorização para obter ganhos, e uma certa margem de manobra para fazer negócios privados. Os bandidos, para concluir, eram uma inconveniência quase total, apesar de poderem ser utilizados de vez em quando para reforçar o poder do chefe: o bandido Giuliano foi chamado em 1947 para disparar contra uma procissão de camponeses no Primeiro de Maio, conhecendo-se o nome do influente palermitano que intermediou a transação. No entanto, na ausência de uma máquina estatal *central*, o banditismo não poderia ser eliminado. Daí a peculiar solução de compromisso, tão típica da Máfia: um monopólio local de extorsão controlada (quase sempre institucionalizada, para perder o caráter de força bruta) e a eliminação de intermediários. O citricultor da região de Palermo teria que contratar um guarda de pomar. Se fosse rico, poderia de vez em quando ter que contribuir para a manutenção dos "rapazes"; se lhe roubassem bens, teria sua propriedade devolvida, menos uma porcentagem, a não ser que se desse especialmente bem com a Máfia. O ladrão privado foi excluído.[19]

As formações militares da Máfia mostram a mesma mescla de lealdade e dependência de vassalos, e de lucros privados para os combatentes. Quando a guerra começava, o chefe local reunia suas *squadre* — compostas, básica, mas não exclusivamente, de membros da *cosche* local. Os "rapazes" se juntavam à *squadra*, em parte para seguir o patrão (quanto mais influente o *capo-mafia*, maior a tropa), em parte para elevar seu prestígio pessoal da única maneira a seu alcance, cometendo atos de bravura ou de violência, mas também porque guerra significava lucro. Nas grandes revoluções os *capi-mafia* acertavam com os liberais de Palermo uma diária de quatro *tari* por homem, além de armas e munição, e a promessa desse salário (para não falar nos butins de guerra) inflacionava os números de participantes das *squadre*.

2

Assim funcionava, portanto, o "sistema paralelo" da Máfia. Não se pode dizer que foi imposto aos sicilianos por alguém. Em certo sentido, surgiu das necessidades de todas as classes rurais e serviu aos objetivos de todos em variados graus. Para os fracos — camponeses e mineiros —, oferecia pelo menos alguma garantia de que as obrigações entre eles seriam cumpridas,[20] alguma garantia de que o grau costumeiro de opressão não seria normalmente ultrapassado; era o terror que aliviava as tiranias tradicionais. E talvez também satisfizesse um desejo de vingança, permitindo que os ricos às vezes fossem defraudados, e que os pobres, mesmo que apenas como fora da lei, pudessem revidar. Pode até, em certas ocasiões, ter fornecido o arcabouço de organização revolucionária ou defensiva. (De qualquer maneira, nos anos 1870 parece ter havido uma tendência de fusão entre sociedades de auxílio mútuo e grupos quase mafiosos, como a Fratellanza, da cidade de minas de enxofre de Favara, os Fratuzzi, de Bagheria, e os Stoppaglieri, de Monreale.)[21] Para os senhores feudais, era um meio de salvaguardar a propriedade e a autoridade; para a classe média rural, um meio de adquiri-las. Para todo mundo, oferecia um meio de defesa contra o explorador estrangeiro — o governo Bourbon ou o governo piemontês — e um método de autoafirmação nacional ou local. Enquanto a Sicília não fosse mais do que uma sociedade feudal estática, sujeita à dominação estrangeira, o caráter da Máfia como conspiração nacional de não cooperação lhe dava uma base genuinamente popular. As *squadre* combateram com os liberais de Palermo (que incluíam a aristocracia siciliana anti-Bourbon) em 1820, 1848 e 1860. Elas encabeçaram o primeiro grande levante contra a dominação do capitalismo nortista em 1866. Seu caráter nacional, e até certo ponto popular, aumentava o prestígio da Máfia, e lhe garantia a simpatia e o silêncio públicos. Era, é óbvio, um movimento complexo, com elementos mutuamente contraditórios. No entanto, por mais fatigante que seja para o historiador, este deve resistir à tentação de classificar a Máfia com mais precisão nesse estágio de seu desenvolvimento. Assim, não se pode concordar com Montalbane quando diz que os *picciotti* que então formavam as *squadre* revolucionárias não eram de fato mafiosos, com M maiúsculo, mas apenas mafiosos, com letra minúscula, ao passo que só as *contro-squadre*, esquadrões já especializados de homens fisicamente fortes a serviço dos ricos, eram a "verdadeira"

Máfia. Isso significa enquadrar a Máfia do século XX num período a que ela não pertence.[22]

Podemos, de fato, suspeitar que a Máfia começou sua verdadeira ascensão ao poder (e ao abuso) como um movimento regional siciliano de revolta contra os desencantos da unidade italiana nos anos 1860, e como um movimento mais eficaz do que a guerra de guerrilha paralela e contemporânea dos bandidos no sul da Itália continental. Suas ligações políticas, como vimos, eram com a extrema esquerda, pois os radicais garibaldinos eram o principal partido de oposição italiano. No entanto, três coisas fizeram a Máfia mudar de caráter.

Em primeiro lugar, deu-se o surgimento de relações capitalistas na sociedade insular. A emergência de formas modernas de movimento camponês e operário, em vez da velha alternância de ódio conspiratório silencioso com massacre ocasional, pôs a Máfia diante de uma mudança inédita. Ela lutou contra as autoridades com armas pela última vez em 1866. No grande levante camponês de 1894 — os *Fasci Siciliani* —, ela se viu do lado da reação, ou, na melhor das hipóteses, da neutralidade. Por outro lado, essas revoltas foram organizadas por novos tipos de líderes — socialistas locais — ligados a novos tipos de organização, os *Fasci*, ou sociedades de defesa mútua, e independentes dos "rapazes". A proporção inversa moderna entre a força da Máfia e a atividade revolucionária começou a despontar. Observou-se então que a ascensão dos Fasci tinha diminuído o controle da Máfia sobre os camponeses.[23] Em 1900, Piana dei Greci, o reduto socialista, apesar de cercada por redutos da Máfia, estava claramente menos infestada dela.[24] Só em comunidades politicamente atrasadas e impotentes bandidos e mafiosos ocupam o lugar de movimentos sociais. No entanto, apesar desses contratempos locais, não há dúvida de que a Máfia como um todo ainda se expandia na parte ocidental da Sicília ao longo desse período. Pelo menos uma comparação entre os Inquéritos Parlamentares de 1884 e 1910 nos deixa com a forte impressão de que isso ocorria.[25] Em segundo lugar, a nova classe dominante da Sicília rural, os *gabellotti* e seus parceiros urbanos, descobriu um modus vivendi com o capitalismo nortista. Não competia com ele, pois não estava interessada em manufatura, e alguns de seus produtos mais importantes, como laranjas, dificilmente vinham do norte; por conseguinte, a transformação do sul numa colônia agrária do norte comercial e industrial não a preocupava tanto. Por outro lado, a evolução da política nortista pôs à sua disposição um meio inédito e inestimável de adquirir poder: o voto. Os grandes dias de poder da Máfia, mas dias que prenunciavam seu declínio, começam com o triunfo do "liberalismo" na política italiana e se desenvolvem com a ampliação do direito ao voto.

Do ponto de vista dos políticos do norte, depois do fim do período conservador que sucedeu à unificação, o problema do sul era simples. Ele podia fornecer maiorias seguras a qualquer governo que pagasse subornos ou fizesse concessões suficientes para os chefes locais capazes de garantir vitória eleitoral. Isso era brincadeira de criança para a Máfia. Seus candidatos sempre eram eleitos, nos redutos verdadeiros quase por unanimidade. Mas as concessões e os subornos, que eram pequenos, do ponto de vista dos nortistas (pois o sul era pobre) faziam toda a diferença para o poder local numa região tão pequena como metade da Sicília. A política fez o poder do chefe local; a política aumentou esse poder e o transformou num grande negócio.

A Máfia conquistou seu novo poder não simplesmente por ser capaz de prometer e intimidar, mas porque, a despeito dos novos concorrentes, ainda era vista como parte do movimento nacional ou popular; assim como os chefes das grandes cidades nos Estados Unidos conquistaram seu poder original não simplesmente pela corrupção ou pela força, mas por serem "nossos homens" para milhares de eleitores imigrantes: irlandeses para os irlandeses, católicos para os católicos, democratas (isto é, adversários dos grandes negócios) num país predominantemente republicano. Não por acaso, a maioria das máquinas políticas das grandes cidades americanas, por mais corruptas que fossem, pertencia ao partido tradicional de oposição minoritária, assim como a maioria dos sicilianos apoiava a oposição a Roma, o que, nos anos seguintes a 1860, significava os garibaldinos. Assim, a virada crucial na sorte da Máfia só pôde ocorrer quando a "esquerda" (ou homens que apoiavam seus slogans) se tornou o partido do governo depois de 1876. A "esquerda", como disse Colajanni, conseguiu uma "transformação na Sicília e no sul que não poderia ter ocorrido de outra forma: a completa sujeição das massas ao governo".[26] A organização política siciliana, ou seja, a Máfia, se tornou portanto parte do sistema clientelista de governo, e negociava ainda com maior eficácia porque seus seguidores analfabetos e remotos levaram tempo para perceber que não estavam mais votando pela causa da revolta. Quando perceberam (como, por exemplo, nos levantes dos anos 1890), já era tarde. A tácita cumplicidade entre Roma com suas tropas, a lei marcial e a Máfia foram demais para eles. O verdadeiro "reino da Máfia" estava estabelecido. Ela agora era uma grande força. Seus membros ocupavam cadeiras do Legislativo em Roma e metiam suas colheres na parte mais densa do molho do governo: grandes bancos, escândalos nacionais. Sua influência e seu patrocínio agora iam além dos sonhos de capitães locais antiquados como Miceli de Monreale. Ela não podia ser contestada; mas deixara de ser um movimento popular siciliano, como nos tempos das *squadre* de 1848, 1860 e 1866.

3

Daí seu declínio. Muita coisa se publicou sobre esse período desde que este livro foi escrito, mas o principal argumento continua intacto.[27] Alguns dos fatores da história posterior da Máfia podem ser rapidamente esboçados.

Em primeiro lugar, houve o aparecimento das ligas camponesas e dos socialistas (mais tarde comunistas), o que deu ao povo uma alternativa para a Máfia e, ao mesmo tempo, o alienou de um grupo que se tornara, com uma franqueza e uma determinação cada vez maiores, uma força terrorista direcionada contra a esquerda.[28] Os Fasci de 1893, o ressurgimento da agitação agrária antes da Primeira Guerra Mundial, e nos anos conturbados posteriores a 1918, foram os muitos marcos nas estradas que separavam a Máfia das massas. O período pós-fascista com sua guerra aberta entre a Máfia e os socialistas-comunistas — os massacres de Villalba (1944) e Portella della Ginestra (1947), a tentativa de assassinato do líder comunista siciliano Girolamo Li Causi e a morte de vários organizadores sindicais — ampliou essa distância.[29] A base popular que a Máfia tinha entre trabalhadores sem-terras, mineiros de enxofre e outros começou a diminuir. Ainda existem, de acordo com Renda (organizador político, além de estudioso competente), uns poucos lugares que continuam genérica e "espiritualmente" mafiosos, mas "o espírito e o costume da máfia sobrevivem às margens dos grandes sentimentos populares".

O crescimento do voto socialista-comunista tem sido marcante nas províncias mais infestadas pela Máfia, em especial no campo. É evidente que o aumento do voto combinado de esquerda na província de Palermo de 11,8% em 1946 para 22,8% em 1953, ou na província de Caltanissetta de 29,1% em 1946 para 37,1% em 1953, assinala um declínio na influência da Máfia amargamente antiesquerdista. Os 29% de votos socialistas-comunistas na cidade de Palermo (eleição de 1958) continuam a tendência; pois a cidade siciliana foi sempre, e ainda é, muito menos simpática a partidos de esquerda do que a aldeia, e a Máfia ali é proverbialmente forte.[30] A esquerda deu aos sicilianos uma organização alternativa e mais atualizada, e com alguma proteção direta e indireta contra a Máfia, sobretudo a partir de 1945, quanto mais não seja porque as formas mais extremas de seu terrorismo político tendem agora a provocar muita confusão em Roma. Em segundo lugar, como não consegue mais controlar eleições, a Máfia perdeu grande parte do poder que vem do apadrinhamento. Em vez de ser um "sistema paralelo", agora é, em termos políticos, apenas um poderosíssimo grupo de pressão.

Em segundo lugar, havia divisões internas na Máfia, que assumiam duas formas: as rivalidades entre os "de dentro" (em geral a velha geração) e os "de fora" (em geral a "jovem") num país no qual os ganhos eram limitados e o desemprego era alto; e a tensão entre a velha geração de *gabellotti* incultos e de mentalidade tacanha, não muito distantes (a não ser em riqueza) dos camponeses a quem exploravam para viver bem, e seus filhos e filhas, de condição social mais elevada. Os rapazes que se tornam empregados de escritório e advogados, as moças que se casam com alguém de uma sociedade "melhor" — isto é, sociedade que não seja a Máfia — rompem a coesão familiar de onde vinha a maior parte de sua força. O primeiro tipo de tensão entre a Máfia "velha" e a Máfia "jovem" é antigo; como vimos, ocorria em sua forma clássica em Monreale já em 1872. O segundo tipo pode ser encontrado em Palermo em 1875, mas no interior latifundiário só se desenvolveu nas últimas décadas.[31] Essas rivalidades sempre renovadas entre a Máfia "velha" e a Máfia "jovem" produzem o que Montalbane chamou de "estranha dialética": cedo ou tarde, os jovens durões, que não conseguem resolver o problema da vida pelo trabalho — porque não há trabalho —, têm que resolvê-lo de outra maneira, por exemplo, pelo crime. Mas a geração mais velha de mafiosos controla os lucrativos negócios sujos e reluta em abrir espaço para os jovens. Estes, como resultado, organizam gangues rivais, em geral nas mesmas linhas da velha Máfia, quase sempre com ajuda da polícia, a qual espera com isso enfraquecê-la, e que pretendem usar com a mesma finalidade. Cedo ou tarde, se nenhum dos lados consegue eliminar o outro — a maioria dos assassinatos da Máfia resulta dessas disputas internas —, velhos e jovens se entendem, depois de uma redistribuição dos butins.

No entanto, há uma impressão generalizada de que a Máfia tem sofrido dissensões inusitadamente profundas desde a Primeira Guerra Mundial, e isso pode ser atribuído a tensões do segundo tipo, agravadas por diferenças genuínas de política, talvez inevitáveis numa ilha cuja economia, sociedade e horizontes criminais mudam cada vez mais rápido. Um exemplo dessas diferenças políticas pode vir dos Estados Unidos. Ali, a Máfia a princípio se recusou a lidar com imigrantes que não fossem sicilianos, travando notáveis batalhas contra os *camorristi* rivais (napolitanos), como as famosas rixas Matranga-Provenzano em New Orleans nos anos 1880, e batalhas semelhantes na Nova York dos anos 1910. Já se sugeriu, de modo plausível, que um expurgo da "velha" pela "jovem" Máfia ocorreu por volta de 1930, quando a organização foi substituída por uma versão mais atualizada, que, ao contrário da antiga irmandade de sangue, estava disposta a cooperar com gângsteres napolitanos, ou, no caso, judeus. Os argumentos sobre a sobrevivência ou não sobrevivência da Máfia entre gângsteres americanos são talvez mais bem explicados nos termos dessas dissensões.[32] Examinaremos, mais adiante, os novos horizontes "de negócios" da Máfia moderna.

Em terceiro lugar, houve o fascismo. Mussolini, segundo o plausível relato de Renda, se viu obrigado a combater a Máfia, uma vez que o Partido Liberal, não fascista, dependia muito do apoio mafioso. (A eleição de 1924 em Palermo tinha mostrado a capacidade de resistência da dupla Liberal-Máfia ao processo normal de conquista política fascista.) Na verdade, as campanhas fascistas contra a Máfia mais revelaram sua fraqueza do que contribuíram para ela, e acabaram, a bem dizer, no mesmo tipo de acordo tácito de trabalho de antes entre os ricos e poderosos locais e o governo central. Mas, ao abolir as eleições, o fascismo sem dúvida privou a organização de sua principal moeda de troca na obtenção de concessões de Roma, e o movimento dos camisas-negras deu aos mafiosos descontentes, e aos aspirantes a mafiosos, uma maravilhosa oportunidade de usar o aparelho estatal para suplantar rivais já estabelecidos, intensificando a tensão interna da Máfia. Suas raízes permaneceram: depois de 1943, ela ressurgiu, radiosa. No entanto, os choques e mudanças substanciais que lhe foram impingidos tiveram efeitos sociais nada desprezíveis. Os grandes mafiosos puderam facilmente se entender com Roma. Para a maioria dos sicilianos, tudo que aconteceu foi que o "sistema paralelo" e o governo oficial se fundiram numa só conspiração para oprimir; um passo ao longo da estrada aberta em 1876, mais do que um recuo. Os pequenos mafiosos, por outro lado, talvez tenham sofrido. Sustenta-se, até, que as campanhas fascistas "interromperam o longo processo pelo qual as camadas médias da Máfia se inseriam no sistema da grande propriedade fundiária como pequenos e médios proprietários".[33]

Depois de 1943, a Máfia ressurgiu sob as asas dos americanos. Parece claro — de acordo com o relatório de Branca de 1946 — que ela esteve intimamente ligada ao movimento separatista siciliano com o qual os Aliados flertaram de modo um tanto precipitado depois de ocupar a ilha, e talvez também com o antigo partido da propriedade e do status quo, o Liberal. A seguir, a Máfia parece ter mudado de aliança, como indica a queda drástica do voto liberal e independentista (de meio milhão em 1947 para 220 mil em 1948). Embora alguns velhos mafiosos tenham talvez se voltado por um tempo para os monarquistas e outros partidos, por razões óbvias os democratas cristãos, permanente partido de governo e apadrinhamento na Itália, atraíram mais seu interesse.[34] No entanto, apesar de profundamente enredada no negócio complexo e lucrativo da política siciliana, a Máfia não consegue mais "entregar os votos", como era capaz de fazer em seus dias de glória.

Em contrapartida, no entanto, a Máfia descobriu no período do pós-guerra dois novos tipos de atividade econômica lucrativa. Do simples lado criminoso, os horizontes de certos grupos mafiosos sem dúvida se internacionalizaram, em parte devido aos imensos ganhos a serem obtidos no mercado negro e no contrabando em grande escala naquilo que historiadores sem dúvida verão como a era de ouro na história mundial do crime organizado, em parte devido aos fortes vínculos entre a Sicília e as forças americanas de ocupação, fortalecidos pela expulsão para a Itália de vários conhecidos gângsteres americanos. Parece fora de dúvida que uma parcela da Máfia se envolveu com entusiasmo no tráfico internacional de drogas. É até possível — e nisso vai uma grande distância do velho provincianismo — que mafiosos estejam dispostos a se subordinar a atividades criminosas organizadas a partir de outros lugares.[35]

Bem mais importante é o método que tem ajudado a Máfia a resistir à destruição de seu antigo ponto de apoio, a economia latifundiária. As propriedades desapareceram e muitos barões demitiram seus *campieri*. Mas a posição dos mafiosos como homens de influência local lhes permite lucrar com o vasto volume de vendas de terra para camponeses sob várias leis de reforma. "Pode-se afirmar", diz Renda, "que praticamente todas as compras de pequenas propriedades camponesas foram negociadas com a mediação de elementos mafiosos",[36] em cujas mãos grande parte da terra e de outros ativos acabou indo parar. Assim, mais uma vez a Máfia desempenhou seu papel na criação de uma classe média siciliana, e sem dúvida sobreviverá ao fim da velha economia. O mafioso típico, que antes era *campiere*, simplesmente foi substituído pelo mafioso proprietário de terras ou homem de negócios.

Finalmente, o grande boom econômico das décadas de 1950 e 1960 deu à Máfia amplas e novas oportunidades no campo do desenvolvimento urbano, sobretudo em Palermo, que a autonomia política da Sicília lhes permitiu explorar ao máximo, como atesta o *Memoriale sulla Mafia* submetido pela Federação do Partido Comunista de Palermo ao Inquérito Parlamentar de 1963.[37] Enquanto isso, o boom no continente e a migração em massa de sulistas para o norte estenderam as atividades da Máfia para o resto da Itália. No começo dos anos 1960, o governo italiano afinal resolveu agir, mas se pode dizer com alguma convicção que a organização até agora sobreviveu à tentativa de erradicá-la, embora os historiadores se beneficiem muitíssimo das informações que essa tentativa produziu.

4

A Máfia é o fenômeno desse tipo que recebe mais publicidade, mas não o único. Quantos fenômenos comparáveis existem nós simplesmente não sabemos, porque é raro que tais coisas atraiam a atenção de estudiosos, e só intermitentemente a de jornalistas. (Publicações locais muitas vezes relutam em divulgar notícias sobre assuntos que possam refletir de forma negativa no "bom nome" da região, assim como jornais de resorts à beira-mar tendem a não dar excessivo destaque a notícias sobre chuvas torrenciais.) Embora a chamada Sociedade Honrada (*'ndranghita, fibbia*) seja há muito tempo conhecida de todos no sul da Calábria, e aparentemente tenha chamado a atenção da polícia em 1928-9, devemos a maior parte de nosso conhecimento a seu respeito a uma série de acontecimentos meio fortuitos de 1953-5.[38] Naqueles anos, o número de homicídios na província de Reggio Calabria dobrou. Como as atividades locais da *fibbia* tiveram implicações políticas nacionais — o carro de um ministro do governo foi interceptado por bandidos a certa altura, dizem alguns que por engano, e os vários partidos acusaram uns aos outros de utilizarem gângsteres locais —, a campanha policial de agosto-setembro de 1955 foi extraordinariamente bem noticiada na imprensa nacional. E, como se viu, uma disputa interna da sociedade para a qual a polícia foi arrastada fez com que vários segredos dela viessem a público.[39] Desses acidentes depende o que sabemos sobre máfias não sicilianas.

A Onorata Società parece ter-se desenvolvido mais ou menos na mesma época que a carbonária,[40] e segundo o mesmo modelo, pois, pelo que se diz, sua estrutura e seus rituais ainda são do tipo maçônico. No entanto, ao contrário da carbonária, que era um grupo de classe média especializado na oposição aos Bourbon, a Sociedade Honrada "se desenvolveu mais como uma associação de assistência mútua para pessoas desejosas de se defenderem do poder feudal, estatal ou policial, ou das afirmações privadas de poder". Como a Máfia siciliana, ela passou por alguma evolução histórica. Por outro lado, diferentemente, parece ter mantido o caráter de organização popular de autodefesa e de defesa do "modo de vida calabrês" num grau bem maior do que aquela. Pelo menos esse é o testemunho dado por comunistas locais, que merecem confiança nesse ponto, pois são bastante hostis a organizações desse tipo. Assim, a Sociedade Honrada permaneceu, segundo Longnone, pelo menos num de seus aspectos,

> uma associação primitiva, a bem dizer pré-política, cujos membros são o camponês, o pastor, o pequeno artesão, o trabalhador não qualificado que, vivendo num ambiente fechado e atrasado, como o de certas aldeias calabresas — em especial nas montanhas —, lutam por uma consideração, um respeito, uma dignidade fora do alcance dos não proprietários e dos pobres.

Assim, Nicola d'Agostino, de Canolo, que viria a ser prefeito comunista de sua aldeia, é descrito como um homem que, na juventude, "foi, como se diz nestas bandas, 'um homem que se fez respeitado'". Naturalmente, era então um destacado membro da Sociedade. (Como tantos comunistas camponeses, ele foi "convertido" na cadeia.) Como vimos, a Sociedade considerava seu dever ajudar não apenas os próprios membros, mas todos aqueles que, de acordo com os costumes locais, eram considerados injustamente perseguidos pelo Estado, como assassinos em busca de vingança.

Naturalmente, ela também tendia a funcionar, a exemplo da Máfia, como sistema paralelo de lei, capaz de restituir propriedade roubada ou resolver outros problemas (mediante uma forma qualquer de contrapartida) de maneira muito mais efetiva do que o aparelho de Estado estrangeiro. Naturalmente, mais uma vez como a Máfia e por motivos análogos, tendia a se transformar num sistema de métodos de extorsão e de núcleos de poder locais, a serem contratados por qualquer pessoa que quisesse ter "influência" em sua área para alcançar objetivos próprios. Adversários políticos citam casos de chefes de tais localidades cujas sentenças policiais eram suspensas pelo período de uma eleição, a fim de poderem exercer sua influência na direção certa. Sabe-se de lojas do tipo mafioso vendendo influência para quem pagava melhor — ou seja, basicamente grupos agrários e comerciais locais e partidos do governo. Na planície de Gioia Tauro, um velho feudo de proprietários de terra (que os turistas atravessam de trem a caminho da Sicília), parece que funcionários e autoridades do lugar fizeram largo uso de *squadristi* — grupos de homens fortes oriundos da Sociedade — de 1949-50 em diante, o que não chega a ser uma surpresa, pois naquele ano a agitação popular calabresa pela reforma agrária atingiu o ponto máximo. A Sociedade parece, por conseguinte, ter assumido o mecanismo local de fornecimento de mão de obra, recurso mafioso habitual.[41] No entanto, isso não é necessariamente típico, pois, a despeito do caráter nominalmente hierárquico, as várias lojas de aldeia da Sociedade parecem seguir caminhos próprios, algumas tendendo mesmo a formar alianças com a esquerda.

A situação fica ainda mais complicada com rivalidades privadas dentro das lojas e entre elas, por vinganças sanguinárias e outras complexidades do meio calabrês. A Sociedade, quando levada por emigrantes para a Ligúria ou para a Austrália, se torna mais obscura e por vezes sangrenta.[42] No entanto, está claro que ela só em parte se desenvolveu na direção da moderna Máfia siciliana.

Por conseguinte, a Sociedade desapareceu de maneira gradativa em muitos lugares à medida que modernos movimentos de esquerda se estabeleciam. Ela não se torna sempre uma força politicamente conservadora. Em Gerace, consta que ela mesma se dissolveu; em Canolo — graças à influência do convertido D'Agostino —, tornou-se deselegante e um tanto ridículo ser seu membro; e mesmo nas aldeias de esquerda onde sobrevive, ela o faz — ou pelo menos é o que se diz — como uma forma mais ou menos sonolenta de maçonaria. Mas — e este é um ponto importante — não foi em parte alguma, pelo que sabemos, convertida *coletivamente* numa organização de esquerda, embora *tenha*, em alguns lugares, se tornado um grupo de pressão de direita.

É natural que isso aconteça. Como vimos, a maior tendência do desenvolvimento da Máfia é no sentido de se afastar de um movimento social e, na melhor das hipóteses, se aproximar de um grupo de pressão política, e, na pior, de um complexo de esquemas de extorsão. Há sólidas razões para que seja assim; porque, em outras palavras, nenhum movimento nacional ou social de tipo moderno pode ser construído sobre os alicerces de uma máfia tradicional, a menos que ela seja profundamente transformada de dentro para fora.

A primeira razão é que ela tende a refletir a distribuição extraoficial de poder na sociedade oprimida: os nobres e os ricos são seus chefes simplesmente porque detinham o poder efetivo no campo. Por conseguinte, logo que se desenvolvem grandes fissuras entre os homens de poder e as massas — por exemplo, com as agitações agrárias —, os novos movimentos têm dificuldade para se encaixar no padrão da Máfia. Por sua vez, quando tem algum grau de poder local, uma organização camponesa socialista ou comunista já não precisa de muita ajuda de grupos do tipo mafioso.

A segunda razão é que os objetivos sociais de movimentos mafiosos, como os do banditismo, são quase sempre limitados, exceto talvez na medida em que demandam independência nacional. E mesmo aqui funcionam melhor como conspirações tácitas para defender o "velho modo de vida" contra a ameaça de leis estrangeiras do que como métodos efetivos independentes de se livrar do jugo estrangeiro. A iniciativa nas rebeliões sicilianas do século XIX foi tomada pelos liberais urbanos, e não pela Máfia. Os mafiosos apenas aderiram. Como a forma de organização mafiosa costuma surgir antes de as massas atravessarem o limiar da consciência política, e como seus objetivos são limitados e defensivos, ela tende a se tornar, na prática — para usar um termo anacrônico —, reformista em vez de revolucionária. Ela se contentará com uma regulação das relações sociais existentes, não exigindo sua supressão. Assim, mais uma vez, a ascensão dos movimentos revolucionários tende a enfraquecê-la.

Por último, ela tenderá à estabilidade social porque, na falta de organização e ideologia conscientes, costuma ser incapaz de desenvolver um aparelho de força física que não seja ao mesmo tempo um aparelho destinado ao crime e ao enriquecimento privado. Em outras palavras, ela tende inevitavelmente a operar por meio de gângsteres, por não conseguir produzir revolucionários profissionais. Mas gângsteres têm interesse pessoal na propriedade privada, como piratas têm interesse pessoal no comércio legítimo, sendo, como são, seus parasitas.

Por todas essas razões, o movimento do tipo mafioso é menos passível de ser transformado num movimento social moderno, a não ser pela conversão de mafiosos individuais. No entanto, isso não significa que movimentos genuinamente revolucionários operando em determinadas condições históricas não possam desenvolver muitas formas de comportamento e instituições que lembram a *máfia*.

UMA NOTA SOBRE A CAMORRA[43]

Como a Máfia e a Camorra costumam ser classificadas no mesmo grupo como "associações criminosas", talvez seja conveniente acrescentar uma breve nota. Não acredito que a Camorra possa ser considerada um "movimento social" em qualquer sentido da palavra, ainda que, como todos aqueles que são fortes e violam as leis dos opressores, quaisquer que sejam seus propósitos, ela desfrutou um pouco da admiração que o pobre tinha pelo bandido, e foi investida de mito e celebrada em canções "como uma espécie de justiça bárbara contra os opressores".[44]

A não ser que todas as autoridades estejam equivocadas, a Camorra era — e, supondo-se que ainda exista, provavelmente é — uma guilda ou fraternidade criminosa, como às vezes os historiadores a descrevem; talvez como o submundo da Basileia, que tinha seu próprio tribunal reconhecido nos arredores da cidade, na Kohlenberg,[45] ou a Cofradia del Monopodio, da qual fala Cervantes em suas *Novelas exemplares*. Não representava nenhum interesse de classe ou nacional, ou coalizão de interesses de classe, mas apenas o interesse profissional de uma elite de criminosos. Suas cerimônias e seus rituais eram os de um grupo destinado a enfatizar a separação daquele *milieu* da massa de cidadãos comuns; por exemplo, a obrigação, para candidatos e noviços, de cometer certo número de crimes de direito consuetudinário, embora a atividade normal da Camorra fosse a simples extorsão. Seu padrão de "honestidade" — o conceito faz lembrar os critérios de admissão em guildas legítimas — pressupunha que os candidatos pertenciam ao submundo: além de força e coragem, o candidato não podia ter irmã ou esposa na prostituição, não podia ter sido condenado por pederastia passiva (supostamente como prostituto) e não podia ter qualquer relação com a polícia.[46] Teve sua origem quase com certeza nas prisões, que em geral, em todos os países, tendem a produzir camorras — embora raramente institucionalizadas de forma tão arcaica — entre os presos.

Quando ela emergiu das prisões ninguém sabe ao certo. Um bom palpite é que teria sido em algum momento entre 1790 e 1830, talvez como resultado das várias revoluções e reações em Nápoles. Uma vez às claras, seu poder e influência cresceram com rapidez, em grande parte graças à boa vontade dos Bourbon, que — depois de 1799 — viam o *Lumpemproletariat* de Nápoles e tudo que a ele dizia respeito como seus mais seguros aliados contra o liberalismo. Como passou a controlar quase todos os aspectos da vida dos pobres napolitanos — embora talvez ganhando dinheiro sobretudo através de vários esquemas de jogatina —, ela foi ficando cada vez mais indispensável para a administração local e, por conseguinte, cada vez mais poderosa. Sob Fernando II, funcionava na prática como a polícia secreta do Estado contra os liberais. Sob Francisco II, fez acordos com os liberais, mas ganhando um dinheirinho extra com a ameaça de denunciar qualquer aliado liberal que lhe conviesse. Atingiu o auge do poder durante a revolução de 1860, quando os liberais lhe transferiram de fato a manutenção da ordem pública em Nápoles, tarefa que desempenhou com grande eficiência e zelo, uma vez que consistia basicamente em eliminar o crime freelance, como coisa distinta da "comissão" camorrista. Em 1862, o novo governo lançou a primeira de uma série de enérgicas campanhas contra ela. No entanto, embora conseguisse suprimir suas operações ostensivas, não eliminou a Camorra, que parece ter-se mantido — e talvez se fortalecido — recorrendo ao processo corriqueiro de "entrar na política", ou seja, de vender seu apoio aos vários partidos políticos.[47]

Não há absolutamente nenhuma prova de que a organização tinha alguma orientação política geral, além de cuidar de si mesma, embora se deva supor que, como todos os criminosos profissionais, ela se inclinava para a propriedade privada como sistema. Ao contrário das máfias, grupos como a Camorra vivem fora de todo o mundo "lícito" e, assim, só por acaso interferem em sua política e em seus movimentos.

Fora das cadeias a Camorra parece ter-se confinado exclusivamente à cidade de Nápoles, muito embora conste que, depois de 1860, ela, ou um grupo parecido, se espalhou para outras províncias sulistas, como Caserta, Salerno e Bari,[48] talvez como resultado do avanço das comunicações. Confinada a uma única cidade, teve mais facilidade para se organizar rígida, central e hierarquicamente. Nisso, como vimos, diferia das máfias mais descentralizadas.

Sua história mais recente é obscura. A Camorra, como tal, parece ter desaparecido, ou, pelo menos, a palavra caiu em desuso, a não ser como descrição genérica de qualquer sociedade secreta ou fraternidade criminosa ou sistema de extorsão. No entanto, uma coisa parecida com a Camorra voltou a existir na região napolitana, embora seus adeptos sejam conhecidos como "*i magliari*", e não como "*camorristi*". Opera esquemas desonestos sobretudo no tabaco, na gasolina — especializando-se em falsas licenças para tirar gasolina de depósitos da Organização do Tratado do Atlântico Norte (Otan) —, em "isenções" desse ou daquele tipo, mas, acima de tudo, no comércio de frutas e hortaliças, ao que parece em grande parte controlado por extorsionários. Gangues — se do tipo comum ou da Camorra, não se sabe — também são poderosas em outros lugares, como na região de Nola, e na zona sem lei do Salernitano, entre Nocera Inferiore, Angri e Scafati, sob controle, segundo consta, de um tal Vittorio Nappi ("*o studente*").[49]

Pode-se concluir que, embora tenha muitos elementos que possam ser de interesse para o sociólogo e o antropólogo, a Camorra pertence a uma discussão de movimentos sociais dentro do mundo "lícito", como coisa distinta do mundo "ilícito", mas apenas na medida em que os pobres de Nápoles tendem a idealizar gângsteres de um jeito que lembra vagamente o banditismo social. Não há prova alguma de que os *camorristi* ou *magliari* tenham jamais merecido qualquer tipo de idealização.

4. Milenarismo I: Lazzaretti

De todos os movimentos sociais primitivos discutidos neste livro, o milenarismo é o menos prejudicado por seu primitivismo. Pois a única coisa que ele tem de primitivo é seu exterior. A essência do milenarismo, a esperança de uma mudança completa e radical no mundo que se refletirá no milênio, um mundo despido de todas as deficiências atuais, não é apanágio do primitivismo. Está presente, quase por definição, em todos os movimentos revolucionários de qualquer tipo, e elementos "milenaristas" podem ser, portanto, descobertos pelo estudioso em qualquer um deles, na medida em que têm ideais. Isso não quer dizer que *todos* os movimentos revolucionários são milenaristas no sentido mais estrito da palavra, menos ainda que são primitivos, pressuposto que tira do livro do professor Norman Cohn parte de seu valor. Na verdade, é impossível compreender a história revolucionária moderna sem que se apreciem as diferenças entre movimentos revolucionários primitivos e movimentos revolucionários modernos, a despeito do ideal que têm em comum, o de um mundo totalmente novo.

O típico movimento milenarista europeu à moda antiga tem três características principais. Em primeiro lugar, uma rejeição total e profunda do mundo atual e ruim, e um desejo intenso por outro, melhor; numa palavra, revolucionismo. Em segundo lugar, uma "ideologia" bastante padronizada do tipo quiliasta, tal como analisada e descrita pelo professor Cohn. A mais importante ideologia dessa espécie antes do surgimento do revolucionismo secular moderno é o messianismo judaico-cristão, mas a visão sugerida na primeira edição desse livro, de que esses movimentos estão praticamente confinados aos países afetados pela tradição judaico-cristã-muçulmana, não se sustenta.[1] Religiões como o hinduísmo e o budismo produzem diferentes racionalizações das expectativas milenaristas, mas muitos movimentos reconhecíveis como milenaristas. Em terceiro lugar, os movimentos milenaristas compartilham uma imprecisão fundamental sobre como a nova sociedade surgirá.

É difícil ser mais preciso sobre a última questão, pois esses movimentos vão desde os puramente passivos num dos extremos até os que beiram os métodos revolucionários modernos no outro — na verdade, como veremos, os que se fundem naturalmente com movimentos revolucionários modernos. No entanto, talvez isso possa ser aclarado da seguinte maneira. Movimentos revolucionários modernos têm — implícita ou explicitamente — certas ideias bem definidas sobre como a velha sociedade deve ser substituída pela nova, sendo a mais crucial dessas ideias aquela que diz respeito ao que se pode chamar de "transferência de poder". Os antigos governantes devem ser derrubados de suas posições. O "povo" (ou a classe ou grupo revolucionário) tem que "assumir", e em seguida tomar certas providências — a redistribuição da terra, a nacionalização dos meios de produção ou qualquer outra coisa. Em tudo isso, o esforço organizado dos revolucionários é decisivo, e doutrinas de organização, estratégia e táticas etc., por vezes muito elaboradas, são desenvolvidas para os ajudar em sua tarefa. O que os revolucionários costumam fazer é, digamos, organizar uma grande manifestação, erguer barricadas, marchar para a prefeitura, hastear a bandeira tricolor, proclamar a República una e indivisível, nomear um governo provisório e convocar uma assembleia constituinte. (Esse, grosso modo, é o "exercício" que muitos deles aprenderam com a Revolução Francesa. Não é, claro, o único procedimento possível.) Mas o movimento milenarista "puro" opera de forma bem diferente, seja por causa da inexperiência de seus membros ou pela estreiteza de seus horizontes, seja por causa do efeito de ideologias e ideias preconcebidas milenaristas. Os seguidores não são criadores de revolução. Esperam que ela aconteça por si, por revelação divina, por um anúncio lá de cima, por milagre — esperam que aconteça de alguma maneira. A função do povo antes da mudança é se reunir, se preparar, observar os sinais do destino iminente, ouvir os profetas que preveem a chegada do grande dia, e talvez tomar certas medidas rituais contra o momento de decisão e mudança, ou se purificar, livrando-se das impurezas do mundo mau do presente, para poder ingressar no novo mundo em radiante pureza. Entre os dois extremos, do milenarista "puro" e do revolucionário político "puro", todas as formas de posição intermediária são possíveis. Na verdade, os movimentos milenaristas discutidos aqui ocupam essas posições intermediárias, os lazzarettistas perto de um extremo, os anarquistas espanhóis em tese bem mais perto do outro.

Quando se transforma num movimento revolucionário moderno ou é por ele absorvido, o movimento milenarista retém, portanto, a primeira de suas características. Normalmente abandona a segunda pelo menos até certo ponto, substituindo-a por uma moderna teoria de história e revolução em geral secular: nacionalista, socialista, comunista, anarquista ou de qualquer outro tipo. Por fim, adiciona uma superestrutura de política revolucionária moderna a seu espírito revolucionário básico: um programa, uma doutrina relativa à transferência de poder e sobretudo um sistema de organização. Isso nem sempre é fácil, mas os movimentos milenaristas diferem de alguns dos outros discutidos neste livro por não apresentarem obstáculos *estruturais* fundamentais à modernização. De qualquer forma, como veremos, esses movimentos foram integrados com êxito a movimentos revolucionários modernos; também possivelmente a movimentos reformistas modernos. Seu interesse para o historiador dos séculos XIX e XX está no processo pelo qual são absorvidos, ou nas razões pelas quais às vezes não o são. Isso será esboçado neste e nos dois capítulos subsequentes.

Nem sempre é fácil reconhecer o núcleo político racional dentro dos movimentos milenaristas, pois a falta de sofisticação e de estratégias e táticas revolucionárias eficientes faz com que eles levem a lógica da posição revolucionária aos domínios do absurdo ou do paradoxo. São pouco práticos e utopistas. Como florescem melhor em períodos de extraordinária fermentação social e tendem a falar a linguagem da religião apocalíptica, o comportamento de seus membros é quase sempre muito estranho para os padrões normais. São, portanto, tão facilmente mal interpretados como William Blake, até bem pouco tempo atrás visto não como revolucionário, mas apenas como um místico e visionário excêntrico e do outro mundo.[2] Quando se dispõem a expressar sua crítica fundamental ao mundo existente, podem, como os grevistas anarquistas milenaristas da Espanha, se recusar a se casar enquanto o novo mundo não for instituído; quando querem expressar sua rejeição a meios paliativos e a reformas menores, podem (mais uma vez como os grevistas andaluzes do começo do século XX) se negar a formular demandas por salários melhores ou qualquer outra coisa, mesmo quando incitados a fazê-lo pelas autoridades. Quando desejam expressar sua crença de que o novo mundo tem que ser fundamentalmente diferente do antigo, podem, como os camponeses sicilianos, achar que de alguma forma até o clima pode ser mudado. Seu comportamento pode ser extático, chegando a ser descrito por observadores em termos de histeria coletiva. Por outro lado, seu programa real pode ser vago a ponto de observadores duvidarem de que eles de fato tenham algum. Aqueles que não conseguem entender o que os move — e mesmo alguns que conseguem — podem ser tentados a interpretar seu comportamento como totalmente irracional ou patológico, ou, na melhor das hipóteses, uma reação instintiva a condições intoleráveis.

Sem nenhuma intenção de fazê-lo parecer mais sensato e menos extraordinário do que muitas vezes é, aconselha-se ao historiador que aprecie a lógica, e mesmo o realismo — se pudermos usar o termo neste contexto —, que os move, pois é difícil compreender os movimentos revolucionários de outra forma. A peculiaridade deles é que quem não consegue entender o porquê de toda essa balbúrdia é incapaz de dizer qualquer coisa de valioso a seu respeito, ao passo que quem o consegue (sobretudo quando está entre movimentos sociais primitivos) é incapaz de falar em termos inteligíveis para os demais. É especialmente difícil, mas necessário, entender o que é o utopismo, ou o "impossibilismo" que a maioria dos revolucionários primitivos partilha com todos, exceto os sofisticados, e que faz com que até os revolucionários mais modernos tenham a sensação de quase dor física ao perceber que o advento do socialismo não eliminará *toda* a dor e *toda* a tristeza, nem *todos* os amores infelizes ou *todo* o luto, e não resolverá ou tornará solucionáveis *todos* os problemas, sensação essa refletida na vasta literatura da desilusão revolucionária.

Em primeiro lugar, o utopismo é provavelmente um dispositivo social necessário para a geração dos esforços sobre-humanos sem os quais nenhuma grande revolução é alcançada. Do ponto de vista do historiador, as transformações provocadas pelas revoluções Francesa e Russa são espantosas o bastante, mas teriam os jacobinos encarado sua tarefa apenas para trocar a França de Abade Prévost pela França de Balzac, e os bolcheviques para trocar a Rússia de Tchékhov pela Rússia de Khruschóv? Provavelmente não. Para eles, era essencial acreditar que "o auge da prosperidade e da liberdade humana virá depois de suas vitórias".[3] Isso, é óbvio, não ocorrerá, embora o resultado da revolução possa, mesmo assim, valer a pena.

Em segundo lugar, o utopismo pode se tornar um dispositivo social *porque movimentos revolucionários e revoluções parecem provar que quase nenhuma mudança está fora de seu alcance.* Se os revolucionários precisassem de prova de que "a natureza humana pode ser mudada" — ou seja, que nenhum problema social é insolúvel —, a demonstração de suas mudanças nesses movimentos e nesses momentos já seria suficiente:

> *Enfim, aquele outro homem eu sonhara*
> *Um bêbado grosseiro e pretensioso.*
> [...]
> *Entretanto, eu o incluo na canção,*
> *Porque também deixou o seu papel*
> *Nesta comédia inconsequente;*
> *Também mudança trágica sofreu,*
> *E transformou-se inteiramente:*
> *Terrível beleza nasceu.*

É essa consciência de mudança *absoluta*, não como aspiração, mas como fato — pelo menos fato temporário —, que impregna o poema de Yeats sobre o Levante da Páscoa, e soa, como um sino, no fim das estrofes: Tudo mudou, mudou completamente. Nasce uma terrível beleza. Liberdade, igualdade e acima de tudo fraternidade podem se tornar reais por um momento nesses estágios das grandes revoluções sociais, que revolucionários que por elas passaram descrevem em termos em geral reservados para o amor romântico: "Era uma felicidade estar vivo naquele amanhecer, mas ser jovem era o próprio paraíso". Os revolucionários não só estabelecem um padrão de moralidade mais elevado do que o de qualquer um, exceto os santos, mas também o praticam de fato nesses momentos, mesmo quando envolve considerável dificuldade técnica, como na relação entre os sexos.[4] Nessas ocasiões, a sociedade deles é uma versão em miniatura da sociedade ideal, na qual todos são irmãos e sacrificam tudo pelo bem comum, sem abandonar sua individualidade. Se isso é possível dentro de seu movimento, por que não o seria em toda parte?

Quanto às massas que não pertencem à elite revolucionária, o simples fato de se tornarem revolucionárias e reconhecerem o "poder do povo" é tão miraculoso que todo o resto também parece igualmente possível. Um observador dos Fasci Siciliani notou corretamente essa lógica: se um súbito e vasto movimento de massa podia ser criado do nada, se milhares podiam ser sacudidos da letargia e do derrotismo de séculos por um único discurso, como poderiam os homens duvidar de que grandes e transformadores acontecimentos eram iminentes? Homens *tinham* sido mudados por completo e estavam sendo visivelmente transformados. Homens nobres que em sua vida seguiam os ditames da boa sociedade — pobreza, fraternidade, santidade, ou o que mais fossem — podiam ser vistos trabalhando entre eles, mesmo ao lado dos não regenerados, e ofereciam mais provas da realidade do ideal. Veremos a importância política desses apóstolos revolucionários locais entre os anarquistas de aldeia da Andaluzia, mas o observador de movimentos revolucionários modernos está ciente disso em quase todos eles, e da pressão sobre a elite revolucionária para estar à altura dos exemplos morais que dela se espera: não para ganhar mais, ou viver melhor, mas para trabalhar mais, para ser "pura", para sacrificar a felicidade privada (como a felicidade é interpretada na velha sociedade) à vista de todos. Quando modos normais de comportamento voltam a se infiltrar — por exemplo, depois do triunfo de um novo regime revolucionário —, os homens não concluem que as mudanças pelas quais anseiam são impraticáveis por longos períodos, ou fora de grupos exclusivos de homens e mulheres anormalmente dedicados, mas que houve "retrocesso" ou "traição". Pois a possibilidade, a realidade, das relações ideais entre seres humanos foi comprovada na prática, e o que pode haver de mais conclusivo?

Os problemas que os movimentos milenaristas enfrentam são ou parecem simples nos períodos inebriantes de seu crescimento e progresso. São do mesmo modo difíceis nos períodos que se seguem a revoluções ou levantes.

Como nenhum dos movimentos discutidos neste livro esteve até agora do lado vencedor, a questão do que ocorre quando descobrem que sua vitória na verdade não resolve *todos* os problemas humanos não nos interessa muito. Já sua derrota interessa, sim, pois ela os coloca diante do problema de manter o revolucionismo como força permanente. Os únicos movimentos milenaristas que evitam isso são os completamente suicidas, pois a morte de todos os seus membros torna a questão acadêmica.[5] Em geral, a derrota logo produz um corpo doutrinário para explicar por que o milênio não veio e pode-se, portanto, esperar que o velho mundo continue a existir por um tempo. Os sinais de catástrofe iminente não foram lidos de maneira correta, ou algum outro erro foi cometido. (As testemunhas de Jeová têm uma literatura exegética bem extensa para explicar por que o fato de o mundo não ter acabado na data originariamente prevista não invalida a previsão.) Reconhecer que o velho mundo continuará é reconhecer que é preciso viver nele. Mas como?

Alguns milenaristas, como alguns revolucionários, abandonam de maneira tácita seu revolucionismo e passam de fato a aceitar o status quo, o que é ainda mais fácil se o status quo fica mais tolerável para o povo. Alguns podem até virar reformistas, ou talvez descubram, agora que o êxtase do período revolucionário acabou, e já não são arrastados por ele, que o que queriam na verdade não exige transformação tão fundamental como imaginavam. Ou, o que é mais provável, podem se retirar para uma apaixonada vida no interior do "movimento" ou da "seita", deixando o resto do mundo entregue à própria sorte, exceto por algumas afirmações simbólicas de esperanças milenaristas, e talvez do programa milenarista: por exemplo, o pacifismo e a recusa a fazer juramentos. Outros, no entanto, não o fazem. Podem apenas se retirar à espera da próxima crise revolucionária (para usar um termo não milenarista) que decerto trará consigo a destruição total do velho mundo e a instituição do novo. Isso, claro, é mais fácil onde as condições econômicas e sociais de revolução são endêmicas, como no sul da Itália, onde toda mudança política no século XIX, não importando de que lado viesse, automaticamente produzia suas marchas cerimoniais de camponeses com tambores e estandartes para ocupar a terra,[6] ou na Andaluzia, onde, como veremos, ondas revolucionárias milenaristas ocorreram a intervalos de mais ou menos uma década ao longo de sessenta ou setenta anos. Outros, como também veremos, retêm o fogo antigo ardendo o suficiente para aderirem a, ou se transformarem em, movimentos revolucionários de tipo não milenarista, mesmo após longos períodos de aparente dormência.

Aí está, precisamente, sua adaptabilidade. Movimentos reformistas primitivos se perdem com facilidade numa sociedade moderna, quanto mais não seja porque a tarefa de assegurar uma regulação equitativa de relações sociais dentro do arcabouço existente, a criação de condições toleráveis ou confortáveis aqui e agora, é, em termos técnicos, especializada e complicada, e feita com muito mais eficácia por organizações e movimentos construídos segundo as especificações das sociedades modernas: organizações de marketing cooperativo são melhores na função de oferecer aos camponeses um acordo mais justo do que os Robin Hoods. Mas o objetivo fundamental dos movimentos sociais revolucionários permanece muito mais inalterado, embora as condições concretas da luta por ele variem, como pode ser visto quando se comparam as passagens em que os grandes escritores utopistas ou revolucionários fazem sua crítica às sociedades existentes com as passagens em que propõem remédios ou reformas específicos. Os milenaristas podem (como veremos no capítulo sobre os Fasci Siciliani) trocar de imediato o traje primitivo com o qual vestem suas aspirações pelo traje moderno da política socialista e comunista. Por outro lado, como vimos, até os revolucionários modernos menos milenaristas têm neles um traço de "impossibilismo" que os torna primos dos taboritas e dos anabatistas, parentesco que jamais negaram. A junção dos dois é, portanto, facilmente feita, e, uma vez concluída, o movimento primitivo pode se transformar num movimento moderno.

Proponho discutir três movimentos de diferentes graus de milenarismo e de adaptação à política moderna: os lazzarettistas do sul da Toscana (a partir de *c.* 1875), os anarquistas de aldeia andaluzes (dos anos 1870 a 1936) e os movimentos camponeses sicilianos (a partir de *c.* 1893). Nos séculos XIX e XX, esses movimentos foram em sua maioria agrários, apesar de não haver razão a priori para que não fossem urbanos, como no passado por vezes o foram. (Mas os trabalhadores urbanos de nosso período quase sempre adquiriram tipos mais modernos de ideologia revolucionária.) Dos três escolhidos aqui, os lazzarettistas são um espécime de laboratório de uma heresia milenarista medieval sobrevivendo num reduto atrasado da Itália camponesa. O segundo e o terceiro são exemplos das características milenaristas de movimentos sociais numa população camponesa endemicamente revolucionária em regiões muito pobres e atrasadas. Os anarquistas são interessantes sobretudo pelo que mostram de milenarismo divorciado por completo das formas religiosas tradicionais, e, na verdade, de uma forma militantemente ateísta e anticristã. Por outro lado, eles também demonstram a fraqueza política dos movimentos milenaristas transformados em movimentos revolucionários imperfeitamente (ou seja, ineficientemente) modernos. Os Fasci Siciliani, embora em alguns aspectos bem menos "modernos" — pois seus membros não abandonaram de todo a ideologia tradicional —, nos permitem estudar com especial clareza a absorção do milenarismo num movimento revolucionário moderno, o Partido Comunista.

Falta ainda ressaltar que o presente relato é superficial e provisório, e que, apesar de considerável tentação, evitei qualquer comparação com os movimentos milenaristas de fora da Europa que nos últimos tempos receberam competente atenção acadêmica.[7] Meus motivos para resistir à tentação foram delineados de maneira sucinta na Introdução.

O SALVADOR NO MONTE AMIATA

A extraordinária inviabilidade dos movimentos milenaristas costuma levar observadores a negar não só que sejam revolucionários, mas também que sejam sociais. Isso é muito verdadeiro no caso de Davide Lazzaretti, o Messias do monte Amiata.[8] O sr. Barzellotti, por exemplo, argumenta que os lazzarettistas eram um movimento puramente religioso. Não deixa de ser uma declaração imprudente. As comunidades que produziram heresias milenaristas não são do tipo em que se podem estabelecer distinções claras entre coisas religiosas e coisas seculares. Discutir se determinada seita é religiosa *ou* social é perda de tempo, pois ela, de alguma forma, será sempre e automaticamente as duas coisas. No entanto, está claro também que os lazzarettistas tinham um interesse apaixonado por política. A divisa de sua bandeira é descrita ora como "A república e o reino de Deus", ora como "A república é o reino de Deus", sendo a Itália, naquela época, uma monarquia. Em suas procissões eles marchavam cantando — talvez fazendo eco às canções da guerra de libertação italiana de 1859-60:

> *Vamos pela fé*
> *Salvar nossa pátria,*
> *Vivam a República,*
> *Deus e a Liberdade.*[9]

E o próprio Messias falava para o povo da seguinte maneira, obtendo as respostas apropriadas:

> O que querem de mim? Eu lhes trago paz e compaixão. É o que querem? (Resposta: Sim, paz e compaixão.)
>
> Não querem mais pagar impostos? (Resposta: Isso.)
>
> São a favor da República? (Resposta: Sim.)
>
> Mas não fiquem achando que vai ser a República de 1849. Vai ser a República de Cristo. Gritem, portanto, junto comigo: Viva a República de Deus.[10]

Não é de admirar que as autoridades do Reino da Itália, que não era a República de Deus, vissem os lazzarettistas como um movimento subversivo.

O monte Amiata fica no extremo sudeste da Toscana, na divisa com a Úmbria e o Lácio. O território lazzarettista era e é formado em parte por uma área de montanhas muito atrasada, pastoril e agrícola — havia também alguma mineração —, em parte por um *maremma* ou planície costeira quase tão atrasado quanto, embora as principais forças lazzarettistas ao que parece tenham vindo das montanhas. Em termos tanto econômicos como culturais, era extremamente subdesenvolvido. Cerca de dois terços da população de Arcidosso, a maior cidade da região, eram analfabetos: para sermos exatos, 63% dos 6491 habitantes.[11] Os moradores eram quase todos proprietários ou *mezzadri* (meeiros). A falta absoluta de terra ou de indústria não era uma característica do lugar. Se os moradores eram desesperadamente pobres, ou apenas pobres, é uma questão em aberto. O que não se discute é que a unificação da Itália começou a envolver essa zona extremamente atrasada na economia do Estado liberal italiano e a criar considerável tensão e agitação sociais.

O repentino surgimento do capitalismo moderno na sociedade camponesa, em geral na forma de reformas liberais ou jacobinas (a introdução de um livre mercado de terras, a secularização de propriedades da Igreja, equivalentes do movimento de cercamento e da reforma das leis das terras comuns e das florestas etc.), sempre teve efeitos cataclísmicos nessa sociedade. Quando ocorre de forma abrupta, como resultado de revolução, completa mudança de leis e de políticas, conquista estrangeira ou coisas do gênero, e não havendo uma preparação adequada na evolução de forças sociais locais, seu efeito é ainda mais perturbador. No monte Amiata, o impacto mais óbvio do novo sistema sobre o antigo veio através dos impostos; como, aliás, em outros lugares. A construção de estradas, iniciada em 1868, foi custeada por taxas locais, e o fardo recaiu sobre as cidades e aldeias. Em Castel del Piano, Cinigiano, Roccalbegna e Santa Fiora, o volume dos impostos extras provinciais e comunitários foi mais que o dobro do volume do imposto central estatal, enquanto em Arcidosso foi o triplo.[12] Tratava-se, basicamente, de impostos sobre terras e casas de campo.

Não é de surpreender que os coletores em Santa Fiora se queixassem de que alguns donos de loja se recusavam a pagá-los, porque os lazzarettistas haviam prometido que não precisariam mais pagar impostos.[13] Como de hábito, a introdução da lei piemontesa como a lei-padrão da Itália — ou seja, a introdução de um código inflexível de liberalismo econômico — desestabilizou a sociedade local.[14] Assim, a lei florestal, que praticamente revogou os direitos consuetudinários às pastagens comuns, à coleta de lenha e coisas do gênero, desabou de maneira trágica sobre pequenos proprietários marginais, exacerbando suas relações com os grandes proprietários de terra.[15] Portanto, é natural, também, encontrar lazzarettistas pregando uma nova ordem de coisas, na qual a propriedade e a terra seriam distribuídas de outra forma, e arrendatários e meeiros teriam maior participação na colheita.[16] (A luta por uma participação maior na colheita ainda hoje é a questão econômica dominante na zona rural do centro da Itália, e talvez a grande razão de essa região ser uma das mais fortemente comunistas, apesar da ausência quase total de latifúndios ou indústrias. A província de Siena, onde fica em parte o monte Amiata, tem a mais alta porcentagem de votos comunistas em toda a Itália, 48,8% em 1953.) As condições eram, portanto, favoráveis a um movimento de agitação social. E, devido à lonjura anormal daquele canto da Toscana, esse movimento estava fadado a assumir uma forma bastante primitiva.

Voltemos agora ao próprio Davide Lazzaretti. Nasceu em 1834 e se tornou carroceiro, viajando por toda a região. Embora afirmasse ter tido uma visão aos catorze anos — no ano da revolução, 1848 —, era conhecido como homem voltado para as coisas deste mundo, para não dizer blasfemo, até sua conversão em 1868. O ano talvez seja significativo, pois foi de grande agitação popular na Itália. A colheita de 1867 tinha sido ruim, houve uma crise industrial e, acima de tudo, o imposto sobre a moagem que o Parlamento passou a cobrar naquele ano elevou o preço dos alimentos, provocando imensa insatisfação rural.[17] Em todas as províncias, exceto em doze, a cobrança desse imposto levou a tumultos, e 257 pessoas foram mortas, 1099 feridas e 3788 presas.[18] Nada mais natural, portanto, que um camponês passar por uma crise intelectual e espiritual naquele ano. Além disso, o iminente conflito franco-prussiano, com suas possíveis — e, como se veria, reais — consequências para o papado, mexeu profundamente com a cabeça dos católicos. Nesse estágio, Lazzaretti era papista, embora sua pregação tivesse certas conotações esquerdistas e republicanas, como era de esperar num homem que tinha combatido como voluntário no Exército nacional em 1860. Os papistas, contrários ao governo ateísta, nessa altura já incentivavam a agitação agrária — os tumultos foram acentuados em particular nas ex-províncias papais e ouviam-se slogans católicos —, e já se afirmou também que eles protegeram os primeiros lazzarettistas, cuja pregação podia representar um contrapeso à influência liberal secular. Decerto Lazzaretti contou com apoio quase oficial da Igreja por muito tempo.

Ao mesmo tempo que se tornou conhecido em sua localidade depois de 1868 como homem santo, Lazzaretti começou a desenvolver suas doutrinas e profecias. Julgava-se descendente afastado de um rei francês (sendo a França naquela época o principal protetor do papado). No fim de 1870, nos *Rescritti Profetici*, também conhecidos pelo título de *Despertar dos povos*, ele previu um profeta, um capitão, um legislador e um reformador de leis, um novo pastor do Sinai, que se ergueria para libertar os povos que agora gemiam "como escravos sob o despotismo e o monstro da ambição, da hipocrisia, da heresia e do orgulho". Um monarca, cuja tarefa era reconciliar a Igreja com o povo italiano, "desceria da montanha, seguido por milhares de homens jovens, todos de sangue italiano, a serem chamados de milícia do Espírito Santo", e deveriam regenerar a ordem moral e civil.[19] Lazzaretti logo passou a fundar colônias comunistas no monte Amiata, onde os fiéis lhe construíram uma igreja e uma torre. Isso levou a acusações de atividades subversivas, mas ele conseguiu escapar de uma condenação graças a influentes apoiadores locais.

Sua velha ortodoxia foi deixada cada vez mais para trás. Durante muitos jejuns e viagens, ele aos poucos desenvolveu a versão final de sua doutrina. Ele, Lazzaretti, seria o rei e o Messias. O Senhor construiria sete cidades sagradas, uma delas no monte Amiata, as demais em vários países e lugares adequados. Até então, tinha sido o Reino da Graça (por ele identificado com o pontificado de Pio IX). Seguir-se-iam o Reino da Justiça e a Reforma do Espírito Santo, a terceira e última era do mundo. Grandes calamidades pressagiariam a libertação final do homem pela mão de Deus.[20] Mas ele, Lazzaretti, morreria. Conhecedores do pensamento medieval, e em particular das doutrinas joaquistas, hão de reconhecer aqui os notáveis paralelismos entre essa doutrina e as doutrinas da heresia popular tradicional.

O momento crucial veio em 1878. No começo desse ano, tanto Vítor Emanuel como Pio IX morreram e, por conseguinte — segundo Lazzaretti —, a sucessão de pontífices chegara ao fim. Também é bom lembrar que a depressão agrícola atingiu a Itália. Os preços do trigo e os salários caíram a partir de 1875, e, embora não haja razão especial para destacar 1878 — na verdade, 1879 foi o ano realmente calamitoso, como em tantas outras partes da Europa —, os anos anteriores de depressão foram suficientes para confirmar a crença dos camponeses toscanos de que os sinais e presságios do fim do velho mundo estavam chegando. Lazzaretti retornou da França, onde tinha descoberto alguns patronos ricos, e se declarou o Messias. Quando deu essa informação ao Vaticano, foi, é claro, excomungado. Mas no monte Amiata sua influência era muito grande. Homens e mulheres corriam para vê-lo, a ponto de igrejas locais ficarem vazias.[21] Ele anunciou que desceria da montanha no dia anterior à Assunção, 14 de agosto. Reuniu-se ali uma multidão de 3 mil pessoas, não sabemos quantas delas só queriam assistir, quantas dar apoio. O líder tinha comprado e preparado para seus seguidores um conjunto de trajes especiais, que eles usaram para formar a "Legião Italiana" e a "Milícia do Espírito Santo". A bandeira da República de Deus foi hasteada. Por várias razões, a descida foi adiada para 18 de agosto. Nesse dia, os lazzarettistas desceram da montanha cantando rumo a Arcidosso, mas se depararam com os *carabinieri*, que mandaram todos voltarem. Lazzaretti respondeu: "Se querem paz, eu lhes trago paz, se querem compaixão, terão compaixão, se querem sangue, aqui estou". Depois de uma altercação, os *carabinieri* abriram fogo, e Lazzaretti acabou entre os mortos. Seus principais apóstolos e levitas foram julgados e condenados, com o tribunal tentando em vão provar a intenção deles de saquear as casas dos ricos e fazer uma revolução mundana. Mas é claro que não queriam nada disso. Estavam estabelecendo a República de Deus, a terceira e última era do mundo, coisa muitíssimo mais vasta do que saquear as casas dos *signori Pastorelli*. Só que, como ficou demonstrado, ainda não era hora.

Parecia o fim dos lazzarettistas, mas os discípulos mais próximos persistiram, e o último morreu em 1943. E, de fato, um livro escrito naquele ano falava dos "últimos Giurisdavidici". No entanto, há um epílogo. Quando, em 1948, houve uma tentativa de assassinar Togliatti, o líder comunista italiano, comunistas de vários lugares acharam que o grande dia chegara, e logo começaram a invadir delegacias de polícia ou a tomar o poder de uma forma ou de outra, até serem acalmados por seus líderes. Entre os lugares espalhados onde houve levantes estava Arcidosso. Mais tarde, um líder comunista com mentalidade de historiador, que ali realizou uma reunião pública, não resistiu à tentação de se referir ao profeta Lazzaretti e ao massacre de 1878. Depois da reunião, foi chamado de lado por várias pessoas da plateia, que lhe disseram ter ficado muito felizes por ele ter falado como falou. Eram lazzarettistas, ainda havia muitos na região. Estavam, é natural, do lado dos comunistas, pois eram contra a polícia e o Estado. O profeta sem dúvida teria adotado a mesma postura. Mas até aquele momento não sabiam que os comunistas valorizavam a nobre obra de Davide Lazzaretti. O movimento milenarista original tinha, portanto, subsistido de forma clandestina — movimentos camponeses são especialistas em existir abaixo do nível da percepção dos moradores das cidades. Ele fora absorvido por um movimento revolucionário mais amplo e mais moderno. O levante de Arcidosso em 1948 foi uma segunda edição, um tanto reescrita, da descida do monte Amiata.[22]

Quem eram ou são os lazzarettistas? Como seria de esperar, poucos eram ricos. Poucos não possuíam terras. Sua maior força parecia estar entre os pequenos camponeses, meeiros, artesãos e similares nas menores aldeias de montanha. Ainda é assim. Segundo as informações mais recentes (1965), o núcleo dos fiéis se constitui exclusivamente de pequenos camponeses, com exceção do padre, um pedreiro que nas horas vagas também é lavrador. Na verdade, a experiência mostra que as heresias "puras" do tipo medieval tendem hoje a apelar talvez menos para os homens absolutamente sem-terras, que procuram diretamente os movimentos socialista e comunista, do que para os pequenos camponeses que lutam com dificuldade, os artesãos agrícolas, os artesãos de aldeia e similares. A situação os puxa tanto para a frente como para trás: em direção a uma nova sociedade e em direção ao sonho de um passado puro, a idade de ouro ou os "bons velhos tempos"; e talvez a forma sectária do milenarismo expresse essa dualidade. Seja como for, as várias seitas heréticas surgidas no sul da Itália, numa atmosfera que lembra o revolucionismo de camponeses da época de Lutero, e não da época de Lênin, parecem mostrar essa tendência, embora não se possa ter certeza enquanto o necessário estudo de heresias rurais sulistas — comunidades mais antigas, como os valdenses ou a "Igreja dos irmãos cristãos", comunidades mais novas como a Igreja pentecostal, os adventistas, batistas, testemunhas de Jeová e Igrejas de Cristo — não for levado a sério.[23] Em todo caso, Chironna, o Evangélico, cuja autobiografia Rocco Scotellaro elege como típica dessa espécie de camponês, é artesão agrícola e meeiro "nascido numa modesta família de pequenos agricultores diretos".[24] Os famosos judeus de San Nicandro parecem pertencer a grupos análogos, sendo seu fundador dono pelo menos de uma propriedade minúscula, e vários líderes sendo artesãos (sapateiros, entre outros).[25] Os pentecostais, segundo a sra. Cassin, têm uma atração especial por artesãos, e os organizadores sindicais da Confederação Geral do Trabalho Italiana (CGTI) na província de Foggia, na Apúlia, consideram os protestantes um grupo formado basicamente de pequenos camponeses: "uma seita de jardineiros", como ouvi de um deles.[26]

Também não é única a afinidade dos lazzarettistas com o socialismo ou o comunismo. O fermento religioso entre camponeses sulistas é apenas um aspecto de seu revolucionismo endêmico, embora — se a experiência de monte Gargano nos pode servir de guia — um aspecto que tende a se destacar em particular onde ele ainda não encontrou, ou onde lhe negaram, expressão política. Assim, o protestantismo fez seus primeiros avanços importantes depois de 1922, ou seja, após a derrota das ligas camponesas, o triunfo do fascismo e o fechamento dos Estados Unidos para imigrantes. De novo, estou informado de que na província de Cosenza (Calábria) fez mais progresso nas zonas politicamente não desenvolvidas do norte, e em Foggia existe alguma prova de que o sectarismo é um pouco mais forte do lado das planícies de Tavoliere do que nas planícies com forte e antiga tradição socialista.

No entanto, em condições como as do sul da Itália, é praticamente impossível que um herege em religião não seja também um aliado dos movimentos seculares anticlericais, e muito difícil que não seja uma espécie de simpatizante revolucionário, não sendo possível traçar uma linha nítida entre socialistas/comunistas camponeses e sectários camponeses. Estou informado de que a grande maioria dos judeus convertidos de San Nicandro votou no Partido Comunista (o município é um reduto da esquerda), enquanto os comunistas locais — alguns deles aparentados com os protestantes locais — os descrevem como "na maioria nossos". Vários protestantes são até comunistas militantes, e há casos de testemunhas de Jeová eleitos secretários da Camere del Lavoro local, ou, o que é ainda mais constrangedor para organizações partidárias superiores, de filiais do Partido Comunista. No entanto, a tendência dos camponeses heréticos para ingressar também em movimentos de esquerda não deve ser identificada com o milenarismo político-religioso puro, como o dos lazzarettistas. Este parece ser um fenômeno excepcional, pelo menos na Europa Ocidental e Meridional, embora talvez mais pesquisas venham a revelar outros exemplos para pôr ao lado do Messias do monte Amiata.

5. Milenarismo II: Os anarquistas andaluzes

O leitor inglês conta com pelo menos um livro tão excelente como introdução à Espanha e ao anarquismo espanhol que basta lhe recomendar uma consulta: *The Spanish Labyrinth* [O labirinto espanhol], de Gerald Brenan.[1] Este capítulo, mesmo quando não se baseia diretamente em Brenan, é pouco mais do que uma versão levemente expandida, e mais detalhada, de um relato do qual poucos estudiosos discordariam.

Já se disse que a Andaluzia é a "Sicília da Espanha",[2] e as observações sobre essa ilha (por exemplo, nos capítulos 2 e 5) se aplicam em grande parte também a essa região. Em linhas gerais, ela é formada pela planície do Guadalquivir e pelas montanhas que a cercam como uma concha. Em resumo, é uma região onde predominam assentamentos concentrados (pueblos), um campo deserto no qual camponeses passavam longos períodos em abrigos ou barracões, deixando as mulheres na cidade, com vastas propriedades improdutivas de donos sempre ausentes, e uma população de *braceros*, ou diaristas, sem-terras e quase servis. É uma clássica região de latifúndios, embora isso não signifique que no século XIX toda ela fosse diretamente cultivada em grandes propriedades e fazendas; parte dela consistia em pequenas fazendas em regime de arrendamento a curto prazo. Apenas pouquíssimas — ilhas politicamente conservadoras num mar revolucionário — eram propriedades bem pequenas ou arrendadas a longo prazo. Em Cádiz, propriedades de mais de 250 hectares ocupavam 58% da província em 1931: em média, havia três propriedades de mais de 10 mil hectares, 32 de quase 5 mil e 271 de novecentos. Em três dos distritos administrativos da província os latifúndios ocupavam de 77% a 96% da área total. Em Sevilha, grandes propriedades ocupavam 50% da área total: em média, havia treze de 7 mil hectares e 104 de 2 mil. A situação em Córdoba era parecida, talvez um pouco menos extrema. Nem é preciso dizer que as grandes propriedades costumavam ocupar a melhor terra. O quadro geral pode ser resumido na observação de que, nas províncias de Huelva, Sevilha, Cádiz, Córdoba e Jaén, 6 mil latifundiários eram donos de pelo menos 56% do rendimento tributável, enquanto 285 mil proprietários menores compartilhavam o restante e cerca de 80% da população rural não possuía terra alguma.[3] Observe-se, de passagem, que a Andaluzia, como o sul da Itália, passou por um processo de desindustrialização no século XIX — ou talvez a partir da época dos mouros — e não era páreo para concorrentes nortistas e estrangeiros. Como exportadora de produtos agrícolas e de trabalhadores não qualificados, que começaram a migrar para o norte industrializado, seus moradores dependiam quase exclusivamente de uma agricultura miserável e incerta.

Há uma vasta literatura que pinta, de maneira unânime, as condições sociais e econômicas da Andaluzia nas cores mais assustadoras. Como na Sicília, os *braceros* trabalhavam quando havia serviço e passavam fome quando não havia, como, aliás, em certa medida ainda acontece hoje. Uma estimativa sobre sua alimentação mensal no começo dos anos 1900 os mostra vivendo quase que só de pão de má qualidade — pouco mais de um quilo por dia —, um pouco de azeite, vinagre, vegetais secos e uma pitada de sal e alho. A taxa de mortalidade nos pueblos dos montes cordoveses no fim do século XIX variava de trinta a 38 por mil habitantes. Em Baena, 20% das mortes no quinquênio 1896-1900 estavam ligadas a doenças pulmonares, quase 10% de doenças a alguma deficiência. O analfabetismo entre os homens no começo dos anos 1900 ia de 65% a 50% nas províncias andaluzes; praticamente nenhuma camponesa sabia ler. Não precisamos insistir nesse deprimente catálogo, além de observar que áreas dessa região infeliz continuam mais pobres do que qualquer outra parte da Europa Ocidental.[4]

Não é de surpreender que a Andaluzia tenha se tornado solidamente revolucionária logo que a consciência política surgiu em seu meio. Em termos gerais, a bacia do Guadalquivir e as áreas de montanha a sudeste dela eram anarquistas, ou seja, basicamente as províncias de Sevilha, Cádiz, Córdoba e Málaga. As áreas de mineração no oeste e no norte (Rio Tinto, Pozoblanco, Almaden, entre outras), operárias e socialistas, isolavam a zona anarquista num lado; a província de Jaén, menos desenvolvida em termos políticos e sob influência do socialismo castelhano e do anarquismo andaluz, formava uma fronteira no outro; e Granada, onde o conservadorismo era forte — ou pelo menos os camponeses mais acovardados —, uma terceira. No entanto, como as estatísticas eleitorais espanholas não fornecem um quadro confiável da compleição política dessa área, em parte porque os anarquistas se abstiveram de votar até 1936, e alguns talvez até nesse ano, em parte porque a influência de proprietários e autoridades as distorceu, a imagem tende a ser mais impressionista do que fotográfica.[5] O anarquismo rural não se limitava, de forma alguma, aos trabalhadores que não possuíam terras. Na verdade, Díaz del Moral e Brenan argumentam com veemência que os pequenos proprietários, assim como os artesãos, desempenharam papel pelo menos igualmente importante, alguns diriam mais tenaz, uma vez que eram menos vulneráveis em termos econômicos e socialmente menos intimidados. Quem quer que tenha visto um pueblo de *braceros*, no qual, à exceção da pequena nobreza, dos capatazes de fazenda e de outros "nascidos para mandar", só os artesãos e os contrabandistas caminham com a marca indefinível do autorrespeito, saberá do que estamos falando.

A revolução social na Andaluzia começa logo depois de 1850. Exemplos anteriores foram citados — o famoso vilarejo da peça teatral *Fuenteovejuna* é andaluz —, mas há poucas provas de movimentos revolucionários especificamente agrários antes da segunda metade do século XIX. O episódio de Fuenteovejuna (1476) foi, no fim das contas, uma revolta especial contra a opressão anômala de um senhor individual e, além disso, coordenada com moradores de Córdoba, embora a lenda e a peça não insistam nesse ponto. Os motins de fome do século XVII, com suas conotações de separatismo andaluz, também parecem ter sido mais urbanos do que rurais, e refletem a desintegração do Império espanhol naquela época, assim como as revoltas contemporâneas mais fortes de Portugal e da Catalunha, mais do que agitação agrária em si. Seja como for, há poucos indícios de qualquer movimento desse tipo visando em especial a um milênio camponês, embora, sem dúvida, pesquisas possam revelar algum. Os camponeses andaluzes sofreram e passaram fome, assim como os camponeses em todos os períodos pré-industriais, e o revolucionismo que havia neles encontrava sua expressão num culto excepcionalmente intenso do banditismo social e do contrabando; de "Diego Corrientes, o bandido da Andaluzia/ Que roubava dos ricos e socorria os pobres".[6]

Talvez também num feroz apego à Igreja católica militante, cuja Santa Inquisição golpeava o herege, por mais rico e mais altamente situado que fosse, cujos teólogos (espanhóis), como o jesuíta Mariana, defendiam o levante de Fuenteovejuna, atacavam a riqueza e propunham remédios sociais radicais, e cujo monasticismo às vezes encarnava um primitivo ideal comunista. Eu mesmo ouvi um velho camponês aragonês falar com aprovação da ordem de seu filho: "Eles têm comunismo lá, sabe. Juntam tudo e cada um pega o que precisa". Embora a Igreja espanhola mantivesse esse "populismo" excepcional que fez seus párocos lutarem como líderes guerrilheiros à frente de seus rebanhos nas guerras francesas, ela sem dúvida funcionou como uma válvula de escape muito eficaz para sentimentos que de outra forma poderiam ter-se tornado revolucionários de maneira mais secular.

No fim da década de 1850, há notícias de bandos itinerantes de camponeses e mesmo de aldeias "tomando o poder".[7] O primeiro movimento revolucionário autóctone que atraiu atenção específica foi a revolta em Loja e Iznájar em 1861, anos antes do surgimento abrupto dos apóstolos bakuninistas. (No entanto, entendo que existe alguma questão relativa à influência maçônica "carbonária" de esquerda no levante de Loja.)[8] No período da Internacional e das agitações republicanas de 1868-73, houve mais movimentos: o "cantonalismo", ou seja, a demanda pela independência de aldeias, uma característica de todos os movimentos camponeses espanhóis, em Iznájar e Fuenteovejuna, a demanda por divisão de terras em Pozoblanco e Benamejí, "esse pueblo de triste fama, cujos cidadãos em grande número antes se dedicavam ao contrabando", onde os bandidos muitas vezes praticamente sitiavam os ricos e nenhum crime era punido pelo Estado, porque ninguém se dispunha a denunciar.[9] Quando os "filhos de Benamejí" (eles ainda desempenham seu legendário papel de "homens [individualistas] que se fazem respeitar" no *Romanceiro cigano*, de García Lorca) acrescentaram a revolução social à revolta individualista, uma nova era na política espanhola começou. O anarquismo entrou em cena, propagado pelos emissários da ala bakuninista da Internacional. Como em outras partes da Europa, no começo dos anos 1870 houve uma rápida expansão dos movimentos políticos de massa. A maior força do novo revolucionismo residia nas clássicas províncias latifundiárias, em especial Cádiz e o sul de Sevilha. Os redutos do anarquismo andaluz começaram a aparecer: Medina-Sidonia, Villamartín, Arcos de la Frontera, Arahal, Bornos, Osuna, El Bosque, Grazalema, Benaocaz.

O movimento entrou em colapso no fim dos anos 1870 — não de modo tão severo na província de Cádiz como em outros lugares —, ressurgiu no começo dos anos 1880, até desmoronar de novo. As primeiras das greves gerais camponesas ocorreram nessa época na área de Jerez — então, como mais tarde, uma fortaleza do anarquismo de extrema força física. Em 1892, houve outra explosão, que culminou na marcha facilmente reprimida de milhares de camponeses para Jerez. No começo dos anos 1900, houve outro renascimento, agora sob a bandeira da greve geral, tática que até então não tinha sido vista de forma sistemática como meio de alcançar revoluções sociais. Greves gerais camponesas ocorreram em pelo menos dezesseis pueblos, sobretudo na província de Cádiz, nos anos 1901-3.[10] Essas greves apresentam características acentuadamente milenaristas. Depois de outro período de dormência, deflagrou-se o maior movimento de massa até então registrado, segundo consta pelas notícias da Revolução Russa que chegaram àquela região remota. Nesse período "bolchevique", Cádiz pela primeira vez perdeu para Córdoba a primazia entre as províncias anarquistas. A República (1931-6) assistiu ao último dos grandes renascimentos, e em 1936 à própria tomada do poder em muitos pueblos anarquistas. No entanto, à exceção de Málaga e da periferia cordovesa, a zona anarquista caiu sob o domínio de Franco quase nos primeiros dias da revolta, e mesmo as partes republicanas logo foram conquistadas. Portanto, 1936-7 assinala o fim de pelo menos esse período da história anarquista andaluza.

É evidente que, numa grande área da Andaluzia, o revolucionismo camponês foi endêmico a partir do fim dos anos 1860 e epidêmico a intervalos de mais ou menos dez anos. Também é claro que nenhum movimento de força e caráter comparáveis existiu na primeira metade do século XIX. Não é fácil apontar suas razões. A ascensão do revolucionismo não foi mero reflexo de más condições, pois elas talvez tenham melhorado, embora apenas a ponto de eliminar as fomes catastróficas, como as ocorridas em 1812, 1817, 1834-5, 1863, 1868 e 1882. A última fome genuína (se excetuarmos alguns episódios depois da Guerra Civil) foi a de 1905. Seja como for, quando ocorria, a fome costumava ter o efeito rotineiro de inibir, em vez de estimular, movimentos sociais, embora sua aproximação aumentasse o descontentamento. Quando de fato estão famintas, as pessoas se ocupam demais em procurar comida para pensar em outras coisas; do contrário, morrem. As condições econômicas naturalmente determinavam o momento e a periodicidade das explosões revolucionárias; por exemplo, os movimentos sociais tendiam a atingir o pico da intensidade nos piores meses do ano — de janeiro a março, quando os trabalhadores do campo tinham menos o que fazer (a marcha para Jerez em 1892 e o levante de Casas Viejas em 1933 ocorreram no começo de janeiro), março-julho, quando a colheita anterior acabara e era tempo de vacas magras. Mas o avanço do anarquismo não foi apenas um indicador de apertos econômicos. Mais uma vez, ele refletia movimentos políticos externos apenas de forma indireta. As relações entre os camponeses e a política (coisa de gente da cidade) são peculiares de qualquer maneira, e tudo que se pode dizer é que a vaga notícia de algum cataclismo político como uma revolução, ou uma "nova lei", ou algum evento no movimento trabalhista internacional que parecia anunciar o novo mundo — a Internacional, a descoberta da greve geral como arma revolucionária — mexia com os camponeses, se o momento fosse favorável.

A melhor explicação é que o avanço do revolucionismo social foi consequência da introdução de relações capitalistas jurídicas e sociais no interior sulista na primeira metade do século XIX. Os direitos feudais sobre a terra foram abolidos em 1813, e daquele ano até a revolução de 1854 a batalha pela introdução do contrato livre nas questões agrárias continuou. Em 1855 ela foi vencida: reafirmou-se a liberação geral da propriedade civil e eclesiástica (terras do Estado, da Igreja e terrenos baldios, entre outros) e se estabeleceram diretrizes para sua venda no mercado aberto. A partir de então, as vendas prosseguiram sem interrupção. Nem é preciso analisar as consequências cataclísmicas e inevitáveis de uma revolução tão inédita sobre o campesinato. O avanço do revolucionismo social veio naturalmente. O que há de peculiar no caso da Andaluzia é a transformação clara e precoce de perturbação social num movimento específico e politicamente consciente de revolução social agrária liderado por anarquistas. Pois, como destaca Brenan,[11] a Andaluzia em 1860 tinha os mesmos ingredientes de fermento primitivo e indiferenciado do sul da Itália. Poderia ter produzido a combinação italiana de banditismo social e revolucionário bourbônico com *jacqueries* ocasionais, ou a combinação siciliana de ambos com a Máfia, ela mesma um amálgama complexo de banditismo social, "banditismo de proprietários de terra" e defesa geral contra estrangeiros. Claramente, a pregação dos apóstolos anarquistas, que juntaram num só movimento as rebeliões separadas de Iznájar e Benamejí, de Arcos de la Frontera e Osuna, é em parte responsável por essa nitidez de contornos políticos. Por outro lado, apóstolos anarquistas também tinham ido ao sul da Itália, mas sem encontrar resposta nem de longe parecida.

Pode-se sugerir que certas características tanto da Igreja como do Estado na Espanha ajudaram igualmente a produzir o peculiar padrão andaluz. O Estado não era um "Estado de estrangeiros" como na Sicília (o dos Bourbon ou dos Saboia) ou no sul da Itália (o dos Saboia); era espanhol. Revoltar-se contra um governo legítimo sempre exige uma consciência política muito maior do que rejeitar um governo estrangeiro. Além disso, o Estado espanhol tinha autoridade direta sobre cada pueblo, onipresente, eficiente e inimiga do camponês: a Guardia Civil, formada em 1844 basicamente para acabar com o banditismo, que vigiava as aldeias a partir de seus quartéis fortificados, que andava pelo campo armada e aos pares, e nunca era de "filhos do pueblo". Como observa corretamente Brenan, "cada guarda civil se tornou um oficial de recrutamento para o anarquismo, e, à medida que o número de membros dos anarquistas crescia, a Guardia Civil também".[12] Enquanto o Estado obrigava os camponeses a definirem suas rebeliões em termos de hostilidade contra ele, a Igreja também os abandonava. Este não é o lugar para fazer uma análise da evolução do catolicismo espanhol a partir do fim do século XVIII.[13] Podemos apenas notar que, ao longo de sua batalha perdida contra as forças do liberalismo econômico e político, a Igreja se tornou não apenas uma força revolucionário-conservadora, como entre os pequenos proprietários de Navarra e Aragão (a espinha dorsal do movimento carlista), mas uma força conservadora tout court, unindo-se às classes ricas. Ser a Igreja do status quo, do rei e do passado não impede que uma instituição seja também a Igreja dos camponeses. Mas ser vista como a Igreja dos ricos, sim. Como os bandidos sociais se tornavam *bandoleros* protegidos pelos ricos caciques locais e a Igreja passou a ser a Igreja dos ricos, o sonho camponês de um mundo justo e livre teve que buscar nova expressão. Foi isso que lhe deram os apóstolos anarquistas.

A ideologia do novo movimento camponês era anarquista; ou, para dar um nome mais exato, comunista libertária. Seu programa econômico visava, em teoria, à propriedade comum; na prática, nos primeiros estágios quase de maneira exclusiva, ao *re-*

parto, à divisão da terra. Seu programa político era republicano e antiautoritário; ou seja, concebia um mundo no qual o pueblo autônomo era a unidade soberana, e do qual forças externas, como reis e aristocracias, policiais, coletores de impostos e outros agentes do Estado supralocal, sendo em essência agentes da exploração do homem pelo homem, eram eliminados. Sob as condições andaluzes, esse programa era menos utópico do que parece. Vilarejos tinham governado a si mesmos, em termos tanto econômicos como políticos, à sua maneira primitiva, com um mínimo de organização real para administração, governo e coerção, e parecia razoável supor que a autoridade e o Estado eram intrusões desnecessárias. Por que, afinal, o desaparecimento de um posto da Guardia Civil ou de um prefeito nomeado, e de um fluxo de formulários oficiais, produziria o caos e não a justiça no pueblo? No entanto, é equivocado expressar as aspirações anarquistas em termos de um conjunto preciso de demandas econômicas e políticas. Eles trabalhavam a favor de um novo mundo moral.

Esse mundo deveria surgir pela luz da ciência, do progresso e da educação, em que os camponeses anarquistas acreditavam com um fervor apaixonado, rejeitando a religião e a Igreja, assim como rejeitavam tudo o mais que tivesse a ver com o mundo maligno da opressão. Não seria necessariamente um mundo de riqueza e conforto, pois, se os camponeses andaluzes pudessem conceber a noção de conforto, seria pouco mais do que todos terem sempre o suficiente para comer. Os pobres pré-industriais sempre concebem a boa sociedade como uma partilha justa de austeridade, mais do que um sonho de riqueza para todos. Mas ele seria livre e justo. O ideal não é especificamente anarquista. Na verdade, se o programa que ocupava a mente dos camponeses sicilianos[14] ou de quaisquer outros revolucionários camponeses tivesse sido posto em prática, o resultado sem dúvida seria parecido com Castro del Río, na província de Córdoba, entre a tomada do poder e sua conquista pelos soldados de Franco: a expropriação de terras, a abolição do dinheiro, homens e mulheres trabalhando sem propriedade e sem salário, tirando aquilo de que precisavam do armazém da aldeia ("Eles juntam tudo e cada um pega o que precisa") e uma grande e terrível exaltação moral. Os bares seriam fechados. Logo não haveria mais café no empório e os militantes sonhavam, ansiosos, com o desaparecimento de mais uma droga. A aldeia estaria só, e talvez mais pobre do que antes: mas era pura e livre, e os que não fossem aptos para a liberdade seriam eliminados.[15] Se esse programa trazia o rótulo bakuninista, era porque nenhum movimento político refletiu as aspirações espontâneas dos camponeses atrasados de maneira mais sensível e precisa nos tempos modernos do que o bakuninismo, que de modo deliberado se subordinou a eles. Além disso, o anarquismo espanhol, mais do que qualquer outro movimento político de nosso período, foi quase exclusivamente desenvolvido e propagado por camponeses e pequenos artesãos. Como destaca Díaz del Moral, ao contrário do marxismo, ele praticamente não atraía intelectuais e não produziu nenhum teórico digno de nota. Seus adeptos eram pregadores itinerantes e rebeldes e profetas de aldeia; sua literatura, jornais e panfletos que na melhor das hipóteses popularizavam as teorias elaboradas por pensadores estrangeiros: Bakunin, Reclus, Malatesta. Com uma possível exceção — e se trata de um galego —, não existe nenhum teórico ibérico importante do anarquismo. Era, predominantemente, um movimento de homens pobres e, portanto, não é de surpreender que refletisse os interesses e as aspirações do pueblo andaluz com misteriosa fidelidade.

Talvez tenha sido o que chegou mais perto de seu simples revolucionismo na total e absoluta rejeição deste mundo maligno de opressão, que encontrou expressão na característica paixão anarquista por queimar igrejas, que tem poucos paralelos, e talvez reflita a amargura do desencanto dos camponeses com a "traição" da causa dos pobres pela Igreja. "Málaga", diz, imperturbável, o *Guide Bleu* da Espanha de 1935, "é uma cidade de ideias avançadas. Nos dias 12 e 13 de maio de 1931, 43 igrejas e conventos foram queimados ali." E um velho anarquista, olhando para a mesma cidade em chamas cerca de cinco anos depois, teve esta conversa com Brenan:

> "O que acha disso?", perguntou ele.
>
> Respondi: "Estão incendiando Málaga".
>
> "Isso", disse ele. "Estão queimando tudo. Eu lhe digo uma coisa, não restará pedra sobre pedra — não, nenhuma plantinha, nem mesmo repolho, cresce mais ali, para que não haja mais maldade no mundo."[16]

E o anarquista escrupuloso não queria apenas destruir o mundo de maldade — apesar de normalmente não acreditar que isso de fato envolvia muitos incêndios ou assassinatos —, mas o rejeitava de maneira imediata e cabal. Tudo aquilo que era parte da tradição andaluza teria que ser descartado. Ele não pronunciava a palavra "Deus", nada tinha a ver com religião, era contra touradas, se recusava a beber e mesmo a fumar — no período "bolchevique" um viés vegetariano também foi introduzido nos movimentos —, desaprovava a promiscuidade sexual, apesar de oficialmente comprometido com o amor livre. Na verdade, em tempos de greve ou revolução há até indícios de que ele praticava a castidade absoluta, embora isso por vezes fosse mal interpretado por gente de fora.[17] Era revolucionário no sentido mais total que os camponeses andaluzes podiam conceber, condenando *tudo* que dizia respeito ao passado. Era, de fato, um milenarista.

Felizmente, dispomos de pelo menos um magnífico relato dos aspectos milenaristas do anarquismo de aldeia, tal como interpretado por um advogado local sensível e erudito: a colossal

Historia de las agitaciones campesinas andaluzas: Córdoba, de Juan Díaz del Moral,[18] que cobre até o começo dos anos 1920. O esboço que se segue é baseado sobretudo nessa obra e em outras fontes menos ambiciosas, e complementado por um breve estudo feito por mim de uma única revolução de aldeia, a de Casas Viejas (Cádiz) em 1933.[19]

O movimento anarquista de aldeia pode ser dividido em três seções: a massa da população aldeã, ativa apenas de maneira intermitente, quando a ocasião parecia exigir; o grupo de pregadores, líderes e apóstolos locais — os "trabalhadores conscientes" (*obreros conscientes*), que hoje são conhecidos, retrospectivamente, como "os que tinham ideias", e estavam o tempo todo ativos; e os de fora: líderes nacionais, oradores e jornalistas, e influências externas parecidas. No movimento anarquista espanhol a última seção foi anormalmente desimportante. O movimento rejeitava qualquer organização, ou, em todo caso, qualquer organização rigidamente disciplinada, e se recusava a tomar parte na política; por conseguinte, tinha poucos líderes de projeção nacional. A imprensa de que dispunha consistia num grande número de folhetos modestos, em grande parte escritos por *obreros conscientes* de outros vilarejos e cidades, e destinados menos a estabelecer uma linha política — pois o movimento, como já vimos, não acreditava em política — do que a repetir e ampliar os argumentos em favor da Verdade, a atacar a Injustiça, a criar o sentimento de solidariedade que tornava o sapateiro aldeão de uma pequena cidade andaluza cônscio de ter irmãos que combatiam o mesmo combate em Madri e Nova York, em Barcelona e Livorno, em Buenos Aires. As mais ativas forças externas eram os pregadores e propagandistas itinerantes, que, rejeitando tudo menos a hospitalidade, percorriam o país a divulgar a boa nova ou a fundar escolas locais e ensinar os grandes nomes sombrios dos clássicos que escreveram os panfletos-padrão: Kropotkin, Malatesta. Mas só porque alguns homens podiam conquistar renome nacional por meio de suas turnês oratórias não significava que eram distintos da aldeia. Era também provável que um morador da aldeia conseguisse essa notoriedade, pois todo *obrero consciente* via a propaganda incessante como uma obrigação sua, aonde quer que fosse. O que influenciava os homens não era, segundo eles, outros homens, mas a verdade, e o movimento inteiro estava voltado para a propagação da verdade por todas as pessoas que a tivessem adquirido. Pois, tendo conhecido a tremenda revelação de que os homens já não precisam ser pobres e supersticiosos, como poderiam fazer outra coisa que não fosse passá-la adiante?

Assim, os *obreros conscientes* eram mais educadores, propagandistas e agitadores do que organizadores. Díaz del Moral nos deu uma esplêndida descrição do tipo — pequenos artesãos e proprietários de aldeia, talvez quase sempre trabalhadores sem-terra, mas não temos como saber ao certo. Eles liam e se instruíam com entusiástica dedicação. (Até hoje, quando se pede a um morador de Casas Viejas suas impressões sobre os antigos militantes, já mortos ou dispersos pelo mundo, a resposta mais provável é algo como "Estava sempre lendo alguma coisa, sempre discutindo".) Viviam argumentando. Seu grande prazer era escrever cartas e artigos para a imprensa anarquista, quase sempre recheados de palavras grandiloquentes e de polissílabos, regozijando-se com as maravilhas do conhecimento científico moderno, que eles tinham adquirido e passavam adiante. Se fossem especialmente talentosos, desenvolviam o tipo de eloquência popular que multiplicava panfletos e manifestos na Inglaterra do século XVII. José Sánchez Rosa, de Grazalema (nascido em 1864), escreveu panfletos e diálogos entre o operário e o capitalista, novelas e discursos nos moldes das antigas "peças dramáticas" incentivadas pelos frades espanhóis (porém, claro, de conteúdo bem diferente) que eram apresentados — e em parte improvisados — nas casas de fazenda e nos barracões de trabalhadores dos grandes latifúndios onde os homens, dando duro longe de suas aldeias, passavam a semana.

Sua influência na aldeia nada tinha a ver com posição social, mas acima de tudo com a virtude de apóstolo. Os que primeiro levaram a boa nova para os companheiros, talvez lendo jornais para seus colegas analfabetos, podiam conquistar a confiança quase cega da aldeia, sobretudo se a puritana devoção de sua vida desse testemunho de valor. Afinal, nem todo mundo tinha força de vontade para abandonar o cigarro, a bebida e a libidinagem ou para resistir à pressão da Igreja no que se referia ao batismo, ao casamento no religioso e ao enterro à maneira cristã. Homens como M. Vallejo Chinchilla, de Bujalance, ou Justo Heller, de Castro del Río, aponta Díaz del Moral, "tinham o mesmo tipo de ascendência sobre as massas que os grandes conquistadores tinham sobre seus homens"; e em Casas Viejas o velho Curro Cruz ("Seis Dedos"), que convocou à revolução e foi morto depois de um tiroteio de doze horas com as tropas, parece ter exercido função parecida. Pela natureza das coisas, o pequeno bando de eleitos se unia. O caso de Casas Viejas, onde relações pessoais de familiares cimentavam o principal grupo de anarquistas, é provavelmente típico: a neta de Curro Cruz, María ("La Libertaria"), era noiva de José Cabanas Silva ("O Galinho"), o chefe dos militantes mais novos, outro Silva era secretário do sindicato dos trabalhadores, e as famílias Cruz e Silva foram dizimadas na repressão subsequente. Os *obreros conscientes* forneciam liderança e continuidade.

O habitual era que a aldeia simplesmente os aceitasse como seus cidadãos mais influentes, cuja palavra era levada a sério em qualquer assunto, desde a conveniência de assistir ao circo itinerante (os artistas logo aprenderam a obter a recomendação do líder local) até fazer uma revolução. Mas, é claro, revoluções só seriam feitas se de fato fossem desejadas: pois os *obreros conscientes* não consideravam sua função *planejar* agitação política, apenas fazer propaganda, de modo que a ação só ocorria quando a peculiar escalada da opinião da aldeia, da qual eles faziam parte, a tornava não só aconselhável como inevitável. (O desenvolvimento do anarcossindicalismo, com mais organização e com políticas sindicais, começou a comprometer essa dependência da mais completa espontaneidade; mas no momento não estamos preocupados com o declínio e a queda do anarquismo aldeão, e sim com sua idade de ouro.) Na verdade, sabemos que isso se dava a intervalos de cerca de dez anos. No que dizia respeito à aldeia, no entanto, o normal era acontecer quando alguma coisa na situação local tornava a ação imperativa, ou quando algum impulso externo transformava em chama a brasa do revolucionismo latente. Uma notícia, um presságio ou cometa provando que a hora tinha chegado penetrava na aldeia. Podia ser a chegada original dos apóstolos bakuninistas no início dos anos 1870; notícias distorcidas da Revolução Russa; a informação de que uma república tinha sido proclamada, ou de que uma lei de reforma agrária estava em discussão.

> No começo do último outono [1918] [...] tomou conta da mente dos homens do campo andaluz a convicção de que alguma coisa que eles chamavam de "a nova lei" tinha sido instituída. Não sabiam quem havia decretado, nem quando, nem onde, mas todos falavam nela.[20]

Antes do levante em Casas Viejas todos os tipos de boatos circularam: a hora tinha chegado, duzentos pueblos já haviam declarado apoio ao comunismo, a terra logo seria dividida e assim por diante. (O último boato talvez tivesse a ver com a notícia de que um grande latifúndio vizinho de fato estava em vias de passar por uma reforma agrária por causa de uma lei recentemente aprovada.)

Nesses momentos, o anarquismo endêmico se tornava epidêmico. Díaz del Moral descreveu isso de forma admirável:

> Nós, que vivemos nessa época de 1818-9, jamais esqueceremos aquela cena incrível. Nos campos, nos abrigos e nos pátios, onde quer que os camponeses se reunissem para conversar, por qualquer motivo, só havia um assunto, sempre debatido com seriedade e fervor: a questão social. Quando os homens descansavam do trabalho, nas pausas para o cigarro durante o dia e depois da refeição noturna, os mais instruídos liam panfletos e jornais em voz alta enquanto os demais escutavam com toda a atenção. Então vinham as perorações, corroborando o que acabara de ser lido, e uma sucessão infindável de discursos elogiosos. Eles não entendiam tudo. Algumas palavras eles não conheciam. Algumas interpretações eram infantis, outras, maliciosas, dependendo da personalidade do homem; mas lá no fundo todos estavam de acordo. E como não estar? Tudo que ouviam não era a *pura verdade* que haviam *sentido* a vida inteira, ainda que nunca tivessem sido capazes de expressá-la? Todo mundo lia o tempo todo. Não havia limite para a curiosidade dos homens, nem para sua sede de aprender. Até os cavaleiros liam para seus animais, deixando rédeas e cabrestos arrastando no chão. Quando preparavam a marmita do almoço, sempre colocavam alguma literatura no embornal [...]. De 70% a 80% deles eram analfabetos, sem dúvida, mas isso não era um obstáculo insuperável. O analfabeto entusiasmado comprava seu jornal e pedia a um camarada que o lesse. Então marcava o artigo de que mais tinha gostado. Em seguida, pedia a outro camarada que lesse para ele o artigo marcado e depois de algumas leituras sabia-o de cor e o repetia para quem ainda não o tivesse lido. Só há uma palavra para isso: frenesi.[21]

Nessas condições a boa nova se espalhava de um para outro de maneira espontânea.

Em poucas semanas, o núcleo original de dez ou doze adeptos crescia para duzentos; em poucos meses, praticamente toda a população trabalhadora, tomada do mais ardente proselitismo, propagava com exaltação o ideal flamejante. Os poucos que resistissem, seja porque eram pacíficos ou tímidos, seja por medo de perder o respeito público, seriam atacados por grupos dos *convencidos* na encosta da montanha enquanto aravam a terra, na cabana, na taberna, nas ruas e praças. Seriam bombardeados por razões, por imprecações, por desprezo, por ironia, até cederem. A resistência era impossível. Quando a aldeia se *convertia*, a agitação se espalhava [...]. Todos eram agitadores. Assim, o fogo se propagava com velocidade para todas as aldeias *combustíveis*. De qualquer forma, o trabalho do propagandista era simples. Ele só precisava ler um artigo de *Tierra y Libertad* ou de *El Productor* para que os ouvintes de súbito se sentissem iluminados pela nova fé.

Como se daria a grande mudança? Ninguém sabia. No fundo, os camponeses achavam que ela viria de alguma forma se todos os homens se declarassem a seu favor ao mesmo tempo. Assim o fizeram em 1873, e ela não veio. Formaram o sindicato em 1882 e as moças cantavam

Todas las niñas bonitas
tienen en casa un letrero
con letras de oro que dicen
Por un asociado *muero.*[22]*

Mas o sindicato entrou em colapso. Em 1892, eles marcharam para Jerez, tomaram a cidade e mataram algumas pessoas.

* Em português, "Todas as moças bonitas/ têm em casa um letreiro/ com letras de ouro que dizem:/ Por um *associado* morro". (N. T.)

Foram dispersados com facilidade. Então, em 1900, a notícia dos debates internacionais sobre a greve geral, que então convulsionava os movimentos socialistas, chegou à Andaluzia, e a greve geral pareceu a resposta adequada. (Na verdade, a descoberta desse novo método patenteado para alcançar o milênio provavelmente tirou as aldeias de sua apatia.) Essas greves foram espontâneas e sólidas; até as empregadas domésticas e as enfermeiras da pequena nobreza deixaram o trabalho. As tabernas ficaram desertas. Ninguém formulou petições ou demandas, ninguém tentou negociar, embora por vezes as autoridades conseguissem fazer com que os camponeses dissessem que queriam melhores salários e chegar a algum tipo de acordo. Esses esforços eram irrelevantes. A aldeia ambicionava coisas mais importantes do que salários melhores. Depois de duas semanas mais ou menos, quando estava claro que a revolução social não tinha começado na Andaluzia, a greve terminou de repente, tão sólida no último dia como no primeiro, e todo mundo voltou ao trabalho para esperar. Na verdade, como bem observa Díaz del Moral, as tentativas dos anarquistas e de outros líderes de usar essas greves para o fortalecimento da organização ou para atingir fins limitados enfrentaram oposição ou falta de entusiasmo: os camponeses queriam "greves messiânicas".[23]

Não é fácil analisar essas greves e os levantes muito parecidos que de vez em quando ocorriam. Eram, é claro, revolucionários: a conquista de uma mudança fundamental, devastadora, era o único objetivo. Além disso, eram milenaristas no sentido desta discussão, na medida em que não eram eles próprios os criadores da revolução: os homens e as mulheres de Lebrija, Villamartín ou Bornos depuseram suas ferramentas não tanto para derrubar o capitalismo como para demonstrar que estavam prontos para sua derrubada, que deveria, de alguma forma, ocorrer, agora que haviam demonstrado sua prontidão. Por outro lado, o que parece milenarismo pode, às vezes, ter sido apenas o reflexo da falta de organização, do isolamento e da relativa fraqueza dos anarquistas de aldeia. Eles sabiam o suficiente para ter consciência de que o comunismo não poderia ser introduzido numa aldeia isolada, embora quase não tivessem dúvida de que, se assim fosse introduzido, funcionaria. Casas Viejas tentou em 1933. Os homens cortaram linhas telefônicas, cavaram valas nas estradas, isolaram os quartéis da polícia e então, protegidos do mundo lá fora, hastearam a bandeira vermelha e preta da anarquia e se puseram a dividir a terra. Não tentaram espalhar o movimento, nem matar ninguém. Mas, com a chegada das tropas de fora, souberam que tinham perdido, e o líder lhes disse que se refugiassem nas colinas, enquanto ele e seus companheiros mais próximos lutavam numa cabana, e foram mortos, como obviamente esperavam. A não ser que o resto do mundo agisse do mesmo modo que a aldeia, a revolução estava perdida; e eles eram impotentes para afetar o resto do mundo exceto, quem sabe, pelo exemplo. Naquelas circunstâncias, o que parecia uma demonstração milenarista pode ter sido apenas a menos ruim das técnicas revolucionárias disponíveis. Não há sinal de que uma aldeia tenha deixado de fazer uma revolução clássica — tomar o poder dos funcionários, dos policiais e senhores locais —, quando percebeu a oportunidade de fazê-lo de maneira lucrativa; por exemplo em julho de 1936. No entanto, ainda que encontrássemos uma explicação funcional e não histórica para o comportamento aparentemente milenarista do anarquismo espanhol aldeão, os camponeses andaluzes dificilmente agiriam dessa maneira se sua ideia da "grande mudança" não fosse utópica, milenarista, apocalíptica, como todas as testemunhas concordam que foi. Eles não viam o movimento revolucionário travando uma longa guerra contra seus inimigos, uma série de campanhas e batalhas que culminasse na tomada do poder nacional, seguida da construção de uma nova ordem. O que viam era um mundo ruim que logo acabaria, a ser seguido pelo Dia da Mudança, que seria o início do mundo bom, onde os que estavam na base passariam ao topo, e os bens desta terra seriam compartilhados por todos. "*Señorito*", disse um jovem trabalhador para um cavalheiro, "quando é que o grande dia vai chegar?" "Que grande dia?" "O dia em que todos seremos iguais e a terra será compartilhada por todos." Justamente porque a mudança seria tão completa e apocalíptica, eles falavam — e aqui também as testemunhas estão de acordo — sem rodeios a respeito, "publicamente, com completa naturalidade, mesmo perante a pequena nobreza, com uma alegria sossegada".[24] Pois a força do milênio era tão grande que, se ele de fato chegasse, nem mesmo a pequena nobreza poderia se opor. Sua concretização seria resultado não tanto da luta de classes — pois esta pertencia, afinal de contas, ao velho mundo —, mas de uma coisa inexprimivelmente maior e mais geral.

O anarquismo agrário espanhol é talvez o exemplo mais notável de um moderno movimento milenarista ou quase milenarista de massa. Por essa razão, suas vantagens e desvantagens políticas são também analisadas com facilidade. Suas vantagens eram o fato de que ele expressava o estado de espírito real do campesinato com mais fidelidade e sensibilidade talvez do que qualquer outro movimento social moderno; e, por conseguinte, por vezes alcançava uma unanimidade de ação sem esforço e, pelo visto, espontânea, o que não pode deixar de impressionar profundamente o observador. Mas suas desvantagens eram fatais. Justamente por ter atingido os camponeses andaluzes de uma forma incapaz de lhes ensinar a necessidade de organização, estratégia, táticas e paciência, a agitação social moderna desperdiçou quase por completo suas energias revolucionárias. Uma inquietação como a deles, mantida por cerca de setenta anos, explodindo de maneira espontânea em grandes áreas do reino a cada dez anos, teria bastado para derrubar regimes várias vezes mais fortes do que os precários governos espanhóis da época; no entanto, o fato é que o anarquismo espanhol, como destaca Brenan, jamais representou mais que um problema policial de rotina para as autoridades. Não lhe era possível fazer mais, pois a revolta camponesa espontânea é por natureza localizada, ou, na melhor das hipóteses, regionalizada. Para que se torne geral, ela precisa encontrar condições nas quais todas as aldeias entrem em ação ao mesmo tempo, por iniciativa própria e com objetivos específicos. A única vez em que o anarquismo espanhol chegou perto disso foi em julho de 1936, quando o governo republicano pediu resistência contra os fascistas; mas no que dizia respeito ao anarquismo a convocação veio de um órgão que o movimento sempre se recusou, por princípio, a reconhecer, e portanto nunca se preparou para utilizar. As desvantagens da espontaneidade e do messianismo aos poucos foram reconhecidas. A substituição, pelo anarquismo puro, do anarcossindicalismo, que possibilitava uma direção e uma política sindicais distintas, já tinha significado um passo hesitante rumo à organização, à estratégia e às táticas, mas isso não foi suficiente para instilar disciplina e prontidão para agir sob comando num movimento construído sobre a premissa fundamental de que as duas coisas eram indesejáveis e desnecessárias.

De forma semelhante, na derrota o anarquismo estava e está indefeso. Nada é mais fácil do que a organização ilegal numa aldeia em que todos pensam da mesma forma. Piana degli Albanesi, na Sicília, como veremos, ilustra essa questão. Mas quando o frenesi milenarista da aldeia anarquista diminuiu, nada restou além de um pequeno grupo de *obreros conscientes*, os verdadeiros crentes, e de uma massa desconsolada à espera do próximo grande momento. E se esse pequeno grupo for dispersado — por morte, emigração ou atenções sistemáticas da polícia —, sobrará apenas uma amarga consciência da derrota. Pode ser verdade, como observa Pitt-Rivers, que depois da Guerra Civil o anarquismo andaluz deixou de desempenhar qualquer papel ativo, e que a pouca atividade ilegal ficou por conta dos comunistas, antes irrelevantes.[25] Se for verdade, é o que seria de esperar, pois um movimento de camponeses do tipo anarquista é incapaz de resistir de maneira organizada à repressão genuinamente eficiente e ao controle constante — com os quais os governos espanhóis anteriores a Franco jamais se preocuparam, preferindo deixar os surtos ocasionais aparecerem e desaparecerem em seu isolamento.

O anarquismo clássico é, pois, uma forma de movimento camponês quase incapaz de adaptação efetiva às condições modernas, embora seja resultado delas. Tivesse uma ideologia diferente penetrado no campo andaluz nos anos 1870, talvez ela transformasse a rebeldia espontânea e instável dos camponeses em alguma coisa bem mais temível, por ser mais disciplinada, como o comunismo às vezes conseguiu ser. Não foi o que aconteceu. E, assim, a história do anarquismo, quase única entre os movimentos sociais modernos, é uma história de fracassos ininterruptos; e, a menos que mudanças históricas imprevistas ocorram, é provável que ele se junte nos livros aos anabatistas e aos demais profetas que, apesar de não desarmados, não souberam o que fazer com suas armas e foram vencidos para sempre.

6. Milenarismo III: Os Fasci Siciliani e o comunismo camponês

Este relato dos Fasci Siciliani e algumas de suas consequências políticas se destina a ilustrar o processo completo pelo qual um movimento social primitivo é incorporado a um movimento totalmente moderno, pois os camponeses sicilianos (como outros italianos do Sul) não ficaram estagnados no estágio intermediário do anarquismo rural, passando em geral a integrar os altamente organizados movimentos socialista e comunista, nos casos em que avançaram além do primitivismo. Por conseguinte, o conteúdo do milenarismo camponês, que na Andaluzia determinou as formas simples de organização anarquista de aldeia, na Itália foi absorvido num arcabouço político muitíssimo mais elaborado. Não significa que o camponês siciliano ou lucano individualmente, seja ele comunista ou socialista — ambos são marxistas revolucionários nesse país —, difira muito de seu irmão andaluz na abordagem pessoal da política. Significa, sim, que a história política de sua aldeia e do movimento é diferente, porque a "causa" a que aderiu o envolve em atividades diferentes e mais complexas; por exemplo, a votação e a administração de cooperativas agrícolas, assim como a ocupação forçada da terra ou as greves gerais.

Não é fácil explicar por que o movimento camponês revolucionário italiano — quase único entre os movimentos camponeses da Europa Ocidental — acabou dominado pelos marxistas. De qualquer forma, está claro que os apóstolos bakuninistas não se esforçaram menos para evangelizar a Itália meridional do que a Espanha. Não tiveram muito êxito, exceto entre os jovens intelectuais do Sul, que aquela região, tanto então como agora, produz em números excessivos e com brilhantismo considerável. Não é por acaso que os grandes nomes do anarquismo italiano são intelectuais, quase sempre homens da "pequena nobreza revolucionária", como Errico Malatesta e Carlo Cafiero, ao passo que os grandes nomes do anarquismo espanhol são homens do povo, o oposto dos teóricos. Pelo que se sabe, não houve levantes anarquistas sérios no endemicamente revolucionário sul da Itália. A mais conhecida tentativa anarquista de rebelião, o levante de Benevento de 1877, não chegou a ganhar vida, porque não estava afinada com o ritmo da insatisfação camponesa. Se estivesse, os camponeses de Letino e Gallo não responderiam ao convite do nobre Malatesta para expropriar a terra com a observação sensata e nada espanhola de que "nossa paróquia não tem condições de se defender da Itália inteira. Isto não é um levante geral. Amanhã os soldados vão chegar e todos serão mortos". Os camponeses sulistas, em seu próprio ritmo, marcharam para expropriar a terra em muitas ocasiões.

Talvez a explicação provisória mais proveitosa seja a seguinte. No sul da Espanha, como vimos, havia poucos indícios de revolucionismo antes de meados do século XIX, e os apóstolos anarquistas estavam lá desde o começo. O movimento agrário andaluz, portanto, já começou sob influência de sua ideologia. No Reino das Duas Sicílias, por outro lado, o revolucionismo agrário de um tipo privado já era endêmico antes da chegada de qualquer ideologia moderna. Qualquer impulso político de fora, fosse ele liberal como em 1820-1, 1848-9 ou 1859-60, ou bourbônico, como em 1799, produzia sua safra de *jacqueries*. Os anarquistas chegaram antes de os camponeses aprenderem que as várias ideologias anteriores — banditismo e máfia, bourbonismo, toques de garibaldismo — eram inadequadas, e num momento em que, portanto, não precisavam com urgência de uma nova fé. Quando precisaram, a maré anarquista havia recuado e o socialismo de Estado revolucionário, com fortes conotações marxistas, era a "nova" ideologia predominante, e eles, então, a adotaram.[1] Há outras diferenças, que só um conhecimento muito profundo da história e da sociologia da Espanha e do Reino das Duas Sicílias nos permitiria analisar com algum grau de convicção. De qualquer maneira, não é minha intenção sugerir explicações para as diferenças, apenas registrá-las.

A Sicília é uma região grande e complexa demais para que seus problemas agrários e sociais sejam resumidos aqui, mesmo que de maneira superficial. Para nossos propósitos, precisamos apenas assinalar uma marcante semelhança genérica com a Andaluzia em alguns pontos. Em primeiro lugar, que ela ficou para trás, em termos econômicos e sociais, em relação a outras partes da Itália. Continuou oficialmente feudal até 1812, e ainda assim a abolição jurídica do feudalismo só se completou em 1838, ou mesmo em 1862. Graças à ocupação britânica, as reformas radicais introduzidas pelos franceses no continente foram ali postergadas e modificadas. Grandes partes da região continuaram, mesmo depois das mudanças jurídicas oficiais, sob controle de barões do latifúndio, com seu aparato de vassalos e agentes armados, cultivadas por trabalhadores sem-terra ou arrendatários dependentes, na maior parte produzindo gado e grãos, pelo menos nas áreas interioranas. A nova burguesia, como vimos no capítulo sobre a Máfia, utilizava o aparelho legal e ilegal do proprietário feudal pelo menos tanto quanto o mais moderno aparelho do fazendeiro ou latifundiário capitalista de mentalidade empresarial. O senhor, seu *campiere* armado e o *gabellotto* mandavam; o camponês sofria e obedecia.[2] Em segundo lugar, que os camponeses sicilianos eram miseráveis, afetados pela pobreza, ignorantes e explorados, e relativamente indiferenciados em sua penúria até pelos parâmetros contemporâneos. Assim, entre os milhares de habitantes de Piana dei Greci nos anos 1870, só quatro famílias eram consideradas pertencentes aos "gentis-homens" (*galantuomini* ou *boiardi*), e apenas seis aos "burgueses" (*borghesi*); ou seja, participavam do comércio de grãos, tinham antigas propriedades feudais arrendadas etc.[3] Em terceiro lugar, que a Sicília estava naquela época, e até certo ponto ainda está, num estado que combinava revolucionismo agrário, guerra de classes mal suprimida e notável ausência da lei e da ordem públicas, em especial nas áreas interioranas que governo nenhum jamais conseguiu submeter a nada parecido com uma administração eficaz.[4]

As formas tradicionais de descontentamento camponês eram, como observamos, muitíssimo primitivas e praticamente destituídas de ideologia, organização ou programa explícitos. O tempo todo os camponeses odiavam os senhores, seus vassalos e as classes médias: os "bonés" — camponeses sicilianos usavam o tradicional boné mediterrâneo, ou o barrete frígio — odiavam os "chapéus". Em tempos sub-revolucionários, eles idealizavam bandidos ou mafiosos, pelo menos na medida em que representavam vingança e aspiração camponesas, mais do que extorsão de senhores. (Como no sul da Itália, a grande era desse banditismo foram as duas décadas seguintes à unificação.) Em tempos revolucionários, ou seja, quando chegava o sinal de uma das grandes e sempre turbulentas cidades da ilha — Palermo, Catânia, Messina —, eles lançavam cegas e ferozes insurreições, ocupando as terras comuns, saqueando prefeituras, postos fiscais, arquivos comunitários e as casas e os clubes da pequena nobreza. Verga descreveu de maneira memorável uma dessas *jacqueries* no conto "Liberdade".[5] O século XIX é uma sucessão desses levantes: em 1820, 1837, 1848, 1860 e 1866. O movimento dos Fasci é não só o mais difundido, mas também o primeiro que pode ser descrito como organizado, com líderes, com ideologia e programa modernos; na verdade como o primeiro movimento camponês distinto da reação camponesa espontânea.[6]

As razões precisas de mais um surto de inquietação camponesa ter ocorrido em 1891-4 não nos dizem respeito agora, pois nosso assunto é menos as causas dos Fasci do que suas formas de revolucionismo camponês siciliano dentro de seu arcabouço.[7] Basta observar que os efeitos costumeiros da introdução das relações capitalistas foram intensificados pela depressão agrária mundial dos anos 1880, e ainda nem sequer parcialmente aliviados pela emigração em massa que viria a ser tão característica da ilha. Na verdade, o período dos Fasci marca o início da emigração em massa, fato que talvez explique por que o próximo grande surto de revoltas camponesas só ocorreu na esteira da Primeira Guerra Mundial. O movimento assumiu a forma da fundação e da expansão de ligas camponesas (os chamados Fasci) sobretudo sob liderança socialista, de tumultos e greves agrícolas numa escala que deixou o governo italiano amedrontado, levando-o a tomar medidas militares que com facilidade o suprimiram.

A rigor, não foi um movimento conscientemente insurrecional. Ao contrário dos levantes de 1820, 1848, 1860 e 1866, que traziam no cerne tentativas liberais e italianas, ou nacionais sicilianas de depor governos e assumir o poder, os Fasci foram até o fim um movimento por melhorias econômicas específicas, embora na cabeça dos participantes tivesse objetivos muito mais amplos. Mas seria um erro pensar nele apenas como "reformista", assim como seria um erro pensar no cartismo apenas como um movimento por reformas parlamentares. Na verdade, na história siciliana ele ocupa uma posição meio parecida com a do cartismo.

Os líderes do movimento vinham das cidades e dos operários urbanos. Como é de conhecimento geral, os anos seguintes a 1889 viram o crescimento rápido da influência e da propaganda socialista em todas as partes da Europa, e a teoria e a propaganda da Segunda Internacional alcançaram a Sicília por meio de intelectuais e artesãos de mentalidade radical, que se puseram a organizar sociedades de esquerda, sindicatos e organização de defesa mútua nas cidades: ou seja, Fasci. Mas, numa situação de revolução endêmica, eles se espalharam por toda a região e se tornaram organizações de múltiplos propósitos para cada seção descontente de sicilianos, entre os quais os camponeses, embora os Fasci camponeses fossem quase sempre fundados bem mais tarde do que os urbanos. A organização, em si, não era desconhecida dos camponeses sicilianos, que ainda viviam basicamente em grandes aglomerações e não em aldeias, nas quais cada classe tinha fraternidades religiosas — ainda que apenas para fins funerários —, exceto a classe média, que não precisava delas em termos econômicos e talvez também achasse que entravam em conflito com seu individualismo. Pequenas associações camponesas também tinham aparecido aqui e ali nos anos 1880, embora normalmente esses primeiros tipos de organização se mostrassem incapazes de serem convertidos em Fasci.[8]

Observamos, portanto, que não há nos Fasci questão de prioridade de interesses religiosos ou sociais. Eram organizações econômicas e chegaram aos camponeses com esse perfil, inspirados pela propaganda socialista. Suas demandas eram tudo, menos milenaristas. Quase sempre exigiam reforma municipal e a abolição de impostos e tributos sobre o consumo — em parte pelas razões já discutidas no capítulo sobre os lazzarettistas, em parte por causa do predomínio anormal de um sistema de espólios municipais nas mãos da facção de classe média que controlava o governo local.[9] Nas áreas menos avançadas, os camponeses exigiam a divisão dos latifúndios; nas mais avançadas, uma reforma dos contratos agrários, fosse ela para trabalhadores, para meeiros ou para outros arrendatários. As greves que ocorreram, e foram em grande parte bem-sucedidas, diziam respeito a essa última questão. Os tumultos e as manifestações menos avançados, realizados sobretudo nos centros menos organizados, se referiam na maior parte a questões municipais ou tributárias.[10] Não existe absolutamente qualquer prova de que os líderes do movimento visavam à tomada imediata do poder.

Não havia, pois, nada que incentivasse especificamente o milenarismo entre os camponeses. No entanto, é preciso lembrar que as pessoas que aderiam a esses movimentos eram, em essência, "medievais" em sua mentalidade. Se gritavam "Abaixo os impostos", também com frequência gritavam "Vivam o rei e a rainha", sustentando a visão tradicional de que, se o rei soubesse que injustiças eram feitas em seu nome, não as toleraria.[11] Era também natural para elas carregar crucifixos e imagens de santos à frente de suas procissões; ter crucifixos com velas acesas na sede do Fascio; tratar líderes socialistas visitantes como se fossem bispos — homens e mulheres a se jogar no chão e a espalhar flores em seu caminho.[12] Mais natural ainda porque um dos fenômenos mais extraordinários dos Fasci, como de todo movimento revolucionário, era a participação ativa de grande número de camponesas. Não é de surpreender que as grandes e comoventes esperanças revolucionárias que os camponeses depositavam nos Fasci encontrassem expressão em termos milenaristas tradicionais.

Não há dúvida de que a revolução era o que os camponeses esperavam, uma sociedade nova, justa, igualitária e comunista. "O que vocês entendem por socialismo?", perguntou um jornalista do Norte para os camponeses de Corleone, onde o movimento era forte. "Revolução", responderam alguns em coro. "Juntar todas as propriedades e todos comerem a mesma coisa", disseram outros. E uma camponesa de Piana dei Greci expressou suas aspirações com notável clareza.[13] Todos deveriam trabalhar. Não deveria haver ricos nem pobres. Todos deveriam ser iguais. Não havia necessidade de dividir propriedades e casas. Tudo deveria se tornar comum e a renda deveria ser distribuída de maneira justa. Isso não provocaria brigas nem egoísmo, porque haveria fraternidade — os Fasci chamavam os membros de "irmãos" — e os que a traíssem seriam punidos. Não que esses sentimentos fossem novos. Mas o que até então tinha sido aspiração oculta, sem esperança, parecia realizável, porque os camponeses tinham tido uma revelação, trazida por homens bons e nobres, que um camponês de Canicattì descreveu como "anjos vindos do Paraíso. Estávamos na escuridão e eles nos trouxeram a luz".[14] A revelação dizia que a união era a força e a organização poderia trazer uma nova sociedade. Não admira que os camponeses buscassem os Fasci não só para se organizar, mas também para se instruir: "Não vamos mais à igreja", disse uma camponesa de Piana dei Greci, "mas ao Fascio. Lá precisamos aprender, lá precisamos nos organizar para a conquista de nossos direitos".[15]

Descrever o movimento como milenarista, seja no sentido lazzarettista, seja no sentido anarquista, não é, portanto, totalmente exato. O que os Fasci ensinavam não era milenarismo, mas política moderna. Porém, nas condições sicilianas, era inevitável que esta tivesse fortes características milenaristas simplesmente por ser revolucionária. Era, como os observadores não se cansavam de repetir, uma nova religião: "São pessoas primitivas fanatizadas por uma nova fé", comenta Rossi. A Comissão Parlamentar oficial escreveria mais tarde:[16]

> [...] e o camponês (ouvindo a pregação socialista) ficou impressionado e acreditou de verdade que uma nova religião tinha surgido,

a verdadeira religião de Cristo, que tinha sido traída pelos padres em conluio com os ricos. E em muitas aldeias eles abandonaram os padres [...].

Pois era lógico que o que os socialistas diziam não poderia ir de encontro à verdadeira religião de Cristo. Jesus, disse a camponesa de Piana, era um verdadeiro socialista e queria exatamente o que os Fasci exigiam, mas os padres não o representavam de maneira correta, sobretudo quando praticavam a usura. Quando o Fascio foi fundado, os padres usaram o confessionário para se opor a ele e diziam que os socialistas eram excomungados. Mas os camponeses responderam que os padres estavam enganados, e em protesto boicotaram a procissão de Corpus Domini.[17] Além disso, rebeldes cristãos dissidentes vieram reforçar os Fasci aqui e ali. Em Bisacquino, o padre Lorenzo, capelão da igreja da Madonna del Balzo, era chamado de "o socialista" porque afirmava sem rodeios — nos intervalos em que dava palpites sobre loteria aos camponeses — que aderir ao Fascio não significava excomunhão, e que São Francisco tinha sido um dos primeiros e maiores socialistas e, de resto, abolira o dinheiro. Décadas antes em Grotte, entre os mineiros de enxofre, um homem da classe média local e ex-padre, S. Dimino, havia fundado uma igreja evangélica, que se estabelecera a despeito de feroz oposição eclesiástica. Agora todos os mineiros evangélicos tinham se tornado socialistas e fundado o Circolo Savonarola, onde Dimino lhes ensinava socialismo cristão.[18] Não era de surpreender que alguns clérigos reconhecessem que a palavra de Deus que os intelectuais socialistas pregavam era também a palavra da religião.

Diferentemente da Andaluzia, a nova religião não significava, portanto, uma franca ruptura com a velha, embora seja provável que, se tivessem se concentrado na propaganda antirreligiosa, os socialistas talvez conseguissem, como fizeram os anarquistas, descristianizar parte dos camponeses. Houve casos em que estes, em vez de levar seus bebês para serem batizados na igreja, os levavam para o Fascio. Mas a religião era em essência irrelevante para o movimento, a não ser na medida em que as aspirações dos camponeses eram automaticamente expressas em sua terminologia. O importante era o novo mundo:

> O advento de um novo mundo sem pobreza, fome ou frio era um fato incontestável, porque era a vontade de Deus. E era um fato iminente. Como por mágica, apareceram Fasci em toda a província. Um único discurso feito por Barbato ou por Verro bastava para despertar as mentes de sua letargia secular. Como então os homens poderiam duvidar que o grande evento não tardaria a se materializar?[19]

E a propagação do novo evangelho ocorreu na mesma atmosfera de "mania" que já observamos na Andaluzia. A frase de Rossi pode se aplicar tão bem à região de Córdoba quanto à Sicília: "Em algumas regiões espalhou-se como uma espécie de contágio epidêmico; as massas foram tomadas pela crença de que um novo reino de justiça era iminente".[20]

Como na Andaluzia, a forma exata da concretização do novo mundo era incerta, e, como vimos, os líderes do movimento não tinham planos insurrecionais imediatos para o concretizar, embora nem eles nem os Fasci estivessem comprometidos com a espera milenarista, ou com a recusa a exigir e a aceitar as concessões menores que pudessem aliviar o fardo do camponês aqui e agora. O movimento foi derrotado. Mas nesse ponto as histórias andaluz e siciliana divergem. Pois na Espanha o ciclo de espera, de preparação e de novos surtos milenaristas recomeçou, só que permitindo de maneira lenta e hesitante a infiltração da política e da organização. Em certas partes da Sicília, porém, os ensinamentos não anarquistas dos socialistas salvaram alguma coisa do naufrágio e da derrota. Movimentos camponeses permanentes, capazes de sobreviver à opressão e de utilizar até períodos não revolucionários, surgiram aqui e ali. Pode ser conveniente ilustrar esse processo com o exemplo de uma determinada municipalidade camponesa revolucionária, Piana dei Greci (agora chamada de Piana degli Albanesi).[21]

Piana foi fundada no fim do século XV, quando vários clãs albaneses fugiram da conquista turca e foram recebidos na Sicília. O assentamento, até hoje o centro mais conscientemente albanês da ilha, mantém sua língua e o rito grego (Uniate) da Igreja católica, e ainda é povoado por descendentes dos colonos originais, pois uns poucos sobrenomes, alguns dos quais podem ser rastreados como os das "nobres famílias albanesas" — ou seja, clãs — até o século XV, praticamente ainda monopolizam a população local: Matranga, Stassi, Schirò, Barbato, Loyacano.[22] Os albaneses na Itália têm sido muito inclinados à revolução, ao que tudo indica porque os constantes esforços dos senhores locais para reduzir os privilégios por eles recebidos no assentamento original, os constantes esforços da Igreja para transformá-los em católicos romanos e as peculiaridades de suas concessões de terra, que deixaram suas aldeias numa posição desfavorável depois da abolição do feudalismo, exacerbam suas relações com as autoridades. Talvez a tenacidade com que mantiveram a coesão nacional também tenha ajudado. De qualquer forma, Piana tinha uma reputação de rebeldia bem antes de 1893. "A natureza de seus moradores", disse a Rossi um moderado local, "é tão propensa à rebelião que toda vez que há revoluções ou tumultos em Palermo ou no continente há excessos em Piana."[23] Na verdade, muitas vezes antes das revoluções e dos tumultos. Trevelyan descreveu o lugar como "o lar da liberdade na Sicília ocidental" porque os moradores de Piana já estavam em rebelião bem antes de Garibaldi e a Expedição dos Mil desembarcarem em Marsala; e vários anos antes o general de divisão foi forçado a informar ao rei de Nápoles que Piana, entre outros lugares, tinha uma população "feroz e sempre pronta para fazer revoluções".[24]

Quanto às causas de revolução, não havia discordância entre observadores, dos quais Villari, em suas *Lettere Meridionali*, descreveu as terríveis condições dos moradores e sua deterioração econômica em 1878. Piana estava e está nas terras altas de latifúndios onde se cultivam cereais. Sua população era nos anos 1890 composta sobretudo de trabalhadores sem-terra e de arrendatários proletarizados — por ocasião da eclosão dos Fasci "meeiros e diaristas se haviam misturado num único estrato de pobreza" e, a julgar pelos números de La Loggia, os salários eram ainda mais baixos no tempo de Villari.[25] A cidade não tinha uma tradição marcante de organização camponesa, embora em 1890 contasse com uma fraca associação de cerca de cem membros.[26] A política local, exceto em tempos de revolução, era dominada pela *stasis* das famílias de classe média locais, que brigavam pelo controle da municipalidade, pelo terror dos mafiosos e dos *campieri* e pelo silencioso ódio de classe dos "bonés" pelos "chapéus".

Os Fasci invadiram a cidade como um maremoto. Felizmente, um dos líderes nacionais — ao que parece o mais capaz — era de Piana, o dr. Nicola Barbato, um médico de trinta e poucos anos. "Em duas semanas", disse o informante moderado de Rossi, "Barbato se tornou o verdadeiro chefe (*il vero padrone*) do distrito." Ao chegar, já bem tarde, em abril de 1893, o Fascio recrutou praticamente toda a população adulta, "exceto os ricos", incluindo homens e mulheres. Pelos cálculos da polícia, tinha 2800 membros, mais que duas vezes o número de membros de qualquer outro Fascio da província, salvo o da própria Palermo.[27] O lugar estava tão absolutamente organizado que não houve nenhum grande tumulto, apesar de alguns assassinatos de líderes do Fascio, segundo consta a mando de proprietários de terras, que ameaçavam matar os militantes. A organização sobreviveu à prisão de Barbato.

Embora, como vimos, as expectativas dos moradores de Piana fossem milenaristas o suficiente, e o espírito com que entraram no Fascio fosse de tremenda exaltação — as mulheres eram particularmente ativas —, o movimento que os recebeu era muito pragmático e lhes ensinou as lições da política não milenarista com bons resultados: organização e — por enquanto — eleições. Como em outros lugares, o Fascio logo lançou candidatos municipais e elegeu vários. Quando Rossi perguntou aos militantes como achavam que seria o advento do socialismo, a mulher camponesa que já citamos em várias ocasiões tinha, como sempre, uma ideia clara do processo. Nas eleições seguintes, os Fasci garantiriam maioria em Piana, pois todos os eleitores, exceto os ex-senhores, eram a favor deles. Obviamente, isso significava apenas que a municipalidade poderia proteger um pouco os cidadãos contra os abusos e os poderes excessivos dos *signori*. Mas, com o tempo, os Fasci elegeriam conselheiros provinciais e deputados, e quando houvesse uma maioria socialista em Roma todas as leis ruins seriam revogadas.[28] Naquilo que estava a seu alcance, Piana cumpriu esse programa. O conselho e o deputado locais se tornaram socialistas antes da Primeira Guerra Mundial, e em seguida comunistas — em 1953 tiveram maioria absoluta dos votos do Partido Comunista, sem contar os socialistas de Nenni.

O mais importante é que os moradores de Piana preservaram, e até ampliaram, sua organização. Uma liga camponesa sobreviveu ao Fascio, com um número flutuante, mas nunca desprezível, de membros: seiscentos em 1906, mil em 1907, quatrocentos em 1908.[29] Os líderes socialistas depois de 1893 também eram bastante favoráveis ao estabelecimento de fazendas coletivas, que consideravam não apenas auxiliares da agitação camponesa, mas também núcleos da nova sociedade dentro da antiga, e essa forma de cooperação tinha grande apelo para o campesinato, mais até do que formas menos ambiciosas de cooperação agrícola: eles arrendavam terras dos *gabellotti* e as cultivavam em comum, compartilhando os lucros.[30] Piana tinha uma desde o início, claro, e a manteve através de todas as vicissitudes políticas e econômicas desde os anos 1890, uma façanha fantástica. Em 1953, ela contava com cerca de 750 membros — entre cerca de 2 mil famílias —, exclusivamente socialistas e comunistas.

Desde os Fasci, portanto, os moradores de Piana preservaram o apego à sua tripla lealdade: o comunismo, os albaneses e o cristianismo grego; um apego naturalmente reforçado pela conversão da terra natal de Scanderbeg à causa que os pianeses tinham adotado bem antes de Enver Hoxha. Desde maio de 1893, eles jamais — nem mesmo durante o fascismo — deixaram de ir em procissão até um remoto desfiladeiro, a Portella della Ginestra, para fazer uma reunião de Primeiro de Maio e ouvir discursos proferidos na "Pedra do dr. Barbato", uma rocha à qual o grande homem certa vez subira para lhes falar. Sem dúvida durante o fascismo houve apenas procissões simbólicas, mas os moradores de Piana faziam questão de que alguém comemorasse ali o Primeiro de Maio. Em 1947, a Máfia contratou o bandido Giuliano para dissolver a tiros essa manifestação, o que ele fez, matando pelo menos catorze pessoas e provocando um escândalo político nacional que só teve um desfecho em 1956, quando os sobreviventes de seu bando foram condenados pelo massacre. Pois a política de esquerda nessa área nunca foi uma atividade que não envolvesse considerável perigo físico, embora, como vimos num capítulo anterior, os mafiosos tenham sido bem menos poderosos ali do que em outras partes da província depois do Fascio. Os moradores de Piana não deixaram de ser revolucionários, embora sua ideologia dificilmente possa ser chamada de milenarista, ou mesmo de espontaneamente rebelde, e, apesar de continuarem pobres, não são de forma alguma tão desesperadamente empobrecidos como nos anos 1890. A simples força de sua organização lhes trouxe muitas vantagens. Mas o velho espírito não foi reduzido a mero reformismo. Pode assumir formas insuspeitadas, como em 1943, quando a queda do fascismo fez com que se declarassem uma república independente durante alguns dias, até o Partido Comunista os convencer de que isso não era aconselhável. Até hoje, se houver qualquer notícia sobre manifestações agrárias, ocupações diretas de propriedades e coisas do gênero em qualquer parte da Sicília, os pianeses com certeza estarão envolvidos. Seu entusiasmo milenarista original foi transmudado em alguma coisa mais duradoura: lealdade permanente e organizada a um movimento social revolucionário moderno. Sua experiência mostra que o milenarismo não precisa ser um fenômeno temporário, e pode, em condições favoráveis, servir de alicerce para uma forma de movimento perene e extremamente forte e resistente.

Discutimos as causas e a natureza do milenarismo camponês, e sua conexão com modernos movimentos sociais. Falta examinar sua função nos movimentos camponeses, pois na verdade ele teve uma função prática, que talvez explique por que uma "atmosfera milenarista" cerca até muitos movimentos revolucionários que não têm essa propensão. Isso ajudou a organizar massas de pessoas até então desorganizadas numa escala nacional, e quase ao mesmo tempo.

Todos os movimentos sociais crescem aos trancos: a história de todos eles tem períodos de mobilização anormalmente, quase sempre fantasticamente, rápida e fácil de massas até então intocadas. Com frequência essa expansão assume a forma do contágio: um propagandista chega a uma localidade, e em pouco tempo toda a região é afetada; alguém estabelece, ou restabelece, um sindicato num setor desorganizado, e dentro de algumas semanas membros inundam a nova organização; uma greve começa, ou, melhor ainda, uma greve tem êxito, e em poucos dias centenas de fábricas em contato com os grevistas originais participam também.[31] Numa aldeia ou cidade esse contágio se dá com facilidade, uma vez que homens e mulheres vivem em estreito contato social, e nos países avançados as notícias são divulgadas pela imprensa, pelo rádio e pela TV, e a comunicação flui. As dificuldades de organizar um movimento em escala nacional são ironicamente ressaltadas pela experiência siciliana na organização do Primeiro de Maio inicial em 1890: não fosse pelo nervosismo das autoridades que alertavam funcionários locais sobre a necessidade de impedir tumultos naquele dia — informação que os boatos se encarregavam de fazer circular com rapidez —, os socialistas da região muitas vezes nem saberiam que a Internacional esperava que eles se manifestassem. Mas uma atmosfera de exaltação facilita bastante a divulgação de notícias. Ela oferece grupos de homens e mulheres que espalham a boa nova onde puderem, pois em tempos milenares, como vimos na Andaluzia, todo mundo vira propagandista. "Camponeses de Piana e San Giuseppe Jato", escreveu um jornal da província de Trapani, "vieram aqui para a colheita, descrevendo o entusiasmo naqueles rincões e inflamando nossos camponeses."[32] Isso confere até ao mais ínfimo avanço organizacional uma aura de invencibilidade e triunfo futuro, e nada é mais contagioso do que o sucesso. Por esses meios, um movimento pode mobilizar massas numa vasta área quase simultaneamente, e nada é mais importante em termos políticos do que isso, pois seis aldeias desenvolvendo um movimento ao mesmo tempo causam muito mais impacto e geram uma eficácia política incomparavelmente maior do que se as mesmas aldeias desenvolvessem o mesmo tipo de movimento a intervalos, digamos, de um ano. O milenarismo, na verdade, não é mera reminiscência tocante de um passado arcaico, mas um fenômeno de extrema utilidade, de que movimentos sociais e políticos modernos podem com proveito lançar mão para aumentar seu raio de influência, e para marcar os grupos de homens e mulheres por ele afetados com seus ensinamentos. Pois, como vimos, sem ser incutido com o tipo certo de ideias sobre organização política, estratégia e táticas, o milenarismo inevitavelmente entra em colapso. Por sua própria conta, ele só se mantém, na melhor das hipóteses, como uma corrente subterrânea de crença dentro de uma seita, como no caso dos lazzarettistas, ou como um grupo de líderes em potencial e uma predisposição para a revolta periódica, como na Andaluzia. Pode ser, na verdade sempre será, muitíssimo comovente para qualquer um que se preocupe com o destino do homem: mas, como vimos, com certeza será perenemente derrotado.

No entanto, quando atrelado a um movimento moderno, o milenarismo pode não só se tornar politicamente eficaz, mas também fazê-lo sem a perda daquele zelo, daquela ardente confiança num mundo novo e daquela generosidade de emoção que o caracteriza mesmo em suas formas mais primitivas e deturpadas. E ninguém consegue ler o testemunho de pessoas como a anônima camponesa de Piana sem esperar que o alento delas seja preservado.

7. A turba urbana

Até aqui lidamos quase exclusivamente com movimentos sociais primitivos, tanto em sua perspectiva como em relação a seus membros. Trata-se, a bem dizer, de um acidente histórico o fato de bandidos, mafiosos, lazzarettistas, camponeses sicilianos socialistas ou camponeses andaluzes anarquistas viverem nos séculos XIX e XX e não no século XIV. Eles estavam preparados para um estilo de vida bem anterior; sua tragédia foi que um mundo novo, que não entendiam de forma adequada, os arremessou para um futuro com o qual tentaram lidar por meio de sonhos e de violência. Precisamos agora examinar formas primitivas de movimento social entre grupos de pessoas que pertenciam ao mundo novo das cidades e da indústria, do capitalismo moderno. Não devemos, é claro, esperar encontrar tantos traços de primitivismo aqui, embora possamos encontrar alguns, pois a primeira geração da população industrial moderna ainda não estava nem de longe adaptada a um modo de vida novo e revolucionário. Com o tempo — na Grã-Bretanha situo o momento decisivo mais ou menos em 1850 —, aprenderam o que podemos chamar de "as regras do jogo" da sociedade industrial moderna, e os movimentos trabalhistas modernos são os resultados mais notáveis e universais de sua "educação". Mas jamais devemos esquecer que quase todos os trabalhadores industriais em todos os países começaram, como os americanos, como imigrantes de primeira geração de sociedades pré-industriais, mesmo que jamais tenham de fato se mudado do lugar onde nasceram. E, como todos os imigrantes de primeira geração, olhavam tanto para trás como para a frente.

No entanto, antes de passarmos a discutir o primitivismo entre as classes características da sociedade capitalista moderna, talvez seja bom examinar alguns movimentos que estão entre o velho e o novo: os das grandes cidades pré-industriais. Os movimentos mais característicos desses centros eram e são as *guildas de artesãos*, um tipo de organização que parece bastante universal onde quer que haja cidades pré-industriais. A natureza dessas guildas e o papel que desempenharam na política urbana são conhecidos o suficiente para tornar desnecessária sua discussão. Os vínculos entre elas (e organizações análogas) e os subsequentes movimentos de trabalhadores urbanos qualificados e assalariados também são bastante conhecidos.[1] Em termos gerais, a diferenciação social dentro de ofícios ou entre eles produziu organizações moldadas no padrão das mais antigas guildas e fraternidades, mas expressando os mesmos interesses específicos de seções particulares, sobretudo os artífices assalariados, e boa parte do padrão tradicional foi a seguir incorporada — as formas exatas ainda provocam disputas ocasionais — nos primeiros sindicatos de trabalhadores qualificados e assalariados no período industrial. Alternativamente, parte das mais antigas organizações de artífices — os *compagnonnages* franceses ou os *Gesellenverbaende* alemães — assumiu certas funções sindicais no começo do período industrial, antes de ceder a vez ao padrão sindical mais atualizado.[2] Alguns aspectos da sobrevivência dessas tradições serão discutidos no capítulo sobre o ritual nos movimentos sociais.

Da mesma forma, as atividades políticas dos artífices urbanos e dos trabalhadores qualificados pré-industriais são bastante conhecidas; ou, para ser mais preciso, todos estão familiarizados com o fato de eles serem bastante ativos e conscientes do ponto de vista político. Quem diz "sapateiro" diz "radical", e o mesmo se aplica a mais ou menos muitos outros pequenos ofícios e seus artífices. Seus movimentos podem de fato ter mostrado sinais de "primitivismo", mas no geral devem ser vistos como a seção mais "moderna" e avançada dos pobres trabalhadores, e a mais inclinada a adotar novas ideologias — em geral variantes do jacobinismo.

No entanto, essa corrente central de organização e política entre trabalhadores urbanos não é o que nos interessa aqui. Eu preferiria discutir alguma coisa descrita de maneira mais apropriada como um perene redemoinho na vida da cidade do que como uma corrente. Podemos chamá-la, por amor à brevidade, de "a turba", pois a volubilidade que nela impressionava os observadores era uma de suas características superficiais mais óbvias.[3] A turba pode ser definida como o movimento de todas as classes dos pobres urbanos para a conquista de mudanças econômicas ou políticas pela ação direta — ou seja, pelo tumulto ou pela rebelião —, mas como movimento ainda não inspirado por nenhuma ideologia específica, ou, se encontrava expressão para suas aspirações, em termos de tradicionalismo e conservadorismo (a "turba da Igreja e do rei"). Era um movimento "pré-político" e, nessa condição, um movimento primitivo em nosso sentido. Curiosamente, embora a turba e seus tumultos tenham sido muito discutidos ao longo dos tempos e mais ainda condenados, o fato surpreendente é que foram pouco estudados. No entanto, estudos sérios dos tumultos começam a ser empreendidos em vários países, em especial pelo dr. George Rudé, que trabalhou com materiais franceses e ingleses, e com quem tenho uma dívida pelo conhecimento dos motins do século XVIII. E o tumulto precisa ser estudado hoje, se quisermos compreendê-lo, pois em várias partes do mundo há muito tempo deixou de ser corriqueiro e até o método aceito de ação popular que já foi outrora.[4] A "turba" como fenômeno social tende a desaparecer, para ceder espaço em muitos lugares à classe trabalhadora industrial. Além disso, depois da Revolução Francesa e do avanço dos movimentos socialistas, as autoridades públicas ficaram muito mais sensíveis a multidões e tumultos, sobretudo nas cidades grandes ou nas capitais; e por último, talvez como consequência, o aparelho da ordem pública tem-se tornado cada vez maior e mais eficiente no último século e meio, mesmo nos países mais desconfiados da ação do Estado. Só fora da Europa Ocidental se pode esperar que o cidadão comum das grandes cidades viva a experiência do tumulto pré-industrial e da turba pré-industrial.

O fato de ser a turba um fenômeno pré-político não significa que não tinha ideias implícitas ou explícitas sobre política. Na verdade, muitas vezes ela se rebelava "sem ideias", ou seja, em geral contra o desemprego e por um custo de vida mais baixo — carestia e desemprego tendendo a coincidir em períodos pré-industriais[5] —, e, por conseguinte, mercados, comerciantes e impostos locais como os impostos sobre consumo eram em todos os países os alvos mais óbvios e quase invariáveis. Os napolitanos que cantavam durante a revolução de 1647 "Sobre os alimentos não se cobrava,/ Não havia imposto sobre consumo nem alfândega"[6] estavam dando voz a uma aspiração que quase todos os pobres urbanos de todos os lugares teriam repetido. E diante do fato de que grandes multidões de pobres urbanos viviam a um passo de perder a subsistência mesmo em tempos normais, e eram empurradas para a catástrofe por qualquer aumento nos preços ou no desemprego, muitas vezes seus tumultos não passavam de reações automáticas e inevitáveis a essas mudanças. O movimento ligado aos preços dos alimentos, agora se sabe, foi um indicador quase infalível de agitação popular em Paris durante a Revolução Francesa. No entanto, simples tumultos alimentares não esgotam as atividades e as ideias da "turba".

Pelo menos duas — talvez três — outras ideias costumavam estar presentes em suas manifestações. Em primeiro lugar, havia a reivindicação a ser considerada. A turba clássica não tumultuava apenas a título de protesto, mas porque esperava alcançar alguma coisa com o motim. Pressupunha que as autoridades seriam sensíveis a seus movimentos, e provavelmente também que fariam algum tipo de concessão imediata; pois a "turba" não era apenas uma coleção informal de pessoas unidas por algum objetivo de momento, mas, num sentido reconhecido, uma entidade permanente, ainda que raras vezes permanentemente organizada como tal. Às vezes era, embora as formas de organização permanente das plebes — fora as guildas de artesãos — ainda precisem ser investigadas; por exemplo, as fraternidades religiosas nas cidades europeias, ou os vários "Pangs" na China. Em segundo lugar, as atividades da turba, fossem quais fossem o objetivo, a ideologia ou a falta de teoria aparentes, eram sempre dirigidas contra os ricos e os poderosos (embora não necessariamente o chefe oficial do Estado ou da cidade). Nos Motins de Gordon — dos grandes distúrbios ingleses do fim do século XVIII o único descrito de maneira adequada —, as paróquias com maior população católica escaparam com relativa facilidade. O maior número de casas destruídas se deu, com uma exceção, nas paróquias com colônias católicas bem pequenas. Dos 136 cidadãos que pediram compensação depois dos tumultos, e cujas profissões podem ser identificadas, 33 eram nobres, embaixadores e cavalheiros, 23 profissionais e padres, 29 taberneiros e afins, 33 negociantes e lojistas, quinze provavelmente artesãos e apenas quatro assalariados.[7] Os vienenses que se amotinaram contra a execução do rei francês em 1793 direcionaram sua fúria contra os nobres franceses emigrantes.[8] Os *lazzaroni* de Nápoles, a "turba" por excelência, eram defensores apaixonados da Igreja e do rei, e antijacobinos ainda mais ferozes em 1799. No entanto, cantavam canções contra as classes altas, que, a seu ver, tinham "traído o rei", em especial "cavaleiros e monges", saqueavam de forma imparcial as casas de monarquistas, e definiam como jacobino e inimigo do monarca qualquer um que tivesse propriedades, ou mesmo qualquer um com uma carruagem.[9] Essa propensão tem tentado repetidas vezes observadores não simpáticos — e quase todos os observadores, de qualquer orientação política, estão longe de simpatizar por completo com a "turba" clássica — a apresentá-la como uma coleção de lumpens e criminosos empenhados em saquear.[10] E, de fato, não há dúvida de que os desclassificados e os criminosos, abundantes nas grandes cidades, aproveitavam as oportunidades de que, como bem o sabe quem tenha passado algumas horas em Nápoles ou Palermo, essas populações desamparadas precisam desesperadamente. No entanto, como veremos, a "turba" não era constituída sobretudo desse tipo de gente.

O terceiro fator constante talvez seja a hostilidade a estrangeiros; isto é, a não concidadãos. Uma instintiva espécie de patriotismo municipal parece ser característica constante da "turba" clássica. As comédias populares de Viena de 1700 a 1860, que, dirigidas à plateia "suburbana" e comum, oferecem um espelho magnífico das opiniões de pessoas em geral incapazes de se expressar, refletem bastante bem esse orgulho subjacente do citadino. Os *lazzari* napolitanos se dispunham a defender a glória da cidade contra os desprezados provincianos, ainda que precisassem apoiar os jacobinos.

Quem, então, compunha a "turba"? Sua maior força estava nas camadas sociais em geral descritas no continente como a "gentinha" (*menu peuple*, *popolo minuto* ou *popolino*), em particular as pessoas de certos bairros coesos e antigos da cidade, como o Faubourg St. Antoine em Paris, o Trastevere em Roma ou o Mercato em Nápoles. Era uma combinação de assalariados, pequenos proprietários e os inclassificáveis pobres urbanos.[11] No caso de Nápoles, onde ela era talvez mais consciente de sua existência coletiva sob o nome de *lazzari* ou *lazzaroni* e onde tinha sido acusada com mais frequência de ser formada basicamente de mendigos e lumpens, por acaso estamos muito bem-informados a seu respeito. Goethe achava que os *lazzari* eram simplesmente *menu peuple* ou desempregados. O autor de um diário escrito durante a revolução de 1799, que Croce parafraseia, nos oferece uma análise mais exata. Eram carregadores, categoria que encabeçava tumultos mesmo em outras cidades[12] — supostamente incluindo os estivadores —, e os aprendizes e praticantes de artes e ofícios mais simples, como fabricantes de corda, ferreiros, latoeiros, chaveiros, curtidores e sapateiros. Os trabalhadores de lã e de seda, os marceneiros, os ourives e os joelheiros, bem como os empregados domésticos das casas abastadas, se achavam superiores aos *lazzari*.[13] Devemos, é claro, acrescentar a multidão de vendedores ambulantes e de pequenos comerciantes inclassificáveis, assim como as pessoas lutando para sobreviver que lotavam as cidades pré-industriais. Os *lazzari* eram, portanto, em essência iguais ao *menu peuple* de outras cidades, exceto pela coesão superior, pois todo ano elegiam uma espécie de *capolazzari* e eram fanaticamente apegados ao culto do padroeiro da cidade, são Januário, assim como seus equivalentes de Palermo favoreciam o culto da padroeira daquela cidade, santa Rosália. Surgiram como classe reconhecida na revolução de 1647, que levou um deles, o peixeiro Masaniello, temporariamente ao poder; nem a primeira nem a última, mas com certeza a mais notável das muitas rebeliões da cidade.[14] Pelo menos o nome apareceu pela primeira vez em 1647 para descrever os partidários de Masaniello, e, embora pouco usado de 1650 a 1750, reaparece mais tarde e é firmemente estabelecido por sua contrarrevolução de 1799.[15] Em Roma, as plebes nativas pareciam ser — talvez por longa tradição — menos inclinadas às artes e aos ofícios. Ali pareciam adotar profissões como açougueiro, barqueiro, carroceiro, pescador, carregador, curtidor, compactador ou vendedor ambulante e vendedor de frutas e hortaliças, deixando as artes e ofícios — segundo consta — para os estrangeiros que estavam em Roma em busca de melhores oportunidades.[16] Sem dúvida a proporção de lumpens entre eles era alta. Por outro, numa grande cidade nortista como Milão, era baixa, pois na população masculina havia talvez 27 mil trabalhadores e pequenos comerciantes, e apenas 2500 "mendigos, ociosos, vagabundos, prisioneiros e suas mulheres".[17]

Seja como for, está claro que a "turba" era formada pelos pobres urbanos comuns, e não apenas pela escória. E muitas vezes até as seções "respeitáveis" da cidade, como as guildas de artesãos, cooperavam ou se fundiam com ela, como ocorreu nos tumultos de 1773 em Palermo ou nos motins bolonheses dos anos 1790, dos quais participaram "pessoas de baixa ou vil procedência, mas também que exerciam a profissão de artesãos".[18]

Esse grupo de arruaceiros potenciais e muitas vezes reais existia em toda cidade de alguma importância na qual polícia e Exército eram descuidados. No entanto, havia um conjunto de cidades nas quais "a turba" tinha uma importância particular e desenvolveu uma peculiar compleição subpolítica: a clássica metrópole pré-industrial — quase sempre uma capital —, subsistindo com base numa corte residente, no Estado, na Igreja ou na aristocracia. A maioria ficava no Sul da Europa, pois era mais provável que essa combinação de características fosse encontrada em cidades com uma existência contínua que remontava à Alta Idade Média e nunca tinham sido repúblicas. Em todo caso, os exemplos mais puros dessa tradição urbana estão em lugares como Roma, Nápoles, Palermo e talvez Viena ou Istambul — que há muito são grandes cidades e sempre foram governadas por um príncipe.

Nessas cidades, o *popolino* vivia numa estranha relação com os governantes, composta em doses iguais de parasitismo e desordem. Suas opiniões — se essa é a palavra correta — podem ser expostas com bastante clareza. É dever do governante e de sua aristocracia providenciar meios de subsistência para seu povo, seja oferecendo emprego pessoalmente — por exemplo, preferindo comerciantes locais e sendo pródigo nos gastos e gorjetas, como convém ao status de um príncipe e de um cavalheiro —, seja atraindo empregos, como o tráfego de turistas e de peregrinos. Isso se torna ainda mais necessário porque esses centros principescos em geral não são cidades industriais, sendo grandes demais para que manufaturas locais possam oferecer empregos, uma vez que, como se costuma observar, as maiores cidades pré-industriais eram imensas justamente por serem centros administrativos e de cortes. Claro, como vimos em Roma, o *popolino* poderá resistir à industrialização por considerá-la abaixo de sua dignidade metropolitana, preferindo trabalhos temporários. No entanto, se por uma razão qualquer o meio de subsistência rotineiro das pessoas ficava comprometido, ou desaparecia, era dever do príncipe e de sua aristocracia dar assistência e manter baixo o custo de vida.

Desde que cumprissem sua parte, eles recebiam ativo e entusiástico apoio popular. Na verdade, mísero e esfarrapado como era, o populacho se identificava com o esplendor e a grandeza da cidade, que atribuía naturalmente — mas não necessariamente — ao governante. Viena *era* a corte imperial, Roma, o papado, e os Bourbon franceses talvez tenham sido pouco sábios ao trocar a lealdade tumultuosa, mas importante, de seus parisienses pela paz de Versalhes, onde os motins eram mais maleáveis, porém a residência real obtinha muito menos vantagens políticas. Nada mais fácil para o *popolino*, portanto, do que se identificar com a cidade e com os governantes. Apesar de miserável e privado de recursos, ele não era diretamente explorado pela corte bourbônica ou papal, sendo, pelo contrário, parasita dela, compartilhando, embora de forma modesta, da exploração geral, pela cidade, das províncias e dos camponeses — a base de toda a economia das cidades pré-industriais do Mediterrâneo — e do resto do mundo através do comércio, dos turistas ou dos peregrinos. Os governantes e os pobres parasitários, portanto, viviam numa espécie de simbiose. Não havia nem mesmo muita necessidade de manter as duas classes separadas, como nas cidades modernas. A tradicional metrópole medieval ou absolutista não tinha *beaux quartiers*: cortiços e feiras ficavam lado a lado com palácios, como ainda se pode ver em parte de Roma ou Palermo, e nos setores mais velhos de Paris — mas não nas metrópoles pós-revolucionárias. A cidade era uma unidade cultural. Pode ser que a convenção pela qual a aristocracia em Viena, Veneza ou Nápoles patrocinava o teatro dialetal e falava uma versão um pouco modificada do idioma popular predominante e não uma língua especial das classes altas refletisse essa comunidade fundamental de interesses de toda a cidade contra os explorados de fora. Não é fácil imaginar hoje o imperador e seus arquiduques mantendo uma conversa no equivalente vienense de um dialeto modificado do leste de Londres, como o fizeram os Habsburgo até o fim do reinado.

Se o governante cumprisse seu dever, o populacho estava preparado para defendê-lo com entusiasmo. Caso contrário, este se amotinava até que ele o cumprisse. Esse mecanismo era bem compreendido pelos dois lados e não trazia nenhum problema político além de alguma esporádica destruição de propriedade, desde que o apego normal do *menu peuple* à cidade e aos governantes não fosse substituído por outro ideal político ou desde que a falha destes últimos no cumprimento de seu dever fosse apenas passageira. A ameaça de tumultos perenes mantinha os governantes prontos para controlar preços e distribuir trabalho ou filantropia, ou escutar o que seus súditos fiéis tinham a dizer sobre outros assuntos. Como os distúrbios não eram dirigidos contra o sistema social, os mecanismos de manutenção da ordem pública podiam permanecer surpreendentemente frouxos pelos padrões modernos. Por outro lado, o populacho estava bastante satisfeito com a eficácia desse mecanismo de expressão de suas demandas políticas e não precisava de outro, uma vez que essas demandas iam pouco além da mera subsistência e alguma diversão e glória vicária. Há uma imagem admirável dessa situação em Parma, onde o proletariado sem qualificações que dependia de subsídios e vivia das benesses ducais sempre teve suas "santas" rebeliões de barricadas erguidas e arremesso de tijolos, ao mesmo tempo que permanecia apegado à sua querida duquesa.[19] Como resultado, os parmesãos tiveram a maior dificuldade para se ajustar às novas técnicas políticas do fim do século XIX, como eleições e sindicatos, que consideravam desnecessárias. Assim, ainda em 1890, enquanto todos à sua volta adotavam as novas maneiras, eles ainda se amotinavam, apesar de seus líderes trabalhistas reformistas, e em 1895, enquanto Milão e Romanha votaram na esquerda, Parma não o fez. O voto ainda não era tido como arma séria pelo povo. De maneira significativa, em 1898 foi o campo que organizou greves e tumultos: Parma apenas se revoltou. No entanto, a onda nacional de distúrbios naquele ano, momento crucial no desenvolvimento do socialismo italiano, arrastou até os parmesãos para o lado esquerdista, embora Parma continuasse uma ilha radical-maçônica num oceano rural socialista, ou seja, sua guinada para a esquerda foi conduzida pela *petite bourgeoisie*, e não pelas classes trabalhadoras.

Esse atraso político da cidade (não industrial) em relação ao campo não estava nem está confinado a Parma. É um fenômeno muito comum no sul da Itália até hoje, embora uma guinada à esquerda dos eleitores das grandes cidades tenha começado a se verificar nos últimos dez anos. Portanto, como vimos no capítulo sobre a Máfia, nas primeiras eleições pós-fascistas os votos de esquerda em Palermo, Messina e Catânia corresponderam a menos da metade dos votos nas províncias rurais, embora quase tenham dobrado desde então. Nas mesmas eleições (1946) os votos não políticos em Roma, incluindo os monarquistas, foram em número muito mais alto do que em qualquer outra província do Lácio; e, em Nápoles, um pouco mais altos do que no resto da Campânia.[20] Na província calabresa de Cosenza, a esquerda obteve em 1953 mais que o dobro dos votos recebidos pelos monarquistas-neofascistas; mas na cidade de Cosenza, recebeu apenas 15% a mais.[21] Não é por acaso também que um tipo de monarquismo, representado sobretudo por um armador milionário demagogo e chefão de cidade grande, continuou mais influente em Nápoles do que em qualquer outra grande cidade italiana. Em 1956, recebeu quase o triplo dos votos dos comunistas. No entanto, essa falta de interesse na política moderna entre os pobres das grandes cidades — que se manifesta como uma espécie de conservadorismo, quando votam — não resulta apenas dessas simbioses peculiares, mas talvez simplesmente do desamparo e da ausência de qualquer coisa — como grandes fábricas, solidariedade de artes e ofícios ou de aldeia — que os ajude a cristalizar suas opiniões políticas. Um dos fatos mais conhecidos da história política de Londres é a votação apolítica do East End até o século XX, quando se deu sua transição para o Partido Trabalhista pulando o estágio inicial de conscientização política, o liberal-radicalismo. Os velhos bairros de artesãos e pequenos comerciantes — em especial aqueles ao sul do Tâmisa — adotaram a conscientização política, isto é, o radicalismo, bem mais cedo, e continuaram leais a ele por muito mais tempo, só passando a apoiar o Partido Trabalhista nos anos 1920.

No entanto, essa simbiose da "turba" com o povo contra quem ela se amotinava não era necessariamente o fator fundamental sobre sua política. A "turba" se rebelava, mas também por vezes fazia revoluções, mesmo quando camufladas de contrarrevolução. Era pobre; "eles" eram ricos; a vida era em essência injusta para os pobres. Esses eram os fundamentos de sua atitude, que pode ser encontrada em incontáveis baladas populares ("É a mesma coisa no mundo inteiro, o pobre é que leva a culpa" em Londres, ou "Sou um preso na cadeia/ porque não tenho dinheiro suficiente./ Com uma chave de ouro/ Não há portão que não se abra" em Sevilha), na idealização da rebelião anárquica de salteadores e bandidos, sempre fora da lei devido a problemas com um grão-senhor ou com o Estado, sempre traídos, sempre em busca de vingança. O revolucionismo implícito da "turba" era primitivo; à sua maneira, era o equivalente metropolitano do estágio de consciência política representado pelo banditismo social no interior. Da mesma forma que o banditismo quando surgia como fenômeno francamente político, ele em geral o fazia como o que talvez possa ser descrito como um legitimismo das barricadas, por exemplo em países absolutistas como a "Turba da Igreja e do Rei".

Vale a pena analisar esse legitimismo populista por um momento, pois os pressupostos que o embasavam não estavam confinados às grandes cidades, mas eram difundidos em larga escala entre as populações pré-políticas. Movimentos camponeses na Rússia czarista até o começo do século XX estão profundamente imbuídos dele. Seus principais pressupostos talvez sejam os seguintes.

Em primeiro lugar, o governante (ou uma instituição como a Igreja) em certo sentido simboliza e representa o povo e seu modo de vida tal como a opinião pública não instruída o vê. Ele pode ser mau, corrupto e injusto; ou o sistema de governo que ele representa pode ser todas essas coisas juntas; mas, na medida em que a sociedade a qual preside é estável e tradicional, ele representa a norma da vida. Essa norma não é particularmente feliz para as pessoas comuns, a não ser que sejam de fato sortudas: a fome, a peste, a batalha, o assassinato, a morte súbita, a pobreza e a injustiça estão sempre presentes ou dobrando a esquina; mas então esse é o destino do homem. Mas se essa ordem estável, por mais precária que seja, for ameaçada a partir de fora ou de dentro, a não ser que o governante tenha produzido ou tolerado mais do que a esperada dose de pobreza, injustiça e morte (a menos que, para usar a frase chinesa, "o mandato do Céu tenha expirado"), o povo se reunirá em torno dele, uma vez que ele é num sentido simbólico e mágico "eles mesmos", ou pelo menos a personificação da ordem social. Foi assim que os castelhanos se reuniram em torno dos Bourbon contra os invasores estrangeiros. Não se trata de um movimento social em si, mas, se o desafio à velha ordem toma a forma de novas e perturbadoras forças sociais, o "legitimismo" pode cobrir uma revolta contra as injustiças da nova ordem, uma espécie de ludismo político. Monarcas legítimos ou instituições como as Igrejas podem não gostar disso. O imperador Francisco I da Áustria tinha uma opinião negativa do legitimismo revolucionário de seu povo, observando corretamente: "Agora eles são patriotas a meu favor; mas um dia podem ser patriotas contra mim". Do ponto de vista da instituição genuinamente conservadora, o ideal é a obediência, e não o entusiasmo, seja qual for a natureza deste. Não por acaso, o slogan de todos os príncipes alemães era "*Ruhe ist die erste Buergerpflicht*" (A tranquilidade é o primeiro dever cívico).

Em segundo lugar, o governante (felizmente para ele, uma instituição remota) representa justiça. Embora seja claro que senhores locais, funcionários, clérigos e outros exploradores sugam o sangue dos pobres, isso talvez ocorra porque o monarca não sabe o que é feito em seu nome. Se o czar ou o rei da França soubesse, sem dúvida tomaria medidas abrangentes e vigorosas para punir todos os funcionários injustos com seu olhar de águia e distribuiria justiça aos súditos leais. Uma série de mitos populares expressa essa atitude — por exemplo, o sonho do rei que, incógnito, percorre o país a descobrir injustiças e a conceder justiça, de

Harun al-Rashid ao imperador José II. A inacessibilidade do rei (ou do papa) preserva sua reputação. Mas, por outro lado, se as injustiças e os sofrimentos do povo são atribuídos *diretamente* a ele, sua reputação evapora. Ninguém moverá uma palha por um "rei injusto", por mais legítimo que seja — a favor de um Nicolau II depois de três anos de matanças —, pois um rei injusto é a negação da realeza. A instituição da Igreja, menos pessoal, resiste melhor à descoberta da falibilidade, mas, como vimos na discussão do milenarismo, está sujeita à descoberta também danosa de que ela não é a "verdadeira" Igreja, mas uma conspiração dos opressores para manter os pobres na ignorância. O cristão devoto, mas ferozmente anticlerical, é figura conhecida na história revolucionária europeia.

Movimentos do tipo "Igreja e rei" são, portanto, protestos sociais, mas revolucionários apenas no que chamei de suas fases "luditas". Em geral o objetivo é preservar a norma tradicional das relações sociais, o que implica uma aceitação da hierarquia tradicional; embora o sonho secular de uma sociedade genuína e completamente livre, na qual não existam nem "chapéus" nem "bonés" (para usar a frase siciliana), de vez em quando irrompa e resulte em terríveis massacres. Eles se tornam o "revolucionismo de bobos" só nos períodos revolucionários. Se tivessem uma teoria constitucional, talvez pudéssemos explicar a diferença entre essa teoria e o legitimismo real dizendo que este implica acima de tudo um monopólio da obediência; o do povo, alguns serviços reais ou imaginários que o rei presta à justiça, ou poderia prestar, se não o impedissem. Movimentos populares "Igreja e rei" não são, portanto, acríticos nem incondicionais e, na verdade, como não estão fundamentalmente preocupados com o que pensam a Igreja e o rei, dão pouca importância a essa questão. Os parisienses em 1588 não queriam nem saber se Henrique III aprovava ou não a comuna insurrecional que estabeleceram em seu nome. Os napolitanos e os parmesãos não hesitaram um segundo em se rebelar contra seu governante quando ele pareceu ter deixado de cumprir a obrigação de lhes garantir a modesta subsistência a que julgavam ter direito. Não importa aos dublinenses de Sean O'Casey se a Igreja aprova ou não os rebeldes — na verdade, as relações da Igreja com a Irmandade Republicana Irlandesa, cujas origens estão no secularismo ou no deísmo do século XVIII, sempre foram bastante frias. Não lhes parece concebível que a Igreja possa *não* representar a Irlanda. Não há, portanto, mistério algum no súbito abandono do rei pelos súditos legitimistas, o que, nos últimos quarenta anos, transformou o monarquismo, quase universal da Europa Central, Meridional e Oriental em 1914, numa anomalia política irrelevante.

O populacho, portanto, se rebela em nome da justiça e sob a bandeira do rei ou do czar, como na terrível *jacquerie* urbana de Nápoles em 1799, ou em muitos levantes rurais em que os camponeses, na Sicília ou no Volga, não conseguem acreditar que as forças do Estado tenham vindo reprimir sua luta, pois elas estão, *têm* que estar, cumprindo os desejos do governante. "Não atirem em nós", gritavam os camponeses de Bezdna para o general Apraxin, fazendo o sinal da cruz, "vocês estão atirando em Alexander Nikoleievitch, vocês estão derramando o sangue do czar."[22] Eles não estavam pensando num czar de verdade, em *qualquer* governante real, mas no legítimo czar ideal do povo, que jamais existirá. Quando, como em Nápoles, o rei não é tão distante a ponto de ser desconhecido e irreconhecível, a falta de compromisso com a legitimidade, tal como entendida pelos governados, é mais óbvia. Os *lazzari* só tinham compromisso com um rei — pois uma república impessoal era algo que não conseguiam entender —, não com um rei Bourbon. Na verdade, depois de conquistados pelos franceses, logo se prontificaram a transferir sua lealdade ao general francês Championnet, a quem comparavam, de maneira favorável, com "o rei que foi embora", por causa de sua postura mais democrática. Boa parte da reputação de inconstância da turba vem desse empirismo. Ela quer que o rei cumpra seu dever, assim como quer que um santo cumpra seu dever: qualquer um serve. Era lógico para os *lazzari* se manifestar contra são Januário depois de sua derrota, e transferir sua devoção temporariamente para Santo Antônio.[23]

Mas, no fundo, a "turba" não estava comprometida com nenhum rei, nenhum governante, nenhum sistema, e rótulos políticos eram apenas atribuídos a movimentos que não tinham programa positivo além do ódio contra os ricos e certo igualitarismo subanarquista. Pois nem mesmo o anarquismo oferecia uma solução positiva. Uma aldeia de camponeses esperava funcionar como aldeia pelo simples consenso da comunidade se o Estado, a lei e os ricos que a exploravam e nela interferiam fossem abolidos. Mas uma cidade não pode desejar ser administrada dessa maneira. A única solução para as cidades que o anarquismo primitivo tem a propor é sua destruição, proposta que (como vimos) os camponeses anarquistas podem acolher, mas que por sua própria condição os pobres da cidade não têm como levar em conta. Alguém precisa organizar a cidade e garantir seu sustento. Se existe "igualdade" nela, só pode ser a sofisticada igualdade do voto ou das oportunidades iguais, ou coisa do gênero, não a simples igualdade de todos os homens cultivando a terra em comum, fraternalmente, e talvez redistribuindo-a de vez em quando. A "turba" podia se rebelar. Podia fazê-lo com notável eficácia, porque, vivendo em cidades e capitais, tinha uma concepção muito mais precisa do que significavam "governo", "poder" e "tomada do poder" do que camponeses em vilarejos distantes. Mas não podia fazer mais do que se rebelar de tempos em tempos contra o destino do homem e depois sofrer uma recaída, e preferia a aceitação tácita do governo e dos provedores de emprego — algum governo, qualquer governo

— e tumultos com objetivos limitados ou de curto alcance. Não importava muito a bandeira sob a qual se rebelava. Não conheço nenhum movimento milenarista entre as clássicas "turbas" de cidade grande nos últimos dois séculos, pois a concepção de um mundo novo e perfeito era excepcionalmente difícil para elas desenvolverem.

No entanto, aos poucos a "turba" foi mudando de lado, se a frase não for por demais precisa ou sujeita a contestação. Se nos confinarmos, por amor à comparabilidade, ao populacho de cidades absolutistas ou ex-absolutistas do tipo meridional, a transição pode ser observada em vários estágios a partir da Revolução Francesa. Fosse qual fosse o motivo das rebeliões do *menu peuple* parisiense, a partir da Revolução ele agia sob os auspícios da esquerda. O populacho vienense, leal e antijacobino nos anos 1790 (com a exceção característica dos sapateiros, que eram pró-franceses porque os franceses eram contra a religião),[24] foi revolucionário em 1848. Estudando as comédias suburbanas podemos até situar com mais precisão a mudança na atmosfera política popular: entre o começo dos anos 1830 e 1848.[25] Na Espanha, os heróis dos cantores de café de Sevilha e de Barcelona depois de meados do século XIX eram os generais liberais, a julgar pelo conteúdo de suas *coplas* (canções) e pelas experiências dos cantores.[26] Mesmo em Nápoles, a fortaleza do bourbonismo pobre, os Bourbon esperaram em vão em 1860 por uma nova edição do levante *lazzaroni* de 1799. Os *lazzari* não se manifestaram. Na verdade, a Camorra tinha anos antes chegado a um acordo com os liberais, e Garibaldi capturou os pobres napolitanos assim como capturou o coração de todos os outros pobres. E o levante de Palermo em 1866, se ainda era "por santa Rosália" era também "por Garibaldi e a República", pois Palermo já adquirira o hábito de se levantar com, ou antes de, seus liberais. Isso não quer dizer que a "turba" puramente "pré-política" ou de direita tenha deixado de existir, ainda que agora, com grande frequência, funcionasse menos como uma força conscientemente tradicionalista do que como uma força movida por uma demagogia ostensivamente de esquerda — antissemita, como em Viena, anticlerical e antirricos, como em Barcelona —, o que convinha muito bem aos interesses dos elementos conservadores. Foi sob esses slogans que Alejandro Lerroux, o "imperador do Paralelo", trouxe seus homens do Barrio Chino, o purulento setor de cortiços e bordéis no centro da velha Barcelona, para a Semana Trágica de anárquico domínio da turba em 1909.[27]

Por que essa mudança? Em parte, sem dúvida, porque a "turba" era empírica, e os regimes do tipo "Igreja e rei" estavam em declínio. O tradicionalismo teimoso, em si uma causa perdida, dos camponeses da Vendeia ou dos navarros e aragoneses carlistas não deve ser buscado nos cortiços das grandes cidades. Mas em parte foi, sem dúvida porque, com os movimentos revolucionários da nova era, apareceu um novo tipo de herói por vezes surgido do povo e que o representava, um paladino, e talvez os primeiros vislumbres de uma sociedade livre e não apenas de uma sociedade regulamentada. Garibaldi, cuja capacidade de encarnar o ideal popular do "paladino do povo" beirava o miraculoso — ele continua sendo o homem que, sozinho, organizou provavelmente as maiores manifestações de massa já realizadas em Londres —, é talvez o exemplo mais vívido disso. Muito antes de os italianos meridionais abandonarem o revolucionismo tradicional, rompeu com a incompreensão deles das verdadeiras causas às quais emprestou seu nome, decerto — como argumentou de maneira convincente o sr. Mack Smith — porque era, ele próprio, um homem simples pré-ideológico com uma compreensão instintiva do jeito de lidar com homens e mulheres pobres pré-políticos. A "turba" era tradicionalista apenas por falta de algo melhor, e era isso que os novos movimentos, jacobinos, nacionais, socialistas, pareciam, ainda que vagamente, oferecer.

É fato que eles só podiam absorvê-la de modo incompleto. A prontidão da "turba" para os distúrbios facilitava a tarefa dos revolucionários nos primeiros dias das revoluções, mas era anulada por uma incapacidade quase total de compreender que a agitação social não terminava quando um tumulto alcançava seus objetivos mais imediatos, e por sua falta de disciplina. Quase todo movimento socialista ou comunista moderno, se pudesse, trocaria o estoicismo disciplinado de qualquer pequeno campo de carvão pela efervescência de três cidades como Palermo. E na verdade, com algumas exceções, a verdadeira força dos movimentos trabalhistas modernos residia, quase desde o começo, não nas capitais não industriais, mas nas províncias: no Nord e no Pas-de-Calais, na Alemanha Central, no País de Gales e no Norte, em Turim e Milão. A era clássica do populacho revolucionário metropolitano foi a do jacobinismo e dos primórdios do radicalismo.

Mas mesmo em seus redutos, a "turba" clássica perdeu força. Em primeiro lugar, a industrialização substituiu o *menu peuple* pela classe trabalhadora industrial, cuja própria essência é a organização e a solidariedade duradoura, assim como a da "turba" clássica é o tumulto intermitente e breve. Em segundo lugar, a mudança nas condições econômicas eliminou a fome periódica com alto índice de desemprego, e a substituiu por uma forma de crise econômica que não produzia o motim alimentar como uma reação quase automática e inevitável. Por último, a crescente sensibilidade dos governos aos distúrbios nas capitais desde a Revolução Francesa, e talvez também a evolução no século XIX da estrutura urbana, que tendia a afastar os ricos dos pobres em seus bairros específicos, e a separar ambos dos principais distritos comerciais e governamentais, tornou o tumulto espontâneo clássico menos fácil, mesmo onde ainda existiam condições para tanto. O observador que só tem conhecimento de Londres, Paris ou Berlim do fim do século XIX achará difícil entender o que era de fato a "turba". Só andando por, digamos, Palermo, onde os Quattro Canti ainda são o centro nervoso da cidade, a um tiro de rifle de distância dos palácios, dos escritórios do governo, dos cortiços e das feiras, ele sentirá nos ossos o que significava o grito de "o populacho se rebelou" dos tempos da "turba" clássica.[28]

Poucos lamentam seu desaparecimento. Defensores do status quo raramente se gabavam do sólido tradicionalismo da "turba" como o faziam em relação aos conservadores camponeses, mesmo quando dela se beneficiavam. Para o movimento trabalhista ela tem sido, no geral, uma força que retardou sua conquista das grandes cidades não industriais, e onde a turba esteve a seu lado o movimento tentou se justificar. Mesmo os anarquistas, os mais lógicos defensores da rebelião primitiva e espontânea, até negativa, hesitam em idealizá-la. A transformação do *menu peuple* das grandes capitais numa classe operária moderna significou uma perda de colorido, mas quem já assistiu ao espetáculo horripilante do subproletariado napolitano tratará com tolerância até Stoke-on-Trent. Com todos os seus defeitos, entretanto, a "turba" foi um fato na história. É talvez a forma de agitação social com o mais longo registro de existência contínua, pois não seria fantasioso reconhecer seus contornos nos Azuis e Verdes das facções de circo da Antiguidade clássica. E como desempenhou — talvez apenas meio conscientemente — papel importante na evolução política do mundo moderno, antes de ceder lugar a movimentos melhores e a outros agrupamentos de pobres, o historiador precisa tentar entender seu funcionamento, ainda que ela quase nunca consiga despertar sua simpatia, como o fazem alguns outros movimentos sociais primitivos.

8. As seitas trabalhistas

A Revolução Americana e a Revolução Francesa, no século XVIII, são talvez os primeiros movimentos políticos de massa da história do mundo a expressar sua ideologia e suas aspirações em termos de racionalismo secular e não de religião tradicional. O fato marca uma revolução tão profunda na vida e no pensamento do povo comum que sua natureza é difícil até de ser apreciada por aqueles de nós que foram criados numa época em que a política é agnóstica, independentemente das crenças privadas de políticos e eleitores. O movimento trabalhista moderno é produto dessa época em dois sentidos distintos. Em primeiro lugar, porque sua principal ideologia, o socialismo (ou comunismo, ou anarquismo, que pertencem à mesma família), é o último e mais extremo descendente do Iluminismo e do racionalismo do século XVIII; e em segundo lugar, porque as próprias classes trabalhadoras, apoiadoras do movimento, filhas de uma era sem precedentes, provavelmente foram, como classe, menos afetadas pelas religiões tradicionais do que qualquer outro grupo social de homens, à exceção de certas camadas limitadas ou grupos de elite, como os intelectuais de classe média. Isso não significa que os trabalhadores eram ou sejam predominantemente agnósticos ou ateus. Significa apenas que o passo histórico ou individual, de aldeia para cidade, ou de camponês para operário, em geral leva a uma acentuada redução da influência das religiões e Igrejas tradicionais. As enquetes sobre afiliações e práticas religiosas das classes trabalhadoras realizadas entre as décadas de 1840 e de 1950 quase sem exceção mostraram que elas se caracterizam, em comparações com outras classes, por um grau anormal de indiferentismo religioso.[1] Mesmo as exceções quase sempre são mais aparentes do que reais, pois os grupos anormalmente religiosos entre as classes trabalhadoras — na Europa Ocidental, em geral católicos romanos — costumam ser minorias nacionais, como os irlandeses na Grã-Bretanha e os poloneses na Alemanha imperial, para quem a religião específica é um distintivo de nacionalidade tanto quanto qualquer outra coisa. E mesmo esses grupos, embora mais acentuadamente religiosos do que seus congêneres, costumam ser bem menos religiosos do que os correligionários em seu país que não pertencem à classe trabalhadora. Quanto aos líderes e militantes dos movimentos socialistas, quase desde o começo eles têm sido não apenas indiferentes em termos de religião, mas em geral também ativamente agnósticos, ateus e anticlericais.

A forma "moderna" característica do movimento de classe trabalhadora é, portanto, puramente, quando não militantemente, secular. No entanto, seria inconcebível se as formas e os estilos de religião tradicionais, que envolveram a vida da gente comum desde tempos imemoriais, tivessem sido abandonados de repente e por completo. Nos primeiros estágios até de movimentos sociais e políticos fortemente seculares, muitas vezes observamos uma espécie de nostalgia das velhas religiões, ou talvez, para ser mais preciso, uma incapacidade de conceber novas ideologias que não sigam os padrões das antigas; talvez com deuses atenuados ou transformados, talvez com ecos de cultos e rituais ancestrais. As próprias classes médias iluministas tiveram seu deísmo maçônico; a Revolução Francesa, seus cultos da Razão e do Ser Supremo. O mais relevante, como mostrou Albert Soboul recentemente, é que as fileiras revolucionárias recriaram cultos de Santos e Mártires, com milagres e tudo, ao modelo antigo: Perrine Dugué em Sarthe, que subiu aos Céus com asas tricolores e cujo túmulo curava os doentes, Marat, Lepeletier e Chalier entre os sans-culottes de Paris.[2] As primeiras formas de socialismo na época das comunidades utópicas quase sempre assumiam a configuração de novas religiões (como o saint-simonismo) ou o sectarismo profético (como o de Wilhelm Weitling). A capacidade de "criar cultos" dos movimentos seculares persistiu por um tempo considerável. Até o positivismo de Auguste Comte ainda tinha sua religião da Humanidade. No entanto, exceto nos primeiríssimos estágios, trata-se de fenômenos mais curiosos do que importantes. Os novos movimentos socialistas de fato preencheram para seus membros muitas funções das religiões tradicionais, desenvolvendo fenômenos análogos aos delas. Os socialistas espanhóis até se dirigiam uns aos outros na correspondência como "*coreligionario*". Mas essas semelhanças sociológicas estão fora do âmbito desta discussão. Em seu secularismo, o movimento trabalhista e socialista é distintamente "moderno".

A grande exceção a essa generalização são as seitas trabalhistas nos países anglo-saxões.[3] A história ideológica dos movimentos trabalhistas britânicos não é, claro, diferente em tudo da de outros países do continente. Movimentos trabalhistas e socialistas britânicos, assim como os do continente, foram dominados pela tradição radical-secularista, que forneceu os panfletários mais influentes, de Tom Paine a Bradlaugh e Blatchford, praticamente todos os teóricos do movimento, dos spencianos, "economistas trabalhistas", owenitas e o'brienitas, até os marxistas e fabianos, e grande parte de seu ímpeto político. Há localidades — sobretudo Londres, mas também algumas das outras cidades cuja história de agitação de artesãos e operários remonta sem interrupções a antes da Revolução Industrial — nas quais o militante trabalhista religioso ou sectário-trabalhista sempre foi uma curiosidade. O secularismo é o fio ideológico que costura a história trabalhista londrina, dos jacobinos de Londres e Place, através dos owenitas e colaboradores antirreligiosos, dos jornalistas e livreiros também antirreligiosos, dos radicais livres-pensadores que seguiam Holyoake e se reuniam no Hall of Science de Bradlaugh, à Federação Social-Democrata e aos fabianos londrinos com sua ostensiva antipatia pela retórica religiosa. Em Londres, até um rebelde religioso por excelência como George Lansbury teve que fazer carreira na ateísta e marxista Federação Social-Democrata, pois nem mesmo o Partido Trabalhista Independente, com suas nuances religiosas, conseguiu se firmar muito bem ali. Mas não há como negar que, na Grã-Bretanha em geral, os vínculos entre a religião tradicional e os movimentos trabalhistas eram estreitos, e muito mais importantes do que na maioria dos outros países até uma data muito posterior. Ainda em 1929, dos 249 membros do Parlamento cujas filiações religiosas foram investigadas por um estudioso alemão, apenas *oito* se declararam agnósticos ou ateus.[4] Não houve nenhuma pesquisa parecida desde então.

As relações precisas entre a religião tradicional e os movimentos trabalhistas têm sido muito debatidas, embora em geral com base em informações insuficientes ou com um parti pris denominacional ou político um tanto paralisante.[5] Talvez seja conveniente, antes de lidar com o sectarismo trabalhista como tal, fazer um breve resumo do que sabemos sobre as relações gerais entre religião e as classes trabalhadoras britânicas no período posterior à Revolução Industrial.[6]

O período de industrialização da Grã-Bretanha — *c.* 1790-1850 — foi de grandes mudanças, pois nele se deu a criação do não conformismo protestante como religião de massa. As seitas tinham sido grandes e influentes no século XVII revolucionário, mas ao longo do século XVIII perderam considerável terreno. Os "velhos dissidentes", independentes, batistas, presbiterianos/unitaristas ingleses e quacres eram pouco mais do que pequenas comunidades das respeitáveis classes média e média baixa, um tanto desgastadas pelas forças do deísmo e do racionalismo. O reavivamento metodista não conseguira converter um grande número de fiéis antes da Revolução Francesa, quando seus adeptos não chegavam a 60 mil. Em 1851, a situação tinha mudado por completo, pois o Censo Religioso daquele ano demonstrou que a Igreja anglicana oficial mantinha a custo sua liderança sobre as seitas protestantes dissidentes no país e, com uma única exceção, estava claramente atrás delas nas cidades e regiões industriais. A maior parte dessa estupenda conversão em massa para o sectarismo protestante se deu no período de 1805 a 1850. Assim, os metodistas saltaram de 107 mil em 1805 para quase 600 mil em 1851, sem contar os 125 mil metodistas calvinistas do País de Gales.[7] Era visível a correlação da conversão com épocas de tensão econômica e social. Os anos de expansão mais rápida do metodismo foram os da era jacobina (1793-5), os dos últimos e cada vez mais tensos períodos das Guerras Napoleônicas (1805-16, sobretudo 1813-6), os da Lei da Reforma e da Lei dos Pobres (1831-4), quando houve a mais alta taxa anual de crescimento, e assim por diante. É também significativo o fato de que a expansão desacelerou e por algum tempo cessou para todas as seitas na primeira metade da década de 1850, os únicos anos no século em que houve um declínio líquido em seus números. Foram os anos do declínio do cartismo e do radicalismo também. É bastante evidente que havia um acentuado paralelismo entre os movimentos de consciência religiosa, social e política.

Não sabemos quantos, nessa massa de recém-convertidos, eram trabalhadores, pois nem os estatísticos contemporâneos nem os registros das seitas são muito bons em fornecer números sobre a composição social de suas populações. No entanto, mesmo que concordemos — como é bastante provável — que o apelo do não conformismo diminuiu à medida que subíamos da zona limítrofe entre as classes média e trabalhadora para a alta burguesia, ou à medida que descemos da alta burguesia para as profundezas da miséria, está claro que muitos trabalhadores foram afetados por esse vasto movimento religioso. Sem dúvida muitos deles foram arrastados para o não conformismo ao longo dos periódicos e semi-históricos "reavivamentos" tão característicos do protestantismo do século XIX, e durante os quais os grandes avanços numéricos das seitas ocorreram ou foram iniciados: 1797-1800, 1805-7, 1815-8, 1823-4, 1831-4, 1849, 1859, 1904-5.

Praticamente todas essas conversões se davam a *seitas* deste ou daquele tipo; pois o crescimento da comunidade católica romana resultou da imigração de católicos irlandeses, mais do que de conversões de grupos não católicos, e a absorção de alguns dos não conformistas mais ricos pela Igreja anglicana era um fenômeno de ascensão social, não de conversão religiosa. Que papel desempenhou o cristianismo sectário nos primórdios da vida da classe trabalhadora industrial?

As camadas proletárias para as quais ele tinha mais apelo eram as mais novas e rudes. A classe dos artesãos qualificados de uma cidade pré-industrial como Londres tinha seu modo de vida estabelecido e sua agitação política — radical e jacobina —, embora, claro, isso também muitas vezes se baseasse na versão transformada de um sectarismo protestante revolucionário anterior.[8] Cidades industriais como Sheffield eram painitas e owenitas: ali os comerciantes e os pequenos manufatureiros eram os principais não conformistas. Mas novas áreas fabris, vilarejos rapidamente transformados em cidades industriais, não tinham um padrão de vida adequado para a nova era, e, mais ainda, ninguém se sentia responsável pela criação de qualquer forma de comunidade humana, à exceção, talvez, do taberneiro. Algumas, como as primeiras áreas carboníferas, eram habitadas basicamente por uma população autóctone que se expandia graças a uma alta taxa de natalidade, formando centros densos, isolados e remotos onde homens e mulheres buscavam os únicos recursos espirituais à sua disposição, os costumes e a religião pré-industriais. Esses foram os lugares em que se desenvolveram as canções folclóricas do início da industrialização, e que viriam a se afogar no dilúvio da urbanização e da imigração: canções de mineiros, tecelões, marujos. Outras áreas eram aglomerações de nativos e imigrantes heterogêneos reunidos em torno de algumas indústrias básicas. Um terceiro grupo, no qual a desorganização social era maior, consistia nos vastos amontoados de imigrantes em cidades como Londres e as cidades portuárias, nos quais os homens tinham como meio de vida uma confusão inclassificável de empregos, em especial os que não exigiam qualificação. Nessas cidades, de porte médio ou grande, não havia possibilidade de recriação da vida pré-industrial numa base adaptada, como nos vilarejos industriais.[9]

Nas três áreas a vida para a classe trabalhadora era miserável, pobre, desagradável, bruta, breve e acima de tudo insegura, e as religiões escolhidas refletiam essa situação. Seu culto era antes de mais nada fervoroso. ("A falta de segurança social é compensada pelo fervor da resposta congregacional", segundo Liston Pope.) Visões de esplendor, de julgamento e do fogo do inferno para os homens maus impregnavam aqueles que precisavam de apoio para aguentar o fardo do sofrimento, e as orgias emocionais das pregações sobre o fogo do inferno, dos reavivamentos e de ocasiões parecidas traziam diversão para sua vida. Certa senhora, ao descrever as fábricas da Courtauld em Essex nos anos 1840, observou a necessidade de animação que as moças sentiam quando não estavam trabalhando: "Quando não há outra coisa a fazer, o entusiasmo religioso de vez em quando tem seu lugar".[10] Eles "querem muito sangue", disse um pastor sobre sua congregação. Só os mais pobres e os mais socialmente desorganizados talvez estivessem abaixo do nível em que nem mesmo a religião podia tocá-los, embora o Exército da Salvação tentasse alcançá-los.

Tratava-se também de religiões em que os aspectos teológico e intelectual estavam ausentes por completo, e nas quais tudo era emocional. É característico das seitas de classe operária serem destinadas aos incultos, de modo que a paixão e a moralidade, em que os mais ignorantes podem competir em termos de igualdade, eram os critérios exclusivos de fé e salvação. Todas as seitas com forte apelo para os novos trabalhadores industriais (como categoria distinta dos mais velhos e mais abastados artesãos) tendiam a ser "*ranter*" [grandiloquentes, vociferantes], e a observação de Pope é verdadeira também na Grã-Bretanha: "Eles simplesmente aceitam noções (teológicas) vindas de uma variedade de fontes e soldam todas elas numa coisa só sem levar em conta a consistência". Pelas mesmas razões, também eram democráticas: as congregações participavam dos cultos num grau muito maior do que em outros lugares, cantando no coral, falando durante transes e "dando testemunho", fazendo pregação leiga (incluindo mulheres), e dos comitês e cargos das igrejas que proliferavam. A democracia do templo se fundia com a comunidade do templo, pois uma das boas coisas da seita era que ela fornecia a uma comunidade operária sua própria coesão e sua escala de valores, na qual os pobres superavam os ricos — a pobreza se tornava sintoma de graça, a austeridade, de virtude, o rigor moral contrastava com o laxismo dos réprobos, e um novo sistema de status espiritual substituía o sistema do mundo secular[11] — e as instituições comunitárias que de outra forma primavam pela quase total inexistência.

Por outro lado — e é isso que torna as seitas trabalhistas britânicas tão extraordinárias —, a seita costumava lidar com os problemas do proletário evitando-os, ou melhor, resolvendo-os não para a classe, mas para o indivíduo ou para um grupo de eleitos (daí talvez a tendência incurável das seitas "*ranters*" a se dividir numa massa de conventículos rivais independentes). Esperava-se que a religião de fato ajudasse, ainda que por meio de magia e superstição,[12] que de alguma forma controlasse a sorte à qual estavam sujeitos — por exemplo, influenciando a prosperidade e a política de sua fábrica ou da mina. Mas as condições econômicas eram questão de destino, e não de luta. O que importava, como mostra Pope, era a salvação pessoal: "Na teologia dos operários de fábrica o mundo é um grande campo de batalha no qual o Senhor e o Diabo lutam pela posse de cada alma individual. O 'sangue de Jesus' e a leitura da Bíblia fazem a maré da vitória correr para o lado do Senhor". Em termos políticos, o sectário normalmente tirava apenas duas coisas de sua religião: paciência e uma espécie de vingança etérea enquanto "aguardava a ira vindoura", como faziam as numerosas seitas que se espalharam durante a Depressão dos anos 1930 descritas em *Brynmawr*, de Miss Jennings,[13] ou os "Lookers", sobre quem Gwyn Thomas escreve em seus admiráveis romances sobre o sul do País de Gales. Ambas foram classicamente expressadas em *Os tecelões*, de Gerhart Hauptmann, uma impressão historicamente fiel dos tumultos luditas da Silésia em 1844, e nada melhor do que citar duas falas de um velho sectário nessa peça notável:

> Bom Deus, não temos palavras suficientes para agradecer-Te por Tua graça e bondade que nos protegeu também esta noite. Senhor, Tua bondade é tão grande, e nós somos seres humanos pobres, maus e pecadores, e não merecemos que Teu pé nos esmague, pois somos pecadores e corrompidos. Mas Tu, bom Pai, ergues Teu rosto

para nós e nos aceitas por amor de Teu querido Filho, nosso Senhor e Salvador Jesus Cristo. O sangue e a justiça de Jesus são minhas joias e minhas vestes festivas. E se às vezes perdemos o alento sob teu açoite — quando o fogo da purificação nos queima com demasiada intensidade — não nos castiga por isso e perdoa nossa culpa. Dá-nos paciência, Pai Divino, para que depois desse sofrimento possamos partilhar da Tua eterna bem-aventurança. Amém.

E novamente:

> Eu lhe digo, Gottlieb! Não duvide da única coisa que nós, os pobres, possuímos. Para que eu teria ficado sentado aqui — para que teria pisado os pedais durante quarenta anos e mais? Para que eu teria olhado calmamente, vendo o outro lá em frente viver com altivez e luxúria — fazendo ouro da minha fome e da minha miséria? Para que então? Porque tenho uma esperança. Apesar de toda a pobreza, possuo alguma coisa. Pensei comigo: você tem a sua parte aqui, eu a minha lá no outro mundo. E podem me esquartejar — eu tenho essa convicção. Foi-nos prometido. Haverá um julgamento; mas não seremos nós os juízes. A mim pertence a vingança, diz o Senhor, nosso Deus.

Na verdade, a expressão "ópio do povo" está longe de ser uma descrição inexata de grande parte desse sectarismo.[14] A maior parte das religiões trabalhistas era composta daquilo que Troeltsch chamou de seitas não agressivas, cujos membros concluíram que o verdadeiro crente deve dar as costas ao mundo e esperar, ansioso, apenas pela glória da salvação eterna, garantida por sua conversão. Os membros da seita "Walworth Jumpers", obviamente proletária e intensamente extática, da qual temos uma descrição,[15] levaram isso ao extremo ao acreditar de fato que morreram com a conversão e portanto renasceram para a vida eterna: doravante sendo, portanto, imortais.

2

A seita trabalhista como tal é distinta desse tipo de religião, porque é primariamente *ativa*. Os membros do grupo não apenas são trabalhadores assalariados, mas toda a seita tem estreita ligação com movimentos trabalhistas e sindicalistas, em termos doutrinários e organizacionais, ou através das atividades de seus membros. Mais ainda: é a busca de uma doutrina e organização religiosas que reflita não só o destino como as aspirações coletivas da nova classe. Nessa forma extrema ela é rara. O único exemplo claro que conheço de uma seita formada com essa finalidade porque seus membros eram trabalhadores com consciência de classe é um fenômeno tardio e transitório, a Igreja trabalhista, embora nada impeça que outros exemplos sejam descobertos. Bem mais comum é a transformação parcial de uma seita não agressiva numa seita trabalhista sob a pressão das agitações sociais dos membros. Numa forma moderada, isso é bastante comum: wesleyanos de classe trabalhadora e outros negligenciaram o conservadorismo de sua seita para participar de atividades luditas, radicais e cartistas.[16] Apesar de sua espiritualidade (que incluía a hostilidade contra sindicatos), os pregadores das Igrejas de Deus na Gastonia e das Igrejas pentecostais de santidade defenderam com frequência os grevistas na greve de 1929, simplesmente porque suas Igrejas se identificavam por completo com os trabalhadores. Mas há poucos exemplos de seitas nas quais a militância sindical se tornou sistemática, e não excepcional. Os *metodistas primitivos* são os mais conhecidos.[17]

Os metodistas primitivos romperam com os wesleyanos no fim das Guerras Napoleônicas, ou seja, no começo do período de conversões industriais em massa. (Um grupo bastante similar, o dos *cristãos bíblicos*, cuja força estava no West Country e mais tarde em Kent, se separou deles um pouco antes.) As razões aparentes da ruptura foram divergências sobre o que pode ser chamado de democracia religiosa. O wesleyanismo, como sabemos, continuou arminiano em teologia, centralizado, hierárquico e — na medida em que o pregador era nitidamente distinto do leigo — sacerdotal em organização e conservador tradicionalista em política. Embora tenha conquistado posição como uma fé não intelectual, empolgando a todos pelas emoções, sem fazer restrições de classe, tinha algumas inibições até em seu entusiasmo. Portanto, quando evangelistas americanos de fronteira inventaram o artifício da "reunião de acampamento" no fim do século XVIII, que um deles levou para a Inglaterra poucos anos depois, os wesleyanos oficiais guardaram distância, desconfiados dessas demonstrações em massa de êxtase religioso, quando multidões eram reduzidas à histeria coletiva e à conversão em massa, bem como — diziam os cínicos — a formas menos piedosas de liberação emocional. Os metodistas primitivos, cujo apelido, "*ranters*", indica seu estilo de pregação, os receberam de braços abertos. Além disso, insistiam com veemência na pregação laica, incluindo — outro ponto de discórdia e indício quase certo de radicalismo instintivo — o direito de as mulheres pregarem.[18] Durante toda a sua existência, a seita teve, de longe, a mais alta proporção de pregadores leigos. Embora a política como tal não entrasse conscientemente na questão, o anticonservadorismo pode muito bem ter tido um papel. Sabemos de pelo menos um caso de secessão no que deveria ser um reduto de metodismo primitivo, na questão da Reforma Parlamentar e na questão de saber se pregadores não deveriam, como os cristãos primitivos, renunciar a toda e qualquer recompensa por seu evangelismo, e a certa altura a nova seita quase se comprometeu oficialmente com o radicalismo.[19]

Como seria de esperar, a teologia quase não entrava de modo consciente na pregação dos primitivos, mas o caráter de sua religião era severo e implacável. Seja qual for o conteúdo exato, a religião dos pobres e dos inseguros parece exigir um claro contraste entre o ouro dos redimidos e o negro chamuscado dos condenados, uma combinação que talvez fosse mais bem atendida pelo fogo do inferno e pela predestinação do calvinismo. Podendo escolher entre uma seita mais branda e uma mais severa, eles sempre escolhiam a segunda — por exemplo, em Lancashire, preferiam os "batistas particulares", rigorosos calvinizadores, aos moderados.[20] Vale talvez observar que isso não era um reflexo de condições peculiares dos proletários, pois havia outros que eram tão pobres e inseguros quanto eles. Formas inflexíveis e trágicas de religião atraíam também gente cuja vida era isolada, dura, incerta e pobre — agricultores das montanhas nos Apalaches, assim como no norte e no oeste da Inglaterra (onde, em geral, eram metodistas primitivos), homens da fronteira, acima de tudo pescadores que, como metodistas primitivos em Grimsby e Yarmouth, ou como membros de várias outras seitas severas na Noruega e na Holanda, aderem à religião do fogo do inferno de maneira tão fervorosa com que nem mesmo o apelo alternativo (na Noruega e na Islândia) do comunismo pode rivalizar. A religião trabalhista costuma ser variante especial de um sectarismo muito mais generalizado: o dos pobres trabalhadores pré-industriais, proletários ou não.

A nova seita — que só emergiu como tal gradativamente — foi de início reconhecida como um culto predominantemente de classe operária. Na verdade, basta olhar as fotografias de seus primeiros templos na história de Kendall, e seus endereços, para acabar com qualquer dúvida a esse respeito. O mapa religioso da Grã-Bretanha é bastante complexo, e quase sempre os primitivos eram incapazes de penetrar numa região anteriormente colonizada por qualquer outra seita que ali desempenhava a mesma função — por exemplo, na Cornualha, em Dorset, no West Riding e em Lincolnshire os próprios wesleyanos. Eles, portanto, acabaram se tornando, até certo ponto, uma religião regional. Sua maior força estava no norte, sobretudo Durham, no leste, em especial Norfolk, a zona miserável de pequenas e arcaicas indústrias em West Midlands e as aldeias do vale do Tâmisa. (No sul do País de Gales, aliás, contrariando as suposições comuns, nenhum tipo de metodismo era forte, havendo suficiente fogo do inferno nos batistas e congregacionalistas locais; no norte do País de Gales predominava uma seita quase nacional, os metodistas calvinistas, que pregavam em galês.)

Como as outras seitas, porém num grau mais acentuado, os primitivos avançaram com mais celeridade no período de máximo descontentamento social e de rápida industrialização entre 1815 e 1848. Na segunda metade do século, perderam um pouco desse ímpeto, apesar de terem feito notável progresso em zonas recém-industrializadas sem estrutura preexistente de mão de obra qualificada à moda antiga, como no East End de Sheffield, em contraste com a velha área de cutelaria.[21] Como seita operária, era sensível em particular a flutuações cíclicas e a movimentos de desemprego, e na verdade qualquer variação em seus números costumava ser explicada em termos econômicos.[22] Em geral, ela tinha perdido seu dinamismo no último quarto do século, talvez até antes.

Os primitivos não eram apenas uma seita de classe operária; eram acima de tudo uma seita trabalhista *de aldeia*, fato amplamente confirmado e comentado. Talvez por isso sejam encontrados com maior influência em certas áreas de mineiros e trabalhadores rurais, alguns dos quais podem muito bem ter detectado neles implicações ainda mais revolucionárias do que seus irmãos estavam normalmente dispostos a admitir, pois relatos provenientes de Berkshire informam que a queima de pilhas de feno e máquinas de debulhar pelos trabalhadores rurais em 1830 "se deve a pregação; pois todos eles dizem: façam o que quiserem, não é pecado".[23] Em área após área, a força dessa seita não está na cidade industrial de porte médio, menos ainda na grande cidade, hostil à religião da classe trabalhadora, mas na quase aldeia. Isso talvez explique por que em 1850 o número de templos dos primitivos era de novo uma vez e meia o número de ministros wesleyanos — 1555 e 1034, respectivamente —, embora tivessem menos de um terço dos membros dos wesleyanos. Assim, em 1863-4 eles tinham menos de setecentos membros em Newcastle-on-Tyne, mas oitocentos em Shotley Bridge e setecentos em Thornley, que não passavam de aldeias. Impressiona-nos constantemente o fato de que aldeias, sobretudo as mais insignificantes, eram centros dessa seita: Wangford (Suffolk), Rockland (Norfolk), Docking (Norfolk), Brinkworth (Wiltshire), Motcombe (Dorset), Minsterley (Shropshire). É possível concluir que as seitas trabalhistas são fenômenos de industrialização incipiente e relativamente pouco desenvolvida, com as condições que lhes são favoráveis tendendo a desaparecer à medida que o padrão moderno de urbanização e indústria fabril se desenvolve. Talvez isso ocorra em parte porque os primitivos, como todas as seitas da classe trabalhadora, funcionavam melhor em pequenas congregações, onde o mais próximo equivalente da simples democracia dos crentes podia operar, e o maior grau de participação laica podia ser alcançado. Não nos esqueçamos de que se tratava de uma seita de ativistas: até 1853, ela nunca teve menos que 10% de membros que não eram de fato pregadores itinerantes ou locais.[24]

Pode ser que essa tendência à atividade individual ajude a explicar o que há de mais notável nos primitivos — sua estreita ligação com o sindicalismo. Na verdade, não é exagero pensar neles como uma seita, acima de tudo, de quadros de sindicato. Quando Lord Londonderry despejou seus mineiros grevistas em 1844, dois terços do circuito de metodistas primitivos de Durham ficaram desabrigados. Praticamente todos os líderes dos mineiros de Northumberland e Durham no século XIX pertenciam à seita: Hepburn, Burt, Fenwick, John Wilson, William Crawford, John Johnson, Peter Lee. Eles tinham uma força desproporcional mesmo em outros campos carboníferos, onde eram numericamente muito mais fracos. Líderes dos mineiros de Yorkshire como Parrott e Cowey, líderes das Midlands como Enoch Edwards, Albert Stanley, Sam Finney, de Derbyshire como Barnett Kenyon, de Cleveland como Toyn, de Cúmbria como Tom Cape, eram todos metodistas primitivos. O mesmo se aplica aos sindicatos de trabalhadores agrícolas: Joseph Arch, George Edwards, Edwin Gooch são os nomes mais óbvios que logo nos vêm à mente, mas havia áreas, como Norfolk, onde o sindicato surgiu praticamente como ramificação direta do Templo. Esse viés sindicalista da seita é ainda mais notável quando se leva em conta que outros grupos — como os wesleyanos — tiveram muito menos êxito em produzir líderes sindicais; na verdade, os únicos líderes sindicalistas importantes de origem wesleyana no século XIX foram Henry Broadhurst, o pedreiro, Ben Pickard, dos mineiros de Yorkshire, e Arthur Henderson, embora os wesleyanos fossem cinco vezes mais numerosos que os primitivos. Só em lugares remotos como Dorset eles desempenharam o mesmo tipo de papel: três dos seis Mártires de Tolpuddle eram pregadores laicos wesleyanos.

Pode-se observar que a conexão *direta* entre o metodismo primitivo e o movimento trabalhista era tênue. A doutrina dos primitivos, apesar de simpática à causa do radicalismo, da reforma, da abstinência total e de vários outros movimentos da esquerda, não era especialmente mais simpática do que o restante dos não conformistas, e era um pouco menos do que alguns grupos entre os "velhos dissidentes" — por exemplo, os congregacionalistas e os unitaristas. Seus líderes eram, é claro, favoráveis aos sindicatos e em certas circunstâncias às greves, mas não mais do que seria de esperar de uma seita cujos membros aderiam com entusiasmo às duas coisas. É difícil ver qualquer traço de ideias políticas ou econômicas coletivistas entre eles, embora seu historiador destaque, corretamente em minha opinião, que o surgimento do movimento de temperança, e de sua forma mais intensa, a abstinência total, "começaram a influir na sociedade e nas Igrejas, atenuando os duros contornos do individualismo e misturando os homens numa comunidade consciente de interesses".[25] Na verdade, se não soubéssemos como era estreita a conexão entre os primitivos e sindicatos, não o adivinharíamos com facilidade a partir apenas de um exame de suas doutrinas e de sua organização.

Assim, o que fez deles uma seita tão acentuadamente trabalhista? Em primeiro lugar, sugiro que foi a adequação geral de seu tipo de técnica e doutrina evangelística àquele tipo de classe trabalhadora. Em segundo lugar, o hebraísmo da pregação do Antigo Testamento, que transformou todos aqueles que aderiram, como os profetas antigos, em pessoas obstinadas sem a menor disposição para se curvar na Casa de Remon. Está bastante claro que nada nos ensinamentos dos metodistas primitivos desencorajava a organização em defesa da classe trabalhadora, e que muita coisa a incentivava. Em terceiro lugar, sua organização. O dr. Wearmouth descreveu os numerosos empréstimos tomados do metodismo pelos movimentos trabalhistas, e, embora exagere um pouco, sua argumentação permanece sólida. O templo, e em especial o pequeno templo autônomo de aldeia, era uma escola de organização em geral, e tanto entre mineiros como entre trabalhadores agrícolas vemos com frequência o sindicato tomando emprestadas as próprias fórmulas da seita.[26] Acima de tudo, a natureza antissacerdotal dela oferecia um mecanismo de primeira linha para selecionar e treinar líderes e quadros. Sem instrução, e sem qualquer sanção social contra "aparecer", o pregador leigo podia se destacar entre os colegas; e a prática da pregação lhe dava autoconfiança e fluência. O líder sindical que também era pregador leigo ainda é bastante comum, sobretudo entre mineiros. O metodismo primitivo não foi feito especificamente sob medida para trabalhadores com consciência de classe: poucas seitas importantes o foram, e essas poucas costumavam ser efêmeras. Mas onde ele criou raízes entre os trabalhadores, sua notável adequação técnica dificilmente deixaria de transformá-lo numa escola de quadros.[27]

Mas a seita e o movimento trabalhista estavam — em especial entre os quadros e líderes do movimento — ligados de outra maneira: pelo processo de *conversão*; quer dizer, pela súbita e emocionalmente avassaladora consciência do pecado e pela descoberta da graça que o metodismo, acima de tudo uma doutrina do "Novo Nascimento" do homem adulto, incentivava. (Talvez seja significativo o fato de outra seita de "Novo Nascimento", os batistas, só perder para os metodistas primitivos em seu apelo aos trabalhadores manuais.) Num número notavelmente grande de líderes trabalhistas, a consciência e a atividade políticas começaram com a conversão ou logo depois dela. Arthur Henderson encontrou a religião aos dezesseis anos. "A vida começou com sua conversão."[28] Fenwick, Batey (secretário do Mecânicos das Minas de Carvão), Reid (agente do Fundo Permanente de Socorro aos Mineiros de Northumberland e Durham), Peter Lee, dos mineiros de Durham, Parrott, dos mineiros das Midlands, Samuel Jacks, de Dewsbury, Bloor, dos Bombeiros Subterrâneos de Staffordshire, Kenyon, dos mineiros de Derbyshire, George Edwards, dos trabalhadores agrícolas de Norfolk, estão entre aqueles que passaram pela experiência da conversão na adolescência (ou seja, que não nasceram, como muitos outros sindicalistas, na seita). J. H. Thomas, dos ferroviários, se tornou batista na adolescência, Fred Messer, membro do Parlamento trabalhista, aos 21 anos. Conversões tardias, como a de John Wilson, dos mineiros de Durham, parecem mais raras. Por outro lado, conversões muito precoces, e os chamados "meninos pregadores", não eram incomuns. George Dallas, trabalhador agrícola que viria a ser líder do Sindicato dos Trabalhadores e membro do Parlamento, ensinava na escola dominical aos dezessete anos. C. Simons, membro do Parlamento, era pregador leigo aos dezesseis; W. J. Brown, da Associação de Funcionários de Escritório do Serviço Público, A. J. Cook e Arthur Horner, dos Mineiros do Sul do País de Gales e do Partido Comunista — todos começaram como meninos pregadores. Talvez se possa acrescentar que é difícil conseguir estatísticas representativas. Nem mesmo a boa pesquisa sobre religião dos membros trabalhistas do Parlamento, de Franz Linden, é de todo satisfatória, e não existe pesquisa representativa sobre líderes sindicais. Portanto, essas impressões podem estar equivocadas, mas os números impressionam ainda mais se levarmos em conta que muitos trabalhadores nasceram, de fato, numa seita e, portanto, não precisavam de conversão, ou não a registraram como algo especial.

Na ausência de mais dados biográficos, hesita-se em analisar essas conversões a fundo. Tudo que se pode dizer é que elas indicavam uma mudança súbita na atitude de um homem para com a vida em geral, ou seja, para com suas atividades diárias, assim como para com seus exercícios espirituais; pois a atitude característica do sectário trabalhista era mundana e não mística, ou, se mística, disciplinada para a atividade mundana. Portanto, não é de surpreender que a conversão indicasse, refletisse, ou talvez estimulasse o tipo de atividade altruísta que a militância trabalhista inevitavelmente implicava. Pois tanto naquele tempo como hoje o homem que leva a sério sua atividade trabalhista é, até certo ponto, um homem dedicado, que renuncia a atividades muitas vezes superficialmente mais atraentes, como ganhar dinheiro. A conversão de algum tipo é, claro, corriqueira nos movimentos trabalhistas. Os movimentos britânicos, no entanto, são peculiarmente arcaicos na medida em que a conversão era, via de regra, tradicionalmente religiosa, ou uma conversão política que assumia forma religiosa.

Pode-se, en passant, perguntar se havia alguma diferença entre quadros trabalhistas e as bases em questões religiosas. Era de esperar que sim, mas não temos como saber. A análise dos membros trabalhistas do Parlamento em 1929 é inconclusiva. Dos 249 que deram informações sobre religião, apenas 47 eram anglicanos — obviamente uma porcentagem bem menor do que a nacional —, 51 metodistas de vários tipos, 42 "velhos dissidentes" (independentes, batistas, unitaristas, quacres), dezessete presbiterianos, três judeus, dezoito católicos, oito agnósticos ou ateus, e os demais cristãos não específicos, na maioria tendentes ao não conformismo. Mas os membros trabalhistas do Parlamento vinham sobretudo de áreas onde os anglicanos eram anormalmente fracos, como o Norte, o País de Gales e a Escócia, e, portanto, não refletiam com precisão a composição religiosa da população. Há alguma razão para acreditar que os quadros trabalhistas sempre foram mais propensos a adotar ideologias, religiosas ou não, do que o restante. Assim, o secularismo britânico do fim do século XIX, o positivismo francês de meados do século XIX se tornaram, por um tempo, uma espécie de religião de ativistas ou de líderes sindicais de categorias, embora seu número de seguidores fosse pequeno.[29] Mas a questão deve ser mantida em suspenso.

Os metodistas primitivos eram produto do estágio inicial da industrialização. Até quando as forças propensas a criar seitas trabalhistas permaneceram ativas é demonstrado pela história de uma das poucas seitas trabalhistas adrede criadas como tais, a Igreja trabalhista de John Trevor,[30] fundada em Manchester em 1891. Como esperado, ela não durou muito. Sua maior função foi lubrificar a transição de trabalhadores nortistas do radicalismo liberal para um Partido Trabalhista Independente e, feito isso, desapareceu, exceto na medida em que em algumas cidades continuou a oferecer um bom ponto de encontro neutro de socialismo não denominacional para os vários grupos de esquerda. No entanto, o que há de curioso no caso dessa congregação não é seu fracasso, mas o fato de que um fenômeno desse tipo ainda parecia natural na Grã-Bretanha do fim do século XIX.

Seu fundador, John Trevor, descreveu a evolução da Igreja e dele próprio numa autobiografia prolixa, mas interessante.[31] Em resumo, ele nasceu numa ambiciosa família de classe média baixa e numa pequena seita de batistas muitíssimo conscientes do fogo do inferno, do tipo que tende a se separar de grupos maiores para garantir a pureza dos verdadeiros crentes e separar os eleitos dos condenados. Depois de um período de pietismo infantil, perdeu a fé em meados dos anos 1870, mas a recuperou, após uma fase de dúvida, na forma de um deísmo bastante atenuado. Os anos 1880 acrescentaram uma consciência social a suas outras perplexidades teológicas. Trevor tentou, com a ajuda de Philip Wicksteed, encontrar outro nicho no unitarismo, mas se cansou das religiões organizadas e fundou a Igreja trabalhista. Sua teologia é difícil de descrever, porque era quase inexistente. Sem dúvida não era cristã em nenhum sentido tradicional. Seu próprio fundador acreditava que

> Deus está no movimento trabalhista. Esta é a palavra de nossa profecia [...]. O grande movimento religioso de nossa época é o movimento pela emancipação do trabalho [...]. O trabalho está salvando as Igrejas muito mais do que as Igrejas estão salvando o trabalho. E assim como é necessário para o trabalho, se quiser assegurar a própria salvação (o que envolve a salvação de toda a sociedade), que seja independente de qualquer partido político, também é necessário para o trabalho, se quiser ser forte com vida religiosa, perceber que tem religião própria, que pode torná-lo

independente da doutrina particular de qualquer Igreja, por mais "liberal" que seja.[32]

Desde que o movimento trabalhista tivesse religião própria, não importava muito o que ela era, e Trevor, para quem ela deveria "se bastar a si mesma, sem padre, sem vigário, sem credo, sem tradição, sem Bíblia", não era o mais indicado para definir seus dogmas. No entanto, como declaravam os princípios da União da Igreja Trabalhista, não era "uma religião de classe, mas que une membros de todas as classes trabalhando pela abolição da escravidão comercial".[33]

Na verdade, as Igrejas que se espalharam rápido na prática não compartilhavam nem a teologia de Trevor nem sua rejeição à religião de classe. Consistiam na maior parte em trabalhadores criados na atmosfera de dissidência sectária protestante, que achavam inconcebível que uma ruptura política e econômica com o capitalismo não levasse também a uma ruptura religiosa. Em Bradford, onde havia tempos se falava no estabelecimento de uma Igreja separada, isso só foi feito "quando vários líderes não conformistas na cidade manifestaram uma acentuada antipatia pela candidatura de Ben Tillet [socialista]".[34] Em Plymouth, fez-se a pergunta:

> Por que [as congregações da Igreja trabalhista] não têm escutado o evangelho pregado por essa ou aquela denominação? Porque os não conformistas, assim como a Igreja do Estado, em suas pregações têm blasfemado e caluniado o Carpinteiro Nazareno, aconselhando os homens a se contentarem com a posição em que Deus quis colocá-los.[35]

Seth Ackroyd, da Igreja trabalhista de Hull, ex-operador de serraria wesleyano de grande energia moral, o disse claramente:

> Os trabalhadores acham que as Igrejas cristãs foram (como a Imprensa pública) capturadas pelo capitalista; e o ministro que fala abertamente tem que sair da frente rápido e dar lugar a um que venda seu cargo e sua alma. Vemos que dessa maneira as organizações eclesiásticas se tornaram parte integrante do sistema capitalista competitivo; e como são administradas no interesse dos empregadores, é necessário que os empregados tenham sua própria Igreja, seu próprio culto, que será para eles um lar dominical, e cuja influência desenvolverá tudo que há de melhor e mais nobre em seu caráter. A associação é a única salvação para os trabalhadores. Mas para que a associação tenha êxito o caráter é necessário. Portanto, uma Igreja trabalhista, como formadora de caráter, é necessária aos verdadeiros interesses dos trabalhadores.[36]

Para aqueles criados numa atmosfera de dissidência, nada pareceria mais natural do que formar outra seita no modelo tradicional, e a Igreja trabalhista, com as conhecidas formas dissidentes de culto — os sermões, hinos, bandas de música, passeios para crianças —, expressava a nova ideologia socialista nos termos familiares da experiência deles. Nunca passou de fenômeno menor, embora igrejas se espalhassem com rapidez no Norte. Calculo um total de talvez 2 mil membros em meados dos anos 1890, e um pouco mais antes disso. A participação, no entanto, não ficava confinada aos membros; congregações de centenas de indivíduos são relatadas por igrejas bem pequenas no começo da década de 1890, e a igreja de Birmingham encomendou cem hinários em 1892. No auge do movimento havia igrejas como essas em 24 localidades, dezesseis delas em Lancashire e em West Riding. A de Manchester e a de Bradford, talvez com trezentos membros, eram as maiores, embora a primeira tenha declinado rapidamente, e as de Halifax, Leeds, Hyde e Birmingham, com entre cem e 130, vinham logo atrás em tamanho. Várias igrejas eram prolongamentos de algum grupo trabalhista secular, em geral o Partido Trabalhista Independente (PTI) — as de Bolton, Bradshaw, Farnworth e Morley eram governadas de fato pela executiva local da agremiação —, e a de Plymouth era um rebento do Sindicato dos Trabalhadores do Gás.[37] A maioria delas entrou em declínio quando a energia dos membros mais ativos foi absorvida por um grupo socialista basicamente secular, pois mesmo no plano ideológico a propaganda de outras organizações socialistas e do *Clarion* — cujo editor, Blatchford, viria a ser um propagandista do livre pensamento — neutralizava a propaganda do sectarismo trabalhista tradicional. No fim do século, as Igrejas já tinham deixado de ser um movimento sério. O PTI era seu principal herdeiro, mas, embora um cheiro do templo dissidente continuasse a pairar em torno de sua oratória, já não era mais uma seita trabalhista, mas um partido político secular. O maior interesse histórico das Igrejas é, portanto, como uma das formas de organização desenvolvidas por trabalhadores nortistas em seu processo de separação política e ideológica do Partido Liberal.

3

Não é difícil encontrar as razões do desenvolvimento anormal do sectarismo trabalhista nas Ilhas Britânicas. Ele foi a conquista ou o castigo do pioneiro social, pois a ironia da história é que o revolucionário pioneiro preserva muito mais daquilo contra o qual se rebela do que quem vem depois dele. A ideologia dos movimentos políticos trabalhistas descende da de seus antecessores revolucionários burgueses — a maioria dos movimentos socialistas passou por um estágio de jacobinismo de esquerda antes de desenvolver suas teorias independentes. Mas só nas Ilhas Britânicas a revolução burguesa foi travada e vencida antes que a ideologia secular atingisse as massas ou as classes médias. A declaração dos Direitos do Homem se estabeleceu entre os britânicos não na toga romana e na prosa iluminista do fim do século XVIII, mas no manto dos profetas do Antigo Testamento e na linguagem bíblica de Bunyan: a Bíblia, *O peregrino* e *O livro dos mártires*, de Foxe, foram os textos nos quais os trabalhadores ingleses aprenderam o á-bê-cê da política, se não o á-bê-cê da leitura. Foi, portanto, tão natural para a gente comum usar a linguagem religiosa para expressar suas primeiras aspirações como foi natural para oradores e juízes americanos continuar repercutindo os períodos equilibrados da prosa do século XVIII bem depois de terem caído em desuso em outras partes do mundo. Pois nada marca um povo de maneira mais profunda do que as grandes revoluções que vivenciou.

Ademais, embora a revolução dos sectários dissidentes do século XVII tenha sido derrotada, e, mais que isso, a base social de seu sectarismo tenha sido quase destruída, a Dissidência, como fato, foi oficialmente reconhecida. Havia daí por diante, na Inglaterra, uma espécie de religião que não se identificava com o Estado e com os poderes constituídos, às vezes até se opondo diretamente a eles. Nem mesmo o anticlericalismo revolucionário, fenômeno quase universal do período de revolução da classe média e do movimento trabalhista inicial, foi obrigado a ser cismático ou antirreligioso. O que era voltairiano na França do século XIX era não conformista na Grã-Bretanha do século XIX, fato que tem induzido observadores superficiais a ignorar as notáveis semelhanças entre os fenômenos políticos do anticlericalismo nos dois países. Além disso, a seita não era simplesmente uma expressão de dissidência institucionalizada, mas uma forma flexível de organização popular para todos os fins, entre os quais o da agitação em questões práticas. Nada mais natural do que grupos dos primeiros trabalhadores da indústria adotarem uma forma tão óbvia, e tão a seu alcance, se ninguém lhes ensinasse outra melhor.

Mas quem o faria? Os grupos de artesãos e artífices das cidades pré-industriais — Londres, Sheffield, Norwich e similares — tinham pouco a pouco desenvolvido formas específicas de sindicalismo de categoria a partir das velhas sociedades de artesãos, e uma forma específica de jacobinismo agnóstico a partir das relíquias do sectarismo do século XVII; ou mantido, entre eles, o núcleo duro de puritanismo *leveller* apaixonado e intelectual, como Mark Rutherford bem o retratou na figura de Zachariah Coleman em *The Revolution in Tanner's Lane*: não como *ranter* ou como revivalista, mas como um calvinista moderado, grande leitor de Bunyan e Milton, excelente debatedor e republicano. Ou talvez a partir desses pequenos grupos de instruídos e de militantes eles tenham desenvolvido seitas como a "Sociedade Racional" dos owenitas que fundaram a cooperativa de Rochdale.[38] Mas além desses grupos, com sua longa e contínua tradição de consciência política e sindical, havia as massas de trabalhadores que se mudavam do campo para as cidades, e as massas que cresciam como proletariado agrícola, ou como proletariado industrial ou semiproletariado em aldeias distantes do mundo da política radical, desamparadas, ignorantes — na verdade, quase sempre mais analfabetas do que seus antecessores pré-industrialização. Seu descontentamento era pré-político, e a propaganda dos radicais e livres-pensadores das cidades mal conseguia afetá-los, mesmo quando chegava até eles: os mineiros nortistas na Inglaterra permaneciam distantes do cartismo, mesmo quando seu ritmo peculiar de insatisfação estava em sintonia com o dos movimentos gerais. Os agentes do norte da França ficaram afastados da Revolução de 1848 e faziam greves ou rebeliões simplesmente por melhores salários e contra imigrantes belgas: foi só a partir de 1851 que o republicanismo avançou um pouco entre eles. Em geral, esses grupos eram convertidos por apóstolos de fora, que lhes mostravam o caminho no momento em que estavam prontos para seguir, mas não prontos para desenvolver por conta própria organizações trabalhistas ambiciosas. Assim, os homens da Primeira Internacional no começo dos anos 1870, os socialistas marxistas no fim dos anos 1880 e (como nos cotonifícios da Gastonia de 1929) os comunistas se tornaram organizadores pioneiros, e quase sempre o resultado disso era que as massas a quem pregavam o novo ensinamento se convertiam de maneira sólida e permanente à nova fé. O aparecimento do sindicato e do voto socialistas em muitas áreas de aldeias e minas industriais remotas e esquecidas podia ser espantosamente súbito: na região de Liège, em 1886, relatou-se que os trabalhadores "abominavam os socialistas", mas, já no começo dos anos 1890, deram a eles 80% — no vale do Vesdre, 90% — dos votos.[39] Mas isso só era passível de acontecer onde a industrialização chegava tão tarde que as áreas atrasadas podiam ser absorvidas de imediato num movimento "moderno" já existente e ativo. Na Grã-Bretanha, onde a industrialização era muito mais antiga, algum tipo de movimento trabalhista teve muitas vezes que ser desenvolvido bem antes que grupos "modernos" estivessem disponíveis para oferecer liderança, ideologia e um programa.

Nessas condições, a seita trabalhista teve que preencher a lacuna, na falta de coisa melhor.[40] Não havia muitos obstáculos políticos a superar, pois sua abordagem política não divergia da de movimentos seculares da classe trabalhadora e dos radicais, e, onde divergia, os sectários logo a assimilavam ao padrão geral da democracia radical. O sectarismo não inibiu a cooperação — ou o aprendizado — com os radicais e socialistas seculares: Zachariah Coleman cooperou prontamente com seus contemporâneos ateístas, assim como os mineiros do sul do País de Gales, quase sem exceção sectários dissidentes, seguiram o livre-pensador Zephaniah Williams no levante de Newport.[41] Os que lutavam pela mesma causa o faziam lado a lado, fato esse que tornaria mais fácil para as

Igrejas trabalhistas tentar unificar todas as seções do movimento trabalhista político, grupo sempre chegado a disputas sectárias. A seita trabalhista foi absorvida com facilidade na corrente geral da atividade de esquerda, e contou com a vantagem inestimável e tripla de revestir o protesto social dos trabalhadores com a retórica conhecida e poderosa da Bíblia, e de fazê-lo por métodos ao alcance dos trabalhadores menos instruídos e qualificados, proporcionando-lhes, como vimos, escolaridade e experiência valiosas.

Contudo, ela também tinha suas limitações. Do ponto de vista sociológico, tendia, como todos os grupos desse tipo, a perder seu caráter de seita de classe individual de trabalhadores, o que ocorreu com mais facilidade por não estar, em tese, comprometida com a comunidade de uma classe, e sim com a comunidade dos verdadeiros crentes, qualquer que fosse sua classe. Exceto quando conseguiu se manter pura através de secessões periódicas, como muitas seitas pequenas e não influentes o fizeram em várias cidades, ela inevitavelmente passou a produzir uma cúpula de confrades bem-sucedidos em termos mundanos e que adotavam as ideias das classes médias; e estes tendiam a ocupar posições de liderança nas congregações e em âmbito nacional. Apenas as comunidades mais unidas, em que a ascensão social era virtualmente impossível, a não ser através da ação conjunta de trabalho, permaneceram em parte imunes a isso, como as aldeias de minas. Do ponto de vista teológico, a seita sofreu com o inconveniente de todos os grupos cristãos, que estão comprometidos, de acordo com suas respectivas Escrituras, tanto com a rebelião como (através de São Paulo) com a aceitação do governo existente como moralmente bom. A ambiguidade dos ensinamentos cristãos não está além do poder da exegese adequada ou da casuística para ser eliminada como que por encanto, mas continua sendo um empecilho para a construção de uma doutrina social-revolucionária consistente. Por último, ela padecia da natureza fragmentária de seus ensinamentos; pois, como vimos, raramente — em suas formas ativistas — produzia um programa abrangente de ação política e social, e o que fazia acima de tudo era dar expressão eficaz a programas preparados em outros lugares. As seitas trabalhistas não produziram nenhum teórico importante. A teoria radical ou socialista que delas emergiu, fosse ela qual fosse, veio dos "velhos dissidentes" racionalizados e jacobinizados da safra do século XVIII — os unitaristas, os quacres e talvez alguns congregacionalistas — e se perdeu na grande tradição do racionalismo e do jacobinismo. Não houve socialismo cristão importante na classe trabalhadora; simplesmente o tipo padrão de socialismo, preparado por pensadores seculares e traduzido na terminologia bíblica familiar.

A seita trabalhista contribuiu, portanto, bem menos do que sua importância numérica faria supor para a evolução do movimento trabalhista britânico, tanto assim que sua contribuição prática pode ser reduzida a pouco mais do que alguns recursos organizacionais e propagandísticos, e a um trabalho pioneiro inestimável entre certos grupos de mineiros e trabalhadores agrícolas. Como vimos, ela perdeu importância no fim do século XIX, salvo talvez — e pelas razões apresentadas no parágrafo anterior — como uma tradição que ajudou a reforçar o já forte viés moderado e reformista do movimento trabalhista britânico. Por muito tempo serviu como campo de treinamento para quadros trabalhistas; e, como apontou Seth Ackroyd, de Hull, essa foi sua grande função prática. Esses quadros não eram nem de longe forçosamente moderados: vimos que um revolucionário tão nativo como Arthur Horner, dos mineiros do País de Gales, surgiu da atmosfera sectária. No entanto, mesmo essa função entrou em declínio. As organizações marxistas a partir dos anos 1880 e os movimentos de educação de adultos a partir do começo dos anos 1900 assumiram a maioria dessas funções, à exceção de alguns grupos especializados. O sectarismo trabalhista definhou, ainda que seu espírito continue vivo em áreas como o sudoeste do País de Gales ou em remotas aldeias agrícolas. Talvez ele fosse mais adequado à fase inicial de democracia radical do movimento trabalhista, e decaiu com o radicalismo da classe trabalhadora.

9. O ritual nos movimentos sociais

Todas as organizações humanas têm seu lado cerimonial ou ritual, mas os movimentos sociais modernos carecem, num grau surpreendente, de rituais adrede concebidos. Oficialmente, o que mantém seus membros unidos é conteúdo e não forma. O estivador ou o médico que saca uma carteirinha de seu sindicato ou de sua organização profissional (supondo que seja um ato de livre escolha) sabe, sem formalidades especiais, que está comprometido com certas atividades e formas de comportamento, como, por exemplo, a solidariedade com os colegas. O candidato a membro de um Partido Comunista se compromete a realizar uma série intensa e exigente de atividades e obrigações comparáveis, pelo menos para alguns membros, às de ordens religiosas. Mas ele o faz sem mais cerimônia do que pegar um pedaço de cartolina de formato puramente utilitário, no qual de vez em quando selos são colados.

Isso, é óbvio, não abole o ritual dos sindicatos e dos partidos políticos. Quando os planos de seus fundadores ou líderes não levam em conta o ritual, ele tende a se desenvolver de maneira espontânea, quanto mais não seja porque os seres humanos gostam de ritualizar e formalizar suas relações uns com os outros. As manifestações, cujo objetivo original nos movimentos trabalhistas era utilitário — demonstrar a força coletiva dos trabalhadores a seus adversários e incentivar seus apoiadores demonstrando-a —, se tornam cerimônias de solidariedade, cujo valor, para muitos participantes, está tanto na experiência de "união-identificação" como em qualquer objetivo prático que busquem alcançar. Um conjunto de elementos rituais pode surgir: insígnias, bandeiras, cantorias coletivas e assim por diante. Em organizações cujo desenvolvimento espontâneo é menos inibido pelo racionalismo do que nos movimentos trabalhistas, a necessidade de criar rituais pode florescer como vegetação rasteira tropical. As convenções dos partidos políticos americanos são talvez os exemplos mais marcantes disso. Mas o fato de homens darem significado ritual às suas ações, de modo que a troca anual de carteirinhas em alguns partidos comunistas seja uma ocasião mais solene do que a simples aquisição de um novo pedaço de cartolina, tem importância secundária. O que une os comunistas é o conteúdo do partido ao qual se juntam; o que mantém unidos os democratas americanos não são as peripécias de suas convenções quadrienais.

Nos movimentos sociais primitivos da Europa a forma desempenha papel muito mais importante, embora, é claro, a nítida distinção moderna entre forma e conteúdo dificilmente seja feita por seus membros. Nenhum dos dois pode existir de modo adequado sem o outro. Estudiosos da Idade Média estão familiarizados com esses fenômenos. Súditos devem lealdade aos reis, mas se o rei não cumpre certas exigências formais, como ter sido coroado e ungido em Reims, seus direitos e deveres passam a ser muito mais questionáveis. Só um ferreiro habilitado pode ingressar na sociedade de ferreiros qualificados, mas, a não ser que o faça da forma devida e adequada no momento e no lugar designados, e com as perguntas e respostas certas, ele não é "realmente" membro, e pode ter seus direitos negados ou recusar seus deveres. Não ter sido batizado ou casado da forma ritual correta, ou no momento ritual correto, pode, ainda hoje, pôr em risco a filiação de alguém a uma comunidade religiosa. Esse legalismo excessivo pode ser, e tem sido, racionalmente justificado, pelo menos na medida em que permeia sistemas legais, em especial os sistemas baseados numa tradição consuetudinária. Pode-se argumentar que a meticulosa adesão a procedimentos técnicos garante o estado de direito, embora criminosos individuais possam ter suas condenações anuladas por causa de imprecisões rituais em sua acusação. Pode-se argumentar ainda que, em sociedades incultas, ou em organizações administradas em parte por pessoas bastante estúpidas, como é o caso de muitos exércitos, até pequenos desvios de um procedimento tradicional rigorosamente estabelecido levam a crescentes divergências das práticas costumeiras, ou ao caos e à confusão. No entanto, grande parte da insistência na exatidão literal na observância de rituais não é, de fato, racional em nosso sentido. O argumento de que judeus são circuncidados porque talvez haja vantagens médicas na circuncisão não é o que tem levado pais judeus a submeterem seus filhos a esse procedimento ao longo dos séculos.

Podemos distinguir vários elementos nesse formalismo dos movimentos sociais primitivos. Em primeiro lugar, há a importância de formas vinculantes de *iniciação*. Em grupos voluntários, como os movimentos sociais, isso costuma assumir a forma de uma cerimônia, realizada por homens e mulheres capazes de fazer uma escolha consciente (ou seja, não antes da puberdade); daí a ênfase no batismo de adultos, e não de bebês, entre seitas revolucionárias do século XVI. A iniciação pode, nos termos de seu ritual, servir para vincular o membro estreitamente à organização, por exemplo levando-o a romper com tabus normais, como o caso das fraternidades de marginais sociais como ladrões.[1] Aqui também, o que é mais comum, ela pode estabelecer uma atmosfera particularmente solene e mágica destinada a impressionar o candidato com a seriedade do passo que está prestes a dar, ou — embora esse possa ser um estágio posterior, degenerado — imprimindo nele as sanções às quais estará sujeito em caso de quebra de lealdade. Ele pode ser "testado" ou examinado de várias maneiras. A iniciação real pode culminar num ato ritual, como a imposição de mãos, mas normalmente conterá um juramento solene ou uma declaração feita pelo candidato que o vincula por escolha pessoal.

A seguir, há *cerimoniais de reuniões periódicas*, que de tempos em tempos reafirmam a união dos membros: encontros, procissões, ações conjuntas de adoração e coisas do gênero. Em terceiro lugar, há o que se pode chamar de *rituais práticos* que permitem aos membros desempenhar com eficácia suas funções, tais como sinais de reconhecimento secretos e formais — a "Palavra Maçônica",[2] o aperto de mão dos maçons, senhas e assim por diante.

Por último, o mais importante e mais disseminado elemento é o *simbolismo*. Nas organizações primitivas, era isso que unia forma e conteúdo. O simbolismo ao qual estamos acostumados nos movimentos modernos — o distintivo, a bandeira, a figura simbólica, entre outros — é uma versão pálida e degenerada da coisa real. É verdade que para o socialista ou o comunista de hoje uma bandeira vermelha, uma estrela de cinco pontas, uma foice e um martelo (simbolizando, imagino, a união entre operário e camponês) podem ser uma expressão abreviada de seu movimento: seu programa e suas aspirações, suas conquistas, sua existência coletiva e seu poder emocional podendo evocar todos esses elementos. Mas nos movimentos primitivos, como nas catedrais góticas, um universo inteiro de simbolismo e alegoria pode existir, cada peça correspondendo a, e na verdade "sendo", uma peça específica, pequena ou grande, de toda a ideologia e de todo o movimento. Os estandartes e timbres elaboradamente alegóricos dos sindicatos britânicos do século XIX[3] são uma versão um tanto aguada disso tudo. O simbolismo maçônico é talvez o tipo mais conhecido desse universo fora das religiões estabelecidas e — para nossos objetivos — o mais influente. O volume de criatividade descabida que no passado era investido na elaboração desses universos de simbolismo, dos quais cada item poderia ter um significado diferente para membros de diferentes "graus" dentro da organização, é fenomenal. A maior parte disso tinha pouco impacto na função de uma organização como um movimento social, pois uma organização era e é em qualquer momento de sua existência concreta e limitada. Quando tirados de organizações e tradições passadas, os simbolismos, portanto, continuavam sendo sobretudo uma espécie de mobiliário emocional que esses movimentos usavam para fins bem menos elaborados do que aqueles para os quais ele tinha sido originariamente criado.

2

Onde deveríamos esperar esse tipo de primitivismo nos movimentos sociais do século XIX? Em primeiro lugar, nas organizações que, por serem ou precisarem ser secretas, ou por terem objetivos revolucionários bastante ambiciosos, impunham um grau extraordinário de coesão a seus membros; em segundo lugar, em organizações que, por serem derivadas de grupos e tradições mais antigos, retinham vínculos excepcionalmente vivos com o passado primitivo. Em outras palavras, de um lado em sociedade e ordens revolucionárias, de outro em sindicatos e sociedades solidárias, em especial as descendentes de artesãos qualificados independentes. A família de sociedades que podemos chamar de "maçônicas" oferece uma ligação entre os dois grupos. Isso não esgota, é claro, as possibilidades.

As primeiras organizações sindicais, sociedades solidárias ou mesmo os costumes e convenções não oficiais dos trabalhadores nos locais de trabalho mostram de fato numerosos traços de primitivismo. Como praticamente todas elas terminavam em bebedeira, na Grã-Bretanha nossos catálogos mais completos dessas cerimônias — mas um tanto carentes de detalhes não alcoólicos — vêm de defensores entusiásticos da temperança, como John Dunlop,[4] ansiosos para manter o público a par da multiplicidade de obstáculos que um britânico sóbrio enfrentava.

Examinemos agora a *iniciação*, que pode ser a iniciação num ofício (como quando o aprendiz se torna artesão qualificado), numa organização (como quando o artesão qualificado se torna membro de seu *compagnonnage* ou sociedade, quase sempre como corolário automático da primeira iniciação), ou num novo emprego ou oficina (como quando o artesão qualificado chega a uma cidade estrangeira). Essa ritualização dos "começos" continuou sendo quase universal na Grã-Bretanha da primeira metade do século XIX. Assim, entre os fabricantes de carruagem o novo aprendiz era cerimonialmente admitido; cada novo tipo de trabalho em que ele se empenhava era celebrado; o novo artesão qualificado tinha que obter sua "aceitação" por meio de uma solenidade; a mudança de uma bancada para outra na oficina, a primeira visita da mulher do trabalhador à loja, seu casamento e o nascimento de cada filho eram comemorados, e um novo sócio do empregador era "apresentado" num jantar para os homens. No começo do inverno os homens recebiam uma "recreação". Na entrega de uma carruagem o cocheiro do cliente recebia um presente. O artesão mais novo na oficina se tornava "autoridade" e recebia um cajado, cerimonialmente apresentado. Novas roupas eram às vezes, mas nem sempre, "batizadas". E assim por diante. Esses usos eram bastante padronizados em todos os ofícios.

Se tivermos em mente essa prática generalizada de celebrar com atos solenes qualquer começo, ou na verdade qualquer mudança formal na vida do homem, fica mais fácil compreender a cerimônia altamente emocional que cercava a iniciação dele no grupo especial de seus colegas, cerimônia essa destinada a demonstrar a total diferença entre aquele grupo e os demais, e a ligá-lo a ele pelos vínculos mais fortes imagináveis. Ela combinava temor reverencial, o elemento para testar o candidato e o elemento para instruí-lo nos mistérios do grupo, e naturalmente culminava em alguma forma de soleníssima declaração — quase sempre um juramento — e numa cerimônia que simbolizava a aceitação no grupo. Os ritos mais elaborados desse tipo parecem ter sido os das associações de artesãos franceses (*compagnonnages*), embora se limitem a seguir um padrão que se torna cada vez mais familiar para o estudioso da sociedade ritual.[5] Uma peculiaridade dos *compagnonnages* era não serem meras associações de determinados ofícios, mas fraternidades mais amplas que incluíam vários ofícios, embora em sua origem pareçam ter-se desenvolvido a partir dos ofícios relativos à construção civil, e por isso tinham muito em comum com os primeiros estágios da maçonaria. Parece ter havido no início duas grandes fraternidades rivais, os Enfants du Père Soubise (originariamente carpinteiros, mais tarde com outros ofícios de construção também) e os Enfants du Maître Jacques (originariamente pedreiros, carpinteiros e marceneiros, além de serralheiros, e mais tarde uma grande variedade de ofícios); uma terceira, os Enfants de Salomon, apesar de alegar grande antiguidade, talvez tenha sido uma dissidência tardia, que só teve pleno desenvolvimento no século XIX e se limitava basicamente a construtores de diversos tipos.[6] O ritual de iniciação desses grupos era de fato uma cerimônia notável. Primeiro o candidato passava pela "*épreuve de travail*" — talvez para mostrar conhecimento do ofício. A verdadeira cerimônia começava ao anoitecer, mas tinha que se verificar à meia-noite. Antes disso, o candidato era levado três vezes à câmara de iniciação para diversos propósitos formais e três vezes retirado de lá. Na câmara, ele era envolvido por um círculo dos irmãos e enfrentava três funcionários. Era apresentado pelo *rouleur* com três batidas de seu cajado. A câmara era decorada com dossel branco e continha um altar, sobre o qual ficavam um crucifixo e seis tochas. (O leitor pode ser poupado do significado simbólico de tudo isso.) Um punhal repousava sobre o altar, com uma fita vermelha na ponta que simbolizava o sangue que o candidato estava pronto para derramar antes de revelar os segredos da irmandade. A "toalha de mesa", que, como veremos, desempenhava papel importante nas cerimônias de reuniões periódicas, ficava em frente ao altar e sobre ela havia um prato com as "cores" futuras da irmandade do candidato e outro com a seleção de seus "nomes" na sociedade, um dos quais ele deveria escolher — em geral uma combinação ritual de seu lugar de origem com alguma qualidade, moral ou de outro tipo —, e uma garrafa com o vinho para batizá-lo. O candidato então declarava seu desejo de participar de uma sessão ritual de perguntas e respostas. Em seguida, era testado, tendo os olhos vendados.

Os testes incluíam os "trotes" de costume, provações dolorosas ou práticas humilhantes e ridículas (as dos carpinteiros de Soubise eram particularmente brutais) e testes morais, como o pedido para abandonar a família ou a religião, cometer um crime em prol da irmandade ou matar um homem, teste esse reproduzido com tanta fidelidade que o candidato, de olhos vendados, ficava muito tempo acreditando que de fato enfiara a faca em alguém. Passando nos testes, ele fazia o juramento de manter leal e eternamente os segredos da irmandade: "Eu preferiria e mereceria ter a garganta cortada, meu corpo queimado, minhas cinzas atiradas ao vento; prometo enfiar uma adaga no peito de qualquer um que venha a ser um perjuro; que a mesma coisa seja feita comigo, se eu me tornar um".

Às vezes havia também um teste de sangue: o sangue era colhido do candidato, que com ele fazia sua assinatura, ou pelo menos uma gota simbólica era colhida e ele fingia assinar com ela. Às vezes havia o teste de queima: uma vela acesa era apagada de encontro ao mamilo esquerdo do candidato.

O juramento era repetido duas vezes, e depois de cada uma o candidato repetia seu nome na sociedade, escolhia entre os presentes um padrinho, uma "madrinha" e um "sacerdote",[7] e era batizado com vinho.[8]

O único elemento ausente nessa iniciação era o da instrução sobre a natureza geral da sociedade, além dos sinais secretos de reconhecimento e coisas do gênero. As iniciações dos artesãos alemães, embora em geral preservassem os outros elementos numa forma menos elaborada e formalizada, observavam essa regra com tenacidade. Assim, entre os impressores, o "batismo" se tornara, no fim do século XIX, pouco mais do que o ritual jocoso de "cruzar a linha" em navios; entre os marceneiros, o teste se resumira a brincadeiras duras, a atribuição de um novo nome foi simplificada e os sinais secretos também eram bem menos complexos. No entanto, o "*Hobelpredigt*" ficou mais longo enquanto o restante do ritual se atrofiou, e há relatos de sermões parecidos na maioria dos outros ofícios.[9] Esses sermões eram uma mescla de discurso e catecismo, quase sempre muito corrompidos, uma vez que o velho ritual de teste no qual se baseavam tinha sido esquecido, e o conselho prático ao artesão nele enxertado quase sempre ganhava um tom humorístico. Na melhor das hipóteses, eles lembram alguma coisa saída dos Irmãos Grimm, na pior — e sem dúvida, quando proferidos por um "patrocinador" bastante bêbado, era sempre a pior hipótese — são tão cansativos quanto os sermões protestantes aos quais provavelmente devem sua popularidade, pelo menos como paródias. Assim, entre os tanoeiros alemães o novo artesão era instruído a, quando saísse da cidade, soprar três penas, das quais uma voaria para a direita, uma para a esquerda e a terceira para a frente. Ele devia seguir a do meio. Assim, chegaria a um lago onde muitos homens verdes estavam sentados dizendo "*arg, arg, arg*" (ruim, ruim, ruim). Apesar dessa advertência, ele devia prosseguir; segundo consta, isso fazia eco a um encontro ritual muito mais sério do que com rãs. Então chegaria à roda-d'água de um moinho que diria (de maneira onomatopaica, pelo menos em alemão): agora volte, agora volte, e assim por diante, passando por três portões, três corvos, encontrando-se com moleiros, fazendeiros, suas mulheres e coisas do gênero. Em cada caso, o candidato era indagado sobre o que faria, e aconselhado sobre o que deveria fazer.[10]

Com o avanço da maçonaria, que era, por sua vez, um rebento da mesma família de rituais de irmandades de artesãos, a probabilidade de as sociedades de artesãos sofrerem influência maçônica naturalmente era alta. Na Grã-Bretanha pelo menos, onde o *compagnonnage* pré-industrial quase com certeza não evoluiu para uma série de grupos tão especializados como no continente, a coloração maçônica é muito acentuada, mesmo onde não nos dizem claramente, como no caso dos Oddfellows, que foram "a princípio instituídos com base no princípio maçônico".[11] Os juramentos e cerimônias das primeiras organizações trabalhistas em alguns casos se inspiraram, é óbvio, na maçonaria, como na iniciação dos cardadores.[12] As iniciações britânicas eram em geral bem menos horríveis do que as francesas, e mesmo uma das mais brutais, que vem, curiosamente, dos legais e inofensivos Oddfellows, é pouca coisa em comparação com o teste do candidato a *compagnon*:[13]

> O candidato, ao ser conduzido à sala da loja, era cuidadosamente vendado e, depois de passar por guardiães externos e internos, sentia um peculiar e misterioso temor reverencial tomar conta de

> seus sentidos, por causa do silêncio solene e sepulcral daquele momento. Logo o sentido pervertido da audição era aguçado de forma temerosa pelo tilintar de imensas correntes de ferro e pelos sons sem sentido de vozes humanas. Se nessa fase da inauguração o postulante não fosse jogado e arrastado no mato, ou mergulhado por completo numa grande cuba,[14] a venda lhe era retirada dos olhos e a primeira coisa que seus órgãos visuais descobriam era a ponta de uma espada desembainhada perto de suas partes íntimas. Assim que conseguia desviar a atenção do digno guardião e sua lâmina, na grande maioria das vezes seus olhos repousavam sobre uma grande representação da Velha Mortalidade, cujo sorriso macabro seria suficiente para congelar o sangue quente em suas veias; cada canto da sala era repleto de símbolos de coisas sacras e profanas, cujo significado poucos saberiam explicar.

Talvez valha observar, en passant, que a crença dos governos britânicos do começo do século XIX na natureza necessariamente subversiva de iniciações e juramentos secretos era um equívoco. Os estranhos cujos segredos a irmandade ritual guardava não eram só os "burgueses" e nem sempre eram os governos. Na França em geral eram membros do *compagnonnage* rival, com quem os irmãos estavam em permanente estado de guerra, nas sociedades solidárias britânicas qualquer pessoa de fora do grupo, cuja filiação era na verdade definida sobretudo pela posse dos "segredos". Apenas na medida em que todas as organizações de trabalhadores, em virtude de seus membros pertencerem a determinada classe, tendiam a participar de atividades malvistas pelos patrões ou pelas autoridades, a iniciação e o juramento uniam seus membros especificamente contra esses patrões e essas autoridades. Em princípio, portanto, não havia distinção entre o que poderíamos chamar de sociedades legitimamente secretas e as que o eram sem necessidade, mas havia, sim, entre as atividades fraternais, às quais os membros estavam ritualmente obrigados a demonstrar solidariedade, algumas das quais podiam ser aceitáveis perante a lei, enquanto outras não.

Os *rituais das reuniões periódicas* também foram preservados de maneira mais completa no continente do que na Grã-Bretanha, onde se haviam tornado apenas vestigiais no século XIX, exceto aqueles relativos à peça central de mobiliário de toda sociedade de ofícios, a "caixa" ou "arca", na qual os registros e outros implementos da sociedade eram guardados. Temos alguns vestígios dos rituais de reunião, como as dos carpinteiros irlandeses, presididas pelo "pai da oficina", que "tocava o gancho" três vezes (ou seja, batia numa ferramenta para produzir um som) como sinal de que o "tribunal" estava em sessão; ou entre os impressores, onde o "padre do templo" convocava os membros a se aproximarem para demandar justiça à placa de impressão da oficina. Mas isso é bobagem perto dos ferreiros alemães, que desenhavam um "círculo do artesão" — figura parecida com o diagrama de uma boia salva-vidas ou de um pneu, mas com o círculo externo aberto —, inscreviam os nomes de todos os presentes entre os dois círculos e depois "fechavam" o diagrama, para enfatizar a presença de todos os irmãos em cada reunião. Após o pagamento das taxas, outro círculo era desenhado e o giz — normalmente guardado na "caixa" (*Lade*) — era posto dentro dele.[15] E o mobiliário ritual dos ferreiros era menos elaborado do que o de seus *compagnons* franceses, que faziam o juramento sagrado de, em qualquer cidade, se reunir (*fair la montée de chambre*) quando havia quórum às duas da manhã em ponto de cada domingo, exceto em Paris, onde as distrações disponíveis talvez expliquem por que tinham permissão para se reunir apenas duas vezes por mês. Os requisitos rituais dessas reuniões eram tão numerosos e estritos que talvez representem um estágio da evolução das sociedades em que elas não tinham nada de melhor a fazer. Os *compagnons* tinham que estar vestidos de maneira adequada, os casacos, abotoados pelo terceiro botão do lado esquerdo, como era costume da irmandade, mas sem adornos. O "guardanapo" era colocado diante do "*premier en ville*", o decano dos artesãos da cidade, numa posição perfeitamente alinhada. Era guarnecido com uma garrafa de vinho no centro e duas taças, uma à direita e a outra à esquerda do presidente, a da direita com vinho até a metade e contendo um pedaço circular da casca superior de um pão (precisava ser da casca superior), que era chamada de *pavillon*, a da esquerda, a "taça fraternal", vazia. Entre as duas taças, tinha que haver uma faca, a ponta escondida numa bola de pão. Outras cascas — agora cortadas em quadrados, mas também da casca superior — eram colocadas em cada ângulo do guardanapo.[16]

Todas as irmandades tinham suas cerimônias públicas, além das cerimônias específicas e esotéricas das reuniões periódicas. Em geral, eram religiosas, pelo menos nos países católicos romanos, onde sempre havia procissões de algum tipo nos dias do padroeiro da fraternidade — são José para os carpinteiros, santa Ana para os marceneiros, santo Elói no verão para os ferradores, santo Elói no inverno para os ferreiros, são Pedro para os chaveiros, são Crispim para os sapateiros, e assim por diante — e também em dias de festa e feriados. Procissões e cerimônias anuais desse tipo em datas fixas permaneceram universais na Grã-Bretanha, e as normas das sociedades solidárias de aldeia costumam tratar disso tomando as providências mais elaboradas. Até que ponto elas ainda refletem os antigos dias de santos é uma questão a ser explorada por antiquários locais. No entanto, na França os rituais religiosos públicos passaram a ser exigidos com menos rigor à medida que o século XIX avançava.

Os *rituais práticos*, em outras palavras, em geral os sinais secretos de reconhecimento, como "aperto de mão, senha, sinal, contrassenha ou senha de viagem",[17] tinham um fundamento racional muito mais óbvio. Os irmãos eram quase sempre analfabetos nos primeiros estágios da fraternidade, e, caso não o fossem, a proibição de manter registros escritos para proteger o sigilo — os *compagnons* os queimavam todos os anos, misturando as cinzas no vinho que bebiam — obrigava a sociedade a recorrer a sinais não escritos. Ainda que não houvesse nenhuma outra razão, o risco constante de que gente de fora pudesse invadir suas instalações tornava imperativo um sistema de reconhecimento de irmãos "legítimos": os registros dos sindicatos britânicos de categoria estão repletos de informações sobre a luta contra falsos pretendentes à hospitalidade das filiais locais. Não devemos nos esquecer de que todos esses grupos supunham que os artesãos viajavam muito: irmãos de uma cidade precisavam, portanto, de meios seguros de reconhecer estranhos. Como sempre, o ritual costumeiro de reconhecimento ia do utilitário ao fantástico, do simples às complexidades dos *compagnonnages*, cuja descrição ocupa três páginas grandes, e do prosaico ao pitoresco e ao poético. Aqui não há necessidade de uma descrição minuciosa dele. Nem precisamos nos estender sobre o simbolismo, os trajes e a "teologia" dessas organizações. Basta dizer que satisfaziam, e edificavam, os membros, e impressionavam e divertiam os não membros. No que diz respeito aos movimentos sociais mais amplos, eles transmitiam ou inventavam um vasto repertório de recursos, testados quanto a seu apelo emocional, dos quais esses movimentos se serviam quando necessário.[18] Só um aspecto merece menção especial: a prática, sem dúvida herdada de antiga tradição dos artesãos, de os membros galgarem os degraus de uma hierarquia análoga à do aprendiz, do artesão e do mestre — embora quase sempre mais elaborada.

Embora o ritual, de uma forma ou de outra, fosse universal, organizações operárias altamente ritualizadas eram mais raras do que se imagina, exceto entre os artesãos de ofícios tradicionais e em grupos que não tinham o objetivo principal de serem organizações de ação política ou econômica coletiva, como as sociedades solidárias, as ordens sociáveis de um tipo semimaçônico e coisas do gênero. Mesmo entre os ofícios pré-industriais os rituais não eram universais, embora tendessem a ocorrer onde quer que sociedades com funções quase sindicais florescessem. Na França em 1791, apenas 27 ofícios tinham *compagnonnages*, e — com exceção de artesãos especializados como os tosadores, ou, na Grã-Bretanha, cardadores de lã — eram ao que parece fracos entre grupos mais proletarizados como os trabalhadores do setor têxtil. Movimentos sociais "modernos" fora desses círculos antiquados tendiam a adotar rituais sobretudo com o objetivo mais pragmático de se proteger contra golpes dos inimigos. É por isso que, excluindo as vastas sociedades rituais não políticas, como as sociedades solidárias, entre outras, as organizações características e altamente ritualizadas eram, ao que tudo indica, pequenas. O clima do século XIX era desfavorável para rituais, salvo os não políticos. Entre os sindicatos britânicos juramentos secretos e coisas do gênero entraram em rápido declínio, e já eram muito mais raros nos anos 1830 do que observadores hostis estavam dispostos a admitir.[19] Entre os ofícios tradicionais, o ritual perdeu força, talvez com a urbanização: no fim do século XIX observou-se que o *compagnonnage* em Paris era mais forte entre artesãos recrutados em pequenas cidades de província, como no caso dos fabricantes de carruagem.[20] Os próprios *compagnonnages* foram abalados por uma secessão racionalista que ganhou terreno depois de 1830, com o apelo ao bom senso reforçado por uma revolta de jovens artesãos contra a tentativa dos irmãos estabelecidos de monopolizar os privilégios do *compagnon*. Uma fraternidade aberta de artesãos foi formada por dissidentes de todos os *devoirs*, e os inspiradores desse grupo "eliminaram todos os costumes que, apesar de terem sua justificativa na Idade Média, hoje não mais o fazem".[21] No fim do século, cerca de 40% organizados em *compagnonnages* e não em sindicatos — um pequeno grupo de menos de 10 mil — eram membros da organização aberta. Em suma, a organização trabalhista ritual era um sobrevivente em vias de desaparecer.

3

Fosse apenas isso, a irmandade ritual não valeria uma discussão mais prolongada. No entanto, no período de 1789 a 1848 houve um desenvolvimento da organização ritual que tem importância considerável na história dos movimentos sociais, para não dizer na história do mundo. Durante todo o período das três revoluções Francesas, a irmandade revolucionária secreta foi de longe a mais importante forma de organização para a mudança da sociedade na Europa Ocidental, sendo muitas vezes tão ritualizada que mais parecia uma ópera italiana do que um grupo revolucionário. Irmandades semelhantes continuaram sendo importantes politicamente em outros lugares e algumas ainda o são. Seus aspectos rituais são, portanto, de interesse mais do que apenas para antiquários.

Este não é o lugar adequado para uma breve história das irmandades secretas, assunto complexo e difícil para o qual não estou qualificado. No entanto, está claro que elas tendiam a pertencer a uma única família, em parte por serem descendentes de grupos maçônicos do século XVIII, em parte porque umas copiavam as outras,[22] e em parte, ainda, porque o mundo dos conspiradores, em especial nos lugares de asilo político onde se juntavam os *emigrés* — Genebra, Bruxelas, Paris, Londres —, era pequeno, coerente e até certo ponto de cooperação mútua, a despeito de suas dissensões ferozes e intermináveis. Instituições informais como o "Tribunal de Honra", perante o qual *emigrés* apresentavam suas desavenças, e a prática de passar informações sobre conhecidos agentes de polícia para grupos rivais de revolucionários atestam tal fato.[23]

As relações entre a maçonaria, ou outras fraternidades quase maçônicas, e os movimentos revolucionários são muito debatidas, em particular pelos que buscam uma visão paranoica da história, e o problema não é, portanto, do tipo que o historiador sério aborde com entusiasmo. A maçonaria do século XVIII parece ter sido menos uma organização única, com doutrina e programas fixos, do que um complexo de grupos, difíceis de definir além da declaração de que todos compartilhavam um padrão de organização e de ritual, e uma crença nos valores do "Iluminismo". É difícil, por isso, sustentar teorias de conspiração maçônica do tipo mais sinistro. Por outro lado, a simpatia dos maçons (ou de outros grupos formados no mesmo molde) pelas ideias que encontraram expressão nas revoluções Americana e Francesa fazia de muitos deles revolucionários, e a organização maçônica facilitou a transformação de lojas e agrupamentos superiores em centros políticos ou grupos de pressão, para incubar ou proteger irmandades revolucionárias, que por sua vez os "infiltravam". Os maçons ocuparam posição de destaque nas revoluções Americana e Francesa, e na Irlanda havia tantas lojas ligadas à Irlanda Unida em 1798 que as autoridades supunham a existência de uma estreita conexão orgânica entre os dois grupos. Onde não existia outra organização, como após a derrota de um movimento revolucionário, era muito provável que lojas maçônicas se tornassem refúgio de rebeldes. Assim, nas províncias francesas depois de 1834 a oposição republicana se retirou em grande parte para as lojas, para desgosto do Grande Oriente.[24] Quando a agitação revolucionária renascia ou era ampliada, era comum a maçonaria dar origem a ordens revolucionárias mais especializadas, muitas vezes com alguma variante de seu ritual e de seu simbolismo. Elas mantinham uma relação peculiar com os maçons, em parte se afastando deles — ainda que mantendo muitos vínculos —, em parte usando-os como campo de recrutamento de membros e tentando converter suas lojas. Assim, os Illuminati de Weishaupt, criados no ambiente maçônico, parecem ter convertido seções da maçonaria às suas ideias revolucionárias (sobretudo por meio do rito dos "templários escoceses"), criando com isso uma série de irmandades secretas nos períodos napoleônico e da Restauração, cuja maioria mostrava uma tendência a se tornar independente da maçonaria: os Filadelfi (que por sua vez se tornaram notável viveiro de sociedades secretas e também se infiltraram nos *compagnonnages*), os Tugendbund, os Adelfi, os Carbonari.[25] A tentativa de Napoleão de colocar a maçonaria sob controle do governo, que levou muitos maçons a lhe fazerem oposição política no começo do século XIX, naturalmente facilitou essas tendências. É evidente que muitos, talvez a maioria, dos persistentes revolucionários e conspiradores do período de 1789 a 1830 tinham antecedentes maçônicos, e continuavam a pensar, no que dizia respeito à organização, em termos mais ou menos maçônicos. Isso é verdade em especial no caso do conspirador por excelência dessa geração, Philip Buonarroti (1761-1837), sobre quem começamos a obter uma boa quantidade de informações.[26]

Essa origem e esse ambiente comuns das irmandades secretas talvez expliquem sua persistente tendência a produzir superconspirações internacionais, ou lideranças de coordenação secreta a operar acima das irmandades ou lojas individuais, e tecnicamente compostas de "graus mais elevados" de iniciação do que o comum. Essa prática pode ter contribuído bastante para o estabelecimento da forte tradição internacionalista dos últimos movimentos socialistas, ou seja, da convicção de que todos esses movimentos deveriam, em termos ideais, ser coordenados ou dirigidos por uma Internacional, embora o ideal de uma Internacional composta de todos os tipos de rebeldes logo tenha sido abandonado.[27] Buonarroti em sua época não só esteve ativamente envolvido com a maçonaria, com o babovismo e com o carbonarismo, mas também dominava uma das mais conhecidas dessas obscuras superconspirações, a dos Sublimes Mestres Perfeitos (ao que tudo indica, resultado da fusão entre Adelfi e Filadelfi em 1818), que tinha três graus, sendo o mais alto o "eleito sublime", um Grand Firmament em Paris, e acordos para aceitar os graus de irmandades afiliadas. Consta que os Carbonari italianos, alguns maçons franceses, o Tugendbund alemão e sociedades dezembristas russas estavam ligados a ela.[28] Possivelmente se trata do mesmo grupo Charbonnerie Démocratique Universelle que consumiu suas energias alguns anos mais tarde. Um grupo mais puramente maçônico desse tipo, com sede em Gibraltar, parece, como mostrou D. Dakin, ter militado no movimento fileleno em meados dos anos 1820, envolvendo-se em várias atividades pitorescas do gênero capa e espada. Mais tarde, um internacionalismo mais amplo e menos esotérico absorveu e transformou as energias dos rebeldes internacionais, e só revolucionários notavelmente arcaicos e românticos como Bakunin continuaram fundando "Alianças Secretas" desse tipo. Até que ponto elas foram eficazes mesmo em seu auge ainda é motivo de especulação.

A irmandade secreta clássica era um grupo hierárquico de elite, com uma tremenda parafernália de iniciação e outros rituais, simbolismos, nomenclaturas rituais, sinais, senhas, juramentos e coisas do gênero. O candidato era selecionado com especial atenção e, uma vez admitido, ia avançando aos poucos através de uma série de graus, cada um trazendo mais responsabilidades e maior conhecimento esotérico até que, com sorte, ele ingressava (ou melhor, era cooptado para ingressar) no núcleo mais sacrossanto dos círculos diretores existentes. Marx, que não tinha muita paciência com essas coisas, as descreveu como "autoritarismo supersticioso" e podemos ficar com essa frase. A verdadeira função política da irmandade era dupla. Em primeiro lugar, cada iniciado, que era também membro de várias organizações não iniciadas e "amplas", tentava influenciar essas organizações no sentido que interessava à irmandade. A própria irmandade nem sempre, ou nem sequer normalmente, operava através de um movimento mais amplo identificado de maneira específica com suas políticas, mas "permeava" — para usar uma frase fabiana — todos os grupos que lhe convinham. Em segundo lugar, em situações de insurreição, procurava provocar levantes com pequenos grupos de iniciados devotos que pudessem atrair a simpatia das massas ou tomar o poder fosse como fosse. Enquanto aguardava situações insurrecionais, a irmandade se empenhava em agitar, cometer atos individuais de terrorismo ou executar qualquer outra atividade preparatória da revolução. A melhor ilustração das operações (não rituais) de uma irmandade desse tipo é oferecida pela mais longeva de todas elas, a Irmandade Republicana Irlandesa, mais conhecida como Movimento Feniano, que funciona desde os anos 1850.[29]

As organizações secretas revolucionárias perseguidas, por boas razões, pelos governos precisavam, é claro, tomar providências para garantir sua segurança, e nada mais natural que grupos descendentes da família de irmandades artesano-maçônicas adaptassem seus rituais nesse sentido. Há, como vimos, um argumento utilitário em defesa dos "rituais práticos", e naturalmente também da organização hierárquica de movimentos clandestinos, em que membros de um grupo não conhecem membros de outros grupos e os escalões inferiores só conhecem a identidade de seus superiores imediatos. Mas é bastante claro que as exigências da ilegalidade, tal como as entendemos hoje, explicam apenas parte da notável exibição de trajes de fantasia de que as irmandades clássicas tanto gostavam, e que na verdade trabalhavam contra a preservação do sigilo. O agente policial De la Hodde observa en passant que as irmandades francesas só se tornaram genuinamente secretas quando seus membros se tornaram proletários, ou seja, anônimos do ponto de vista policial, e se reuniam nas salas dos fundos dos pubs e não nos elaborados aposentos das lojas, cujo equipamento era em todo caso volumoso e complicado demais para estar ao alcance dos pobres. Os prolongados e complexos rituais dos Carbonari, dos quais temos descrições,[30] eram permanentes convites à intervenção policial. A fantástica nomenclatura das irmandades era totalmente não utilitária, em comparação com organizações revolucionárias posteriores, que costumavam escolher nomes que indicassem uma ideologia ou um programa. A lista das irmandades em funcionamento na Apúlia talvez inspire o amante de libretos operísticos, mas dificilmente inspiraria o rebelde sério: Carbonari de várias colorações, Mestres Supremos, Maçons Perfeitos, Filadelfos, Edenistas, Helenistas, Patriotas Europeus, Homens Decididos, Homens da Adaga, Os Sem-Camisa, Os Sem-Nome, Illuminati, Peregrinos Brancos, Três Cores, Quatro Cores, Sete Letras, Oito Letras, Seita dos Cinco, São João Batista, Sociedade das Almas Veneráveis do Purgatório, A Cebola, O Túmulo Central, Sociedade das Estações, Bella Constantina etc.[31] O mais sério dos revolucionários profissionais, Blanqui, perpetrou uma Sociedade das Estações cuja unidade básica era a "semana" — seis homens e um líder chamado "Domingo" —, quatro semanas formavam um "mês", liderado por "Julho", três meses, uma "estação", liderada por "Primavera", e quatro estações, um "ano", liderado pelo surpreendentemente incolor "agente revolucionário".[32] Claramente a ritualização da irmandade tinha uma função sociológica distinta das necessidades políticas da agitação ilegal. A irmandade era uma espécie de seita religiosa, tanto quanto um grupo político.

4

Antes de examinarmos as razões dessa ritualização excessiva, façamos um rápido esboço do declínio da irmandade ritual. A grande época das irmandades como uma única família — pelo menos teoricamente unida — ao que tudo indica terminou com as revoluções de 1830. As conspirações de 1830-48 podem ter retido em parte o padrão original carbonarista, mas a ascensão de agrupamentos nacional e socialmente especializados enfraqueceu sua coesão. Fora da Europa Ocidental, a irmandade revolucionária secreta continuou sendo importante, ou na verdade ganhou importância no período correspondente ao de 1789-1848 na história dos países afetados. Alguns dos melhores exemplos vêm da Ásia no século XX, como o Movimento Terrorista Bengali, que devia pouco ou nada de seu ritual à tradição europeia ocidental, mas que buscava inspiração na religião hindu, ressaltando o culto da deusa Kali, e combinando a defesa da revolução com a da construção de um templo num lugar "longe da contaminação das cidades modernas e ainda pouco frequentado pelos homens, num ar elevado e puro impregnado de calma e de energia", e de uma nova ordem de devotos, alguns dos quais deveriam ser *sanyasis* e, na maioria, homens solteiros que retornariam para um *ashram* quando a tarefa de libertação da Índia estivesse concluída.[33] No entanto, o declínio geral da ritualização pode ser observado em todos ou quase todos os grupos revolucionários, em especial naqueles que gravitavam em torno do Movimento Trabalhista e Sindical, como alguns dos mais decididos e revolucionários tendiam a fazer: os terroristas bengalis foram em grande parte convertidos ao comunismo nos anos 1930, e o comunismo que existe na Irlanda parece ser basicamente resultado de dissidências de esquerda do Exército Republicano Irlandês. E por sua vez o declínio na ritualização diminuiu automaticamente o apelo das irmandades.

Esse declínio pode ser descoberto de muitas maneiras. Por exemplo, é significativo que a Sociedade das Estações de Blanqui, depois de suas primeiras derrotas, tenha se reorganizado com nomenclatura muito mais sóbria (agentes revolucionários, *chefs de groupe*, *hommes*). O cerimonial ilegal dos últimos blanquistas, ou da maioria dos grupos Narodnik russos, parece não ter passado do que se poderia esperar de grupos teimosos, embora talvez politicamente equivocados, de revolucionários profissionais na ilegalidade, apesar de ser difícil falar com qualquer grau de certeza sobre assunto tão obscuro.[34] Mas o exemplo mais claro do declínio real de uma organização ritual é também o mais significativo, pois diz respeito às origens do marxismo.[35]

Em 1834, quando a atividade revolucionária legal na França teve mais uma vez que cessar, uma Liga dos Fora da Lei (Bund der Geächteten) surgiu em Paris dos escombros de uma Sociedade Popular Alemã, uma ampla organização de massa para emigrantes alemães, sem, pelo que se sabe, quaisquer aspectos rituais especiais. (No entanto, é bom ter em mente que o grosso dos emigrantes alemães era formado por artesãos itinerantes, impregnados da tradição do *compagnonnage*.) A Liga tinha a estrutura piramidal de costume e uma nomenclatura de influência carbonarista: *Huetten* (ou seja, as *Ventes* ou *Vendite* carbonaristas), *Berge* (montanhas), Dicastérios e a *Nationalhuette* (a Cabana Nacional). Mais tarde outros nomes foram dados, de inspiração meio militar, como *tendas*, *acampamentos*, *acampamentos distritais* e *focos* (*Brennpunkte*). Uma linha nítida separava os dois graus inferiores dos dois graus superiores. Havia sem dúvida alguma iniciação cerimonial, pelo menos na *Berge*, mas o rito já começava a perder importância. Assim, embora os candidatos tivessem os olhos vendados em Paris, as seções na Alemanha abandonaram a prática. Sinais de reconhecimento e senhas eram naturalmente usados. Tratava-se de perguntas e respostas rituais, talvez tomadas de empréstimo do repertório da *compagnonnage* ou da tradição maçônica, ou de simples termos ideológicos, como "virtude cívica". Havia um juramento, embora alguns observadores duvidassem se seria mais do que uma declaração solene, pois não tinha forma religiosa.

Os Fora da Lei acabaram dando origem à Liga dos Justos, que por sua vez, sob influência de Marx e Engels, veio a ser a Liga dos

Comunistas, para a qual o famoso *Manifesto* foi escrito. Os comunistas não eram mais uma irmandade à antiga. Marx, cuja antipatia pelas irmandades era forte — sempre se recusara a ingressar em qualquer uma delas —, cuidou disso, estipulando em especial a eliminação de todo autoritarismo supersticioso de suas normas. O novo grupo, democrático porém centralizado, elegia todos os seus dirigentes, que eram sujeitos a destituição. Por razões práticas, era uma organização revolucionária totalmente moderna. Portanto, temos aqui um exemplo da transição bastante completa do quase carbonarismo dos Fora da Lei para o racionalismo completo em organização. O processo inteiro foi completado entre 1834 e 1846.

Por que as irmandades rituais entraram em declínio e desapareceram? A explicação mais simples é que elas descobriram que o ritual era desnecessário, e podia até atrapalhar. Ele tinha duas funções práticas, vincular os membros estreitamente à irmandade e preservar seus segredos, mas não era necessário nem para uma coisa nem para outra. O Bruto de Shakespeare disse há muito tempo:

Sem juras. Se a consternação humana,
As perversões do tempo e a nossa angústia
— Se isso não basta, debandemos já,
De volta a nossos leitos ociosos;
[...]
Que outro aguilhão, além da nossa causa,
Precisamos, que instigue o desagravo?

Homens fortes e dedicados guardariam segredos de qualquer maneira; homens fracos os entregariam apesar dos juramentos. O que mantinha os homens unidos não era o juramento, mas a causa, e — embora se deva falar sempre com cautela — parece que o juramento tinha se tornado nada mais do que uma declaração solene, mesmo em irmandades clássicas, e que elas abandonaram esse elemento de ritualmente quebrar tabus que notamos de tempos em tempos. Os rituais práticos eram úteis para a segurança, mas a verdadeira força das regras de segurança como as da conspiração reside em seu *bom senso*. Aprendê-las como se fossem rituais pode na verdade interferir em seu uso eficiente. Não é de surpreender, portanto, que entre os terroristas indianos do começo dos anos 1900 as regras de atividade clandestina, que eles tomaram emprestadas dos russos, fossem puramente práticas e que as ideias religiosas subjacentes a publicações como o panfleto *Bhawani Mandir* logo passassem para segundo plano, restando apenas juramentos e votos.

Apesar disso, essa explicação puramente utilitária do declínio do ritualismo não chega a ser satisfatória. É possível sugerir outra explicação.

As irmandades rituais clássicas eram em sua maior parte compostas do que De la Hodde chama de intelectuais desempregados e outros membros "*impuissants*" das classes média e alta.[36] Elas também tinham forte apelo para outro grupo meio desclassificado — grupo com seu próprio gosto por roupas e cerimônias —, oficiais e sargentos do Exército. A revolução que esses homens desejavam era, até certo ponto, um artefato imposto de fora àqueles a quem beneficiaria. As massas como tais praticamente não entravam de forma alguma em seus cálculos.[37] Eram nacionalistas, numa época em que as massas de compatriotas seus não eram: o isolamento dos Carbonari e mazzinianos do conjunto do campesinato italiano é legendário. Eram racionalistas — em ideologia, quando não em organização — numa época em que as massas potencialmente revolucionárias eram dominadas pela religião tradicional. (Paradoxalmente, o livre pensamento era talvez mais difundido entre conservadores moderados, ou whigs.) A libertação da humanidade da tirania, concebida de maneira vaga como era, não surgiu, e não se esperava que surgisse, diretamente dos interesses de nenhuma classe ou grupo em particular. Se os vemos como "defensores" ou "representantes" de uma ou de outra classe, não é porque tenham feito isso de forma consciente.

A estratégia e as táticas das irmandades clássicas eram, portanto, as de grupos de elite autosselecionados, impondo a revolução a uma massa inerte, mas agradecida, ou, na melhor das hipóteses, despertando para a atividade, com seu exemplo e sua iniciativa isolada, uma massa passiva, como no Levante da Páscoa de Dublin. Homens que operavam nesse isolamento consideravam os rituais que simbolizavam sua exclusividade e sua coesão emocionais não apenas convenientes, mas essenciais. Quanto maior a separação real ou imaginária do grupo em relação ao resto do povo, maior a probabilidade de ele criar essas convenções para si.

Mas os acontecimentos cruciais dos anos 1830 — pelo menos numa seção do movimento revolucionário — foram o declínio do conspirador de classe média e a ascensão do conspirador de classe trabalhadora, e o surgimento da teoria "proletária" da revolução. Os blanquistas ilustram isso muito bem. Seu catecismo de iniciação, tal como registrado por De la Hodde em 1834, já era bastante ambíguo. O que era governo? Era um conjunto de traidores que agiam no interesse de um pequeno grupo de exploradores, aristocratas, banqueiros, monopolistas, grandes proprietários e todos os exploradores de homens. O que era povo? O conjunto de cidadãos trabalhadores, cujo destino era a escravidão. Qual era a sorte do proletário no governo do rico? A do servo e do escravo. Era necessária uma revolução social ou apenas uma revolução política? Uma revolução social. E logo depois a composição das sociedades mudava. "*Le recrutement qui s'était fait dans les mauvaises couches de la bourgeoisie va s'opérer exclusivement dans les bas-fonds de la clas-*

se populaire."[38] A Liga dos Justos, por sua vez, era uma dissidência operária dos Fora da Lei (se assim pudermos descrever os artesãos alemães). Alfaiates, impressores e sapateiros a dominavam.

Agora se poderia achar que essa mudança de membros intensificaria o ritualismo, porque homens sem instrução e politicamente subdesenvolvidos adotariam as cores cruas dos juramentos e das cerimônias secretas. Na verdade — pelo menos nas organizações blanquistas —, as frases do catecismo de iniciação se tornaram mais contundentes e vívidas à medida que a (proletária) Sociedade das Estações substituía a Sociedade (de classe média) das Famílias; mas, como vimos, o catecismo era um documento político perfeitamente racional. Essas pequenas variações no estilo das organizações secretas não alteram o fato de que sua proletarização marcou um declínio do ritual, porque já não precisavam tanto dele. Pois o revolucionário proletário (ou o intelectual que se identificava com ele) não tinha necessidade de fórmulas românticas. Ele estava, por definição revolucionária, nadando na corrente da história e do proletariado. Se era operário, limitava-se a executar de forma mais eficiente o que ele e outros operários — desde que tivessem "consciência de classe" — julgavam ser a estratégia óbvia de sua situação social. Para esses operários com consciência de classe, *não* pertencer ao "movimento" ou *não* simpatizar com ele teria sido o mais difícil. Se era intelectual, bastava olhar os trabalhadores para se sentir, apesar de individualmente desclassificado, parte de uma coletividade "natural". Grupos de elite deixaram de ser unidades de combate autossuficientes e se tornaram, na frase leninista, "vanguardas" de um grande exército. A vanguarda talvez precisasse ser criada, mas o exército já existia. A história o moldara, o fortaleceria e garantiria seu triunfo. Marx não se opunha à irmandade secreta só por ter uma antipatia natural e compreensível por teatralidade na política e, portanto, por gente como Mazzini, mas porque seu tipo de movimento criava compromissos emocionais mais fortes num grupo maior de pessoas do que as conspirações quase maçônicas.

Seria imprudente levar adiante nossa hipótese no atual estágio de nosso conhecimento. Muito trabalho ainda precisa ser feito por estudiosos, e não por excêntricos, sobre as sociedades revolucionárias secretas dos últimos 150 anos no mundo inteiro, antes que possamos fazer mais do que especular sobre o fenômeno como um todo. Suas relações com movimentos nacionais, como coisas distintas dos movimentos de libertação social, seus vínculos com várias tradições locais ou os empréstimos que fazem à tradição ocidental, seus contatos com movimentos primitivos dos tipos discutidos em capítulos anteriores ainda precisam ser investigados. O que foi dito aqui se aplica às irmandades que, de maneira direta ou indireta, acabaram sendo absorvidas pelos movimentos trabalhistas e socialistas modernos, mas não necessariamente a outros grupos parecidos.

Sua absorção até que foi fácil. Muitos dos indivíduos que as formavam, na medida em que eram revolucionários sérios, passaram a integrar os movimentos não rituais, nos quais ocuparam posições importantes, como se pode observar seguindo a trajetória de vida dos membros originais da Liga dos Justos ou de grupos blanquistas de que temos registro. A forma conspiratória de organização, da qual foram pioneiros, continuou a prestar bons serviços, despida de seu ritualismo, onde quer que a situação exigisse extrema devoção e perigosa atividade ilegal. Os bolcheviques de Lênin devem mais do que costumam admitir à experiência e aos métodos de trabalho da tradição buonarrotista-narodnik, muito embora o antirritualismo marxista tenha feito o possível para estabelecer uma atmosfera de pragmatismo e objetividade mesmo em atividades do tipo capa e espada, que, como o nome popular indica, tendem a compensar a extrema tensão que envolve os participantes com certa dose de romantismo. As irmandades à antiga entraram em declínio, porque a política deixou de ser assunto de conspirações, salvo nas situações limitadas que ainda dão margem, aqui e ali, a atividades como as que as irmandades tinham em mente. Na verdade, o tempo em geral resolveu o problema das irmandades. Elas eram "primitivas" por representarem uma forma inicial e imatura de organização revolucionária, que buscava compensar de várias formas a falta de estratégia, táticas e perspectivas políticas claras. À medida que os movimentos revolucionários passaram desse estágio, elas se tornaram desnecessárias e às vezes, como os blanquistas depois da Comuna, sumiram de vista nas atividades parlamentares e não parlamentares mais amplas a serviço de sua causa. Mas seu primitivismo foi em grande parte acidental: a combinação de uma forma particular de atividade de elite e uma disponibilidade, historicamente dada, de dispositivos ideológicos e organizacionais. Ao contrário de outros movimentos primitivos discutidos neste livro, elas pertencem à história, e não à pré-história, dos movimentos sociais modernos, se bem que a um estágio bem inicial dessa história.

Apêndice

Em sua própria voz

1. Carta de Pasquale Tanteddu, fora da lei e bandido (Sardenha, 1954)
2. O bandido Vardarelli ajuda os pobres (Apúlia, 1817)
3. Um bandido bourbônico interrogado (sul da Itália, começo dos anos 1860)
4. Donato Manduzio refuta um falso apóstolo (San Nicandro, começo dos anos 1930)
5. Uma camponesa na boa sociedade (Piana dei Greci, Sicília, 1893)
6. Uma comuna não contaminada pelas cidades (Ucrânia, 1918)
7. Camponeses desconfiam de governos (Ucrânia, 1917)
8. A vontade do czar (Poltava, 1902; Tchernigov, 1905)
9. Conversa com Giovanni Lopez, sapateiro (San Giovanni in Fiore, 1955)
10. Dois sermões de greve (Loray, Carolina do Norte, 1929)
11. Um sindicalista de Lincolnshire: Joseph Chapman (Alford, 1899)

12. Os "Homens Decididos" recomendam um irmão (Lecce, Apúlia, 1817)

13. Alguns juramentos secretos (Grã-Bretanha, anos 1830; Nápoles, 1815-20; Paris, 1834)

Os documentos aqui reunidos não pretendem ilustrar todos os aspectos do texto, mas ajudar os leitores — caso precisem dessa ajuda — a se colocar na pele dos "rebeldes primitivos" discutidos neste livro. Não fiz nenhuma tentativa sistemática de descobrir esses "estudos de caso", limitando-me basicamente a republicar documentos pertinentes com que deparei no curso normal das leituras relativas ao assunto. Um documento é o registro de uma entrevista feito menos de uma hora depois da conversa.

A leitura desses documentos talvez seja proveitosa para leitores em busca de "atmosfera", ou que queiram fazer sua própria análise à luz dos argumentos apresentados no texto, os quais eles ilustram de várias maneiras. Os de números 1, 5, 6-9 e 11 provavelmente compensam um estudo mais minucioso. O de número 1 ilustra as atividades à maneira de Robin Hood, e o egocentrismo e o exibicionismo do paladino e vingador individualista dos pobres; o de número 3 exemplifica as convicções e a magia do tipo "Igreja e rei". O de número 4 nos conduz ao mundo do fervor religioso de onde surgem o milenarismo e as seitas trabalhistas. O de número 5, em muitos sentidos o mais importante dos documentos, é uma clara exposição do ideal dos revolucionários camponeses; o de número 6 é uma descrição de sua aplicação. Tanto o de número 6 como o de número 7 mostram a profunda desconfiança que revolucionários camponeses têm das "cidades". O de número 8 nos traz a crença no "rei justo" e o dispositivo milenarista da tão esperada "nova lei" ou do "manifesto em letras de ouro" instituindo a liberdade. Também lança luz sobre a destrutividade dos revolucionários primitivos. No documento de número 9 o leitor observará a interpretação social da Bíblia, o anticlericalismo e o profundo sentimento de igualdade, mas também a combinação característica de amor fraterno e implacabilidade (comparar também com os de números 5 e 11). O de número 10 mostra uma consciência política muitíssimo subdesenvolvida e uma interpretação da religião basicamente voltada para o sobrenatural — afirmando a importância absoluta da salvação e a superioridade de Deus sobre as riquezas terrenas —, mas desviada para o protesto social. O de número 11 traz a implicação do milênio (ver também os documentos 5 e 9), a hostilidade contra os padres e "professores vazios e infrutíferos", a exclusão do milênio dos que não são guiados pelo espírito de Deus e o ressentimento contra a desigualdade social. Mas aqui isso é atenuado, não passando, na prática, de um reformismo modesto. O de número 12 ilustra o aspecto operístico das irmandades secretas no que elas têm de mais extravagante. O de número 13, por fim, dá exemplos de juramentos secretos e mostra a decadência final do ritualismo.

1. CARTA DE PASQUALE TANTEDDU, FORA DA LEI E BANDIDO (SARDENHA, 1954)

FONTE: Franco Cagnetta, "Inchiesta su Orgosolo" (*Nuovi Argomenti*, Roma, set./out. 1954, pp. 209-11). Pasquale Tanteddu nasceu em Orgosolo, em 1926. É fora da lei desde 1949. Em 1953 foi condenado à revelia pelo Tribunal do Júri em Cagliari pelos massacres de Villagrande e "*sa verula*", tendo sido acusado de seis homicídios de *carabinieri*, nove tentativas de homicídio contra *carabinieri*, dois assaltos, formação de quadrilha etc. Foi absolvido em caráter provisório (à revelia) do assassinato de Nicolo, Giovanni e Antonio Taras, suspeitos de serem informantes da polícia. A recompensa por sua captura em 1954 era de 5 milhões de liras. A carta foi enviada para Roma, onde chegou em 8 de agosto de 1954. O dr. Cagnetta, que realizou muito trabalho sociológico de campo na aldeia, descreve Tanteddu como "um bandido muito popular em Orgosolo, porque a opinião geral é que, ao contrário, por exemplo, de Salvatore Giuliano, ele jamais cometeu crimes contra 'os pobres' e nunca se permitiu ser servo dos 'senhores'".

Mario Scelba, mencionado na carta, era ministro italiano do Interior e subsequentemente foi primeiro-ministro. Salvatore Giuliano é o famoso bandido siciliano.

Mantive deliberadamente a falta de graça e a linguagem semialfabetizada do documento.

Caro Cagnetta,

Informado de que o senhor esteve em Orgosolo com o objetivo de denunciar à opinião pública por meio dos jornais nossa trágica situação, e como não é possível para o senhor me entrevistar pessoalmente, porque preciso evitar espiões e outros encrenqueiros, estou escrevendo esta carta por meio de outras pessoas, pois não sei assinar meu nome, e lhe dirijo esta carta para esclarecer todas essas mentiras que são publicadas repetidas vezes nos jornais — eu que nunca vi um único jornalista, que palhaços eles são — e as mentiras que circulam na boca de tantos desocupados que tentam lucrar com minha triste condição de fora da lei e analfabeto. Acima de tudo, quero que o senhor dê uma bela e correta forma literária aos fatos que agora vou destacar.

Quero começar com a primeira perseguição. A primeira vez que fui acusado foi por brigar. Eu tinha dezesseis anos e era pastor. Quando estávamos no estábulo, um de meus colegas, não sei com que pretexto, abusou de sua força e me arrastou pelas pernas até o meio da sala: de repente me vi com a faca na mão e quis assustá-lo para que me soltasse, por isso movi a mão e quando ele mudou de posição a ponta da faca entrou em sua espinha. Fui preso e absolvido depois de seis meses na cadeia pelo Tribunal Juvenil de Cagliari.

Em 945 [sic] fui acusado de roubar uns cavalos por outro rapaz, que, depois de torturado pelos *carabinieri*, foi obrigado a dar meu nome e o de outro colega.

Em 947, quando assistia a um debate no Tribunal em Nuoro, de repente fui empurrado por um *carabiniere*, que disse que eu estava fazendo bagunça. Tentei me justificar, dizendo que estava calmo, mas quando viu que eu respondia o *carabiniere* se jogou em cima de mim. Quando o empurrei para trás ele caiu por cima da grade. Fui agarrado pela nuca por um bando de policiais, que me levaram para a cela. Fui acusado do crime de desacato e violência e depois de quatro meses na cadeia me condenaram a catorze meses.

Depois que cumpri minha pena trabalhei em casa com um rebanho de ovelhas que nos pertencia e cuidei de uma horta que tínhamos arrendado junto com meu irmão mais velho, Pietro. Ele tinha sido guerrilheiro, tinha entendido a verdadeira situação da exploração e da opressão dos ricos contra nós, que somos pobres. E o fato de que ele era um homem desse tipo deixava proprietários e espiões de nossa região furiosos como feras contra ele. E em 1949 eu e meu irmão éramos procurados para sermos mandados para o *Confino*, simplesmente por causa disso. Tentamos escapar porque sabíamos que éramos inocentes. Mas quando você é um pássaro da floresta, os *marescialli*, apoiados pelos ricos, tentam culpar você por todos os crimes que acontecem. O "Benjamin" mais leal era o *maresciallo* Loddo, que por dois ou três anos teve plenos poderes em Orgosolo para bancar o santo Inquisidor, mandando todos aqueles que queriam escapar de seu jugo para o *Confino*, e ameaçando com o *Confino* todos que tinham ficha e nenhum caráter e subornando-os para colaborar com eles. Eles fizeram tantas maquinações criminosas que no fim aconteceu o famoso massacre de "*sa verula*", onde todos aqueles pobres *carabinieri* perderam a vida, eles, que talvez não soubessem nada dos planos malucos dos *marescialli* Loddo, Ricciu e Serra, os principais Inquisidores da região de Nuoro. E os irmãos Tanteddu foram acusados disso, assim como de todos os outros homicídios. E apesar de todas as outras acusações feitas contra mim por Loddo, em número de dez, serem rejeitadas pelos tribunais, esta última não foi, graças ao mais infame acusador de que há registro na história da Sardenha, o notório Mereu Sebastiano, um digno servo daqueles *marescialli* que tinham sede de injustiça e de desordem. E eu ia ser condenado a trabalhos forçados e ele receberia a recompensa por "boa conduta" do assassino siciliano Mario Scelba (a mesma que ele deu aos Lucas depois que eles traíram e mataram seu querido amigo e assassino de trabalhadores, Salvatore Giuliano). Esse informante sem-vergonha, que conseguiu incriminar tantos cidadãos honestos, disse que me reconheceu numa fotografia tirada de um grupo de nós quando eu era menino, e numa época em que eu estava doente com febre perniciosa e tão consumido que ninguém em Orgosolo seria capaz de me reconhecer. Acho incrível que os juízes tenham resolvido acreditar num indivíduo tão desacreditado, e espero que o Tribunal de Apelação faça justiça.

Isso vale tanto para "*sa verula*" como para Villagrande, porque sou inocente e não quero pagar por coisas que foram de maneira infame atribuídas a mim.

E é justamente por causa das ações imundas e dos métodos vis e criminosos dos *carabinieri* que o país vive num conflito silencioso e terrorista. E todo crime eles tentam jogar em cima de mim.

Na verdade, essa tal de polícia, que não faz nada além de "jogar sujo", tenta me pegar de qualquer jeito. E como não consegue, vai atrás de meus parentes. Talvez achem que vou me entregar depois da prisão de meu irmão, um rapaz contra quem nunca foi feita uma acusação, que cuida do rebanho, e minha irmã, que ficou em casa sozinha depois da morte de minha pobre mãe, e meu pobre pai, um homem velho e paralítico.

Ou talvez esperem fazer de mim um carneirinho ao ver tanta injustiça, deixando de ser um criminoso, coisa que não sou.

A prova de que não sou assassino é que, se fosse, vendo o que tem sido feito comigo, eu deveria matar pelo menos dez policiais por dia, ou talvez alguns daquela gangue ridícula que Scelba mandou aqui para nosso campo que tanto precisa de melhorias, de técnica, de tratores, e não de policiais, padres e espiões. E se meu destino não é morrer, eles nunca vão me pegar, ainda que botem 10 mil atrás de mim.

Odeio a vida de fora da lei, mas prefiro cem vezes morrer a ir para as galés. Minha cabeça sofre terrivelmente quando me trancafiam, e nesse caso eu sem dúvida alguma morreria.

Meu único desejo é ver o *Confino*, as recompensas da polícia, o desemprego e a exploração dos trabalhadores abolidos, e também ver nosso país martirizado viver uma vida de paz serena e Progresso civil.

Pasquale Tanteddu

2. O BANDIDO VARDARELLI AJUDA OS POBRES (APÚLIA, 1817)

FONTE: Antonio Lucarelli, *Il brigantaggio politico del Mezzogiorno d'Italia, 1815-8* (Bari: Laterza, 1942).

(*a*) *De Matteis, juiz de Andria, relatório ao procurador do Tribunal Superior em Trani, 11/02/1817*

Ao partir a cavalo, Don Gaetano Vardarelli chamou o capataz e lhe ordenou que entregasse de imediato uma quantidade de um *rotolo* (entre três e quatro libras) de pão a cada trabalhador da propriedade. Era impossível fazer de pronto essa distribuição, pois havia uma centena de trabalhadores e o estoque de pão não era suficiente. Don Gaetano, portanto, disse ao capataz que cumprisse suas ordens o mais cedo possível, e que se, ao voltar, houvesse um trabalhador que não recebeu pão, ele mataria o capataz, como já tinha matado dois capatazes em outras propriedades.

(*b*) *Gaetano Vardarelli ao prefeito de Atella*

Eu, Gaetano Vardarelli, ordeno e mando que convoque todos os proprietários de terra da comuna de Atella, e faça saber que eles devem permitir a respiga pelos pobres, do contrário vou esquentar suas costas, e o que digo está dito.

Gaetano Vardarelli,
comandante da Tropa Relâmpago montada

(*c*) *Gaetano Vardarelli ao prefeito de Foggia*

Sr. Prefeito, tenha a gentileza de instruir todos os proprietários de terra, em meu nome, para pararem de alimentar seu gado com a respiga e a deixarem para os pobres, e se forem surdos a este meu comando vou queimar tudo que eles têm. Faça isso e eu o saúdo com estima, e lhe digo que, se receber alguma queixa de que o que ordeno não foi cumprido, vou responsabilizá-lo.

30 de junho de 1817
Eu, Vardarelli

3. UM BANDIDO BOURBÔNICO INTERROGADO (SUL DA ITÁLIA, COMEÇO DOS ANOS 1860)

FONTE: Count Maffei, *Brigand Life in Italy* (Londres: Hurst & Blackett, 1865), v. II, pp. 173-6.

Juiz. "Tendo essa convicção, por que o senhor e seus companheiros não se entregaram? O senhor devia saber que, sendo odiado por toda a população, sua vida corria perigo a cada momento. O senhor sabe que a aldeia de Sturno, apavorada com os relatos exagerados do número de bandidos que a cercavam, mal se livrou dos dois rufiões que tinham entrado no recinto, instalou as armas de Vítor Emanuel e abençoou seu nome e a unidade italiana."

Bandido. "Lutávamos pela fé."

Juiz. "O que o senhor quer dizer com a fé?"

Bandido. "A sagrada fé de nossa religião."

Juiz. "Mas o senhor sem dúvida sabe que nossa religião condena os roubos, o incêndio de casas, os assassinatos, as crueldades, e todos os atos ímpios e bárbaros que caracterizam o banditismo todos os dias, e que o senhor e seus companheiros perpetraram."

Bandido. "Estávamos lutando pela fé, e fomos abençoados pelo papa, e se eu não tivesse perdido um papel que veio de Roma o senhor se convenceria de que estávamos lutando pela fé."

Juiz. "Que papel era esse?"

Bandido. "Um papel impresso, que veio de Roma."

Juiz. "O que estava escrito nesse papel?"

Bandido. "Ele dizia que quem luta pela santa causa do papa e de Francisco II não comete pecado."

Juiz. "O senhor se lembra de mais alguma coisa desse papel?"

Bandido. "Ele dizia que os bandidos reais são os piemonteses, que tiraram de Francisco II seu reino; que estavam excomungados, e que nós somos abençoados pelo papa."

Juiz. "Em nome de quem o papel foi escrito, e que assinaturas trazia?"

Bandido. "O papel era uma encomenda em nome de Francisco II, e foi assinado por um general, que tinha outro título que não lembro, assim como não lembro seu nome. Havia um pedaço de fita preso nele, com um selo."

Juiz. "De que cor eram a fita e o selo, e o que estava impresso no selo?"

Bandido. "A fita era branca, como um lençol, e o selo era branco, com a imagem de Francisco II, e letras que falavam de Roma."

Juiz. "Como é impossível admitir, ou supor, que o papa possa abençoar essas iniquidades, ou que Francisco II pudesse rebaixar sua dignidade de rei ordenando homicídios, extorsões e incêndios, mesmo que, por meios tão desonrosos para a humanidade, ele esperasse recuperar sua coroa, o que o senhor afirma só pode ser falso."

Bandido. "Bem, como o senhor trouxe os *bersaglieri*, e vou ser fuzilado — como sei que vou morrer —, lhe digo que eu tinha esse papel, e que tudo que estava nele era exatamente como eu lhe disse; e se algum de meus companheiros foi preso, como eu fui, o senhor se convencerá de que não menti."

Juiz. "Que o senhor leve amarrada no peito com um barbante uma moeda com a efígie de Francisco II, como uma medalha, não é nenhuma surpresa, porque o senhor acredita que quando mata, exige resgates e rouba o senhor está combatendo em nome dele. Mas que ao perpetrar essas maldades o senhor mantenha, como testemunha, eu até diria, se as palavras não fossem uma impiedade, como cúmplice de seus crimes, a Virgem abençoada, usando presa no peito essa figura suja da Madonna del Carmine, é espantoso. Isso basta para me fazer acreditar que sua religião é mais ímpia e perversa do que a religião dos próprios demônios, se é que os demônios têm religião. Não é essa a zombaria mais infernal que se pode oferecer a Deus?!"

Bandido. "Eu e meus companheiros temos a Virgem como nossa protetora, e se tivesse guardado aquela encomenda com a bênção eu sem dúvida não teria sido traído."

Ao ser informado de que a hora da execução estava chegando, ele respondeu: "Vou confirmar tudo que disse aqui ao confessor, o que espero que me seja concedido".

4. DONATO MANDUZIO REFUTA UM FALSO APÓSTOLO (SAN NICANDRO, COMEÇO DOS ANOS 1930)

FONTE: Elena Cassin, *San Nicandro, histoire d'une conversion* (Paris: Plon, 1957), pp. 28-30. Donato Manduzio foi fundador e chefe de uma pequena comunidade de convertidos ao judaísmo em San Nicandro, província de Foggia, Apúlia. A comunidade se estabeleceu nos anos 1930, e a maioria dos membros desde então migrou para Israel. O jovem que o visita (segundo consta, sob influência da literatura distribuída por missionários protestantes) acha que é o cavalo branco do Apocalipse. ("Vi então aparecer *um cavalo branco*, cujo montador tinha *um arco*. Deram-lhe uma coroa e ele partiu, vencedor e para vencer ainda", Apocalipse 6,2.) Imagina-se que ele esteja apelando a Manduzio, um novo Cristo, para entrar em Roma, que é Jerusalém. O paralelo com o rei Pepino, o Breve, é tirado de *Reali di Francia*, uma coleção de romances de cavalaria bastante popular no sul da Itália. Por coincidência, era a leitura secular preferida de Davide Lazzaretti. O incidente ilustra o intenso, mas um tanto incoerente, fervor apocalíptico numa sociedade camponesa de origem medieval.

* * *

Certa noite de quinta-feira um jovem chegou até ele e perguntou se aquela era a casa de Israel. Declarou-se "um enviado do Senhor", que viera anunciar a chegada do Reino dos Céus e acrescentou: "Sou o Cavalo Branco". Manduzio ficou desconfiado, e cauteloso, mas o jovem continuou a falar da Bíblia e do povo eleito até que Manduzio não teve escolha senão convidá-lo para jantar e passar a noite, agindo como o patriarca Abraão teria agido naquela situação. No dia seguinte, o jovem declarou que Donato era um Doutor da Lei, e que deveria escrever ao rabino de Roma sugerindo que o chamasse e levasse para lá. As suspeitas de Donato cresceram e, para testar o jovem, pediu-lhe que escrevesse a Roma ele mesmo [...]. O jovem escreveu a carta. Naquela noite, sua "malignidade" já começou a se manifestar. Manduzio lhe perguntou à queima-roupa: "Quem é o verdadeiro Filho de Deus?" e o jovem — fiel ao ditado que diz que "quem tem fel no estômago não pode vomitar açúcar" — respondeu sem hesitar: "Jesus Cristo". Donato, tremendo, lhe mostrou então Êxodo 4,22-3, Salmos 2,1 e Oseias 11,1 e o jovem respondeu: "Sim, isto é verdade, mas esse também era Seu Filho". Donato respondeu que, de acordo com Isaías 56,4-5, todos aqueles que observam os sábados e a Lei são filhos do Senhor. Depois desse incidente, que ocorreu sexta-feira à noite, Donato orou a Deus para que lhe mostrasse numa visão a verdade sobre o desconhecido, e naquela noite viu uma árvore e nela uma menina com uma faca de podar. Ela lhe mostrou um galho morto e lhe pediu para cortá-lo, pois estava podre. Donato começou a cortar o galho e a visão desapareceu. Donato meditou: a visão era clara; o jovem devia ser mandado embora.

No sábado de manhã, como de hábito o pequeno grupo de Irmãos e Irmãs se reuniu na casa de Manduzio: uma lâmpada, alimentada com azeite de oliva, iluminava sua prece comum. O jovem chegou e, vendo a lâmpada acesa, gritou: "Não há mais necessidade de lâmpadas, o Messias chegou". Manduzio respondeu que ele mentia, mas que Deus o perdoaria se fosse um homem bom. O jovem respondeu que ele, Manduzio, era mau, por lhe recusar sua confiança. Nesse momento os Irmãos e as Irmãs intervieram e pediram a Donato que deixasse o jovem em paz, para acreditar e fazer como quisesse. Manduzio registrou em seu Diário que nesse momento compreendeu que os filhos de Israel "eram capazes de matar o verdadeiro profeta para seguir o mau pastor que transgredia a Lei" (de acordo com o Primeiro Livro dos Reis, 19,14). Mas a imagem que lhe veio à mente espontaneamente foi a do rei Pepino, que, quando viu que fora enganado por Elisetta, que assumira em sua cama o lugar de Berta Pés Grandes, quis jogar no fogo a traidora e as duas filhas pequenas que tinha com ela, mas foi impedido pelos que o cercavam.

5. UMA CAMPONESA NA BOA SOCIEDADE (PIANA DEI GRECI, SICÍLIA, 1893)

FONTE: Adolfo Rossi, *L'agitazione in Sicilia* (Milão: Kantorowicz, 1894), pp. 69 e ss. Quem fala é uma camponesa de Piana dei Greci (província de Palermo), entrevistada por um jornalista do Norte durante o levante camponês de 1893.

"Queremos que todos trabalhem como nós trabalhamos. Não deveria haver mais nem ricos nem pobres. Todo mundo deveria ter pão para si e para os filhos. Deveríamos ser todos iguais. Tenho cinco filhos pequenos e só um quartinho, onde temos que comer, dormir, fazer tudo, enquanto tantos senhores (*signori*) têm dez, doze quartos, palácios inteiros."

"Então você quer dividir as terras e as casas?"

"Não. Basta que tudo seja comum e dividir com justiça tudo que for produzido."

"E você não tem medo de que, se alcançarem esse coletivismo, algumas pessoas com cabeça confusa ou alguns trapaceiros apareçam?"

"Não. Porque teria que prevalecer a fraternidade, e se alguém deixasse de ser fraterno haveria castigo."

"Qual é sua relação com os padres?"

"Jesus era um verdadeiro socialista e queria exatamente o que os Fasci estão pedindo, mas os padres não o representam bem, ainda mais quando são usurários. Quando o Fascio foi fundado nossos padres eram contra, e no confessionário diziam que os socialistas estão excomungados. Mas respondíamos que eles estavam enganados, e em junho protestamos contra a guerra que eles faziam ao Fascio, nenhum de nós participou da procissão de Corpus Domini. Foi a primeira vez que uma coisa assim aconteceu."

"Vocês aceitam no Fascio pessoas condenadas por crimes?"

"Sim. Mas são só três ou quatro entre milhares e nós os aceitamos para transformá-los em pessoas melhores, porque se roubaram um pouco de grão foi só por causa da pobreza. Nosso presidente disse que o objetivo do Fascio é dar aos homens todas as condições para que não voltem a cometer crimes. Entre nós os poucos criminosos sentem que ainda pertencem à família humana, são gratos porque os aceitamos como irmãos apesar de sua culpa e estão dispostos a fazer qualquer coisa para não voltarem a cometer crimes. Se as pessoas também os rejeitassem eles cometeriam mais crimes. A sociedade deveria nos agradecer por aceitá-los no Fascio. Somos a favor da misericórdia, como Cristo era."

6. UMA COMUNA NÃO CONTAMINADA PELAS CIDADES (UCRÂNIA, 1918)

FONTE: Nestor Makhno, *La Révolution Russe en Ukraine: Mars 1917-avril 1918* (Paris: La Brochure Mensuelle, 1927), pp. 297-9.

A comuna foi uma das fundadas em Gulai-Polye, a capital de Nestor Makhno, no sul da Ucrânia, entre o Dnieper e o Don, ao norte do mar de Azov. Makhno (de cujas memórias o trecho foi retirado) era um anarquista de aldeia de notável talento como líder guerreiro, cujas forças camponesas, independentes tanto dos bolcheviques como dos brancos (mas que se aliaram aos bolcheviques contra os brancos), desempenharam papel crucial na Guerra Civil da Ucrânia. Ele próprio exemplifica, com notável exatidão, as características do anarquismo camponês. Suas interessantes memórias só estão disponíveis em russo, à exceção do primeiro volume. Infelizmente, a história da Makhnovtchina foi escrita apenas por apoiadores que a idealizam e embelezam e por detratores que a denigrem. O relato-padrão ainda é o de Piotr Arscinov, disponível em russo, alemão e francês, e no Museu Britânico na edição italiana mais recente (Pietro Arscinov, *Storia del Movimento Makhnovista 1918-21* [Nápoles: RL, 1954], primeira edição 1922).

Os *pomeschiki* são os aristocratas e a pequena nobreza fundiária. Os *kulaks* são os camponeses individualistas ricos. *Skhods* (termo traduzido aqui como assembleias de aldeia) são as reuniões periódicas de toda a comunidade aldeã.

Em cada comuna havia alguns camponeses anarquistas, mas a maioria dos membros não era anarquista. No entanto, em sua vida comunal, eles se conduziam com a solidariedade anarquista da qual, na vida comum, só são capazes os trabalhadores cuja simplicidade natural ainda não foi infectada pelo veneno político das cidades. Pois as cidades sempre exalam um cheiro de mentira e traição de que muitos não estão isentos, mesmo entre os camaradas que se definem como anarquistas.

Cada comuna era formada por dez famílias de camponeses e operários, ou seja, cem, duzentos ou trezentos membros no total.

Por decisão do congresso regional de comunas agrárias, cada comuna recebia uma quantidade normal de terra, ou seja, tanto quanto seus membros eram capazes de cultivar, situada nas imediações da comuna e composta de terras que antes pertenciam aos *pomeschiki*. Também recebia gado e equipamento agrícola dessas antigas propriedades.

E assim os trabalhadores livres das comunas arregaçaram as mangas, ao som de canções livres e alegres, que refletiam a alma da Revolução e dos trabalhadores que por ela morreram, ou lutaram durante tantos anos pelo grande ideal de justiça, que há de triunfar sobre a injustiça e se tornar a tocha da humanidade. Eles semeavam e cuidavam de suas hortas, autoconfiantes, firmes na decisão de jamais deixar os antigos proprietários tomarem de volta a terra que os camponeses conquistaram daqueles que nunca haviam trabalhado nela. [...]

Os moradores de povoados e aldeias que faziam fronteira com as comunas ainda careciam, em parte, de consciência política, e não se haviam libertado de todo da servidão aos *kulaks*. Tinham, portanto, inveja dos habitantes das comunas e mais de uma vez se mostraram dispostos a recuperar tudo — gado e equipamento — que eles tinham tomado dos *pomeschiki*. Queriam dividir tudo entre si. "Os camponeses livres das comunas podem sempre comprar de nós mais tarde, se quiserem", diziam [...]. No entanto, essa tendência era condenada com severidade nas assembleias e nos congressos gerais de aldeia pela maioria absoluta dos trabalhadores, que viam nas comunas agrárias o feliz embrião de uma nova vida social, que continuaria à medida que a Revolução se aproximava do clímax de seu triunfo e de sua marcha criadora a se desenvolver, a crescer e a estimular a organização de uma sociedade análoga em todo o país, ou pelo menos nos povoados e aldeias de nossa região.

7. CAMPONESES DESCONFIAM DE GOVERNOS (UCRÂNIA, 1917)

FONTE: Nestor Makhno, op. cit., pp. 166-7. Embora Gulai-Polye não fosse tão remota, as notícias da Revolução de Outubro só chegaram lá no fim de novembro ou começo de dezembro. A desconfiança nos governos refletida neste trecho não impediu que os camponeses recebessem bem as notícias da Revolução, em particular nas regiões costeiras de Zaporozhe e Azov, pois eles a viam como uma confirmação da tomada das terras por eles mesmos em agosto de 1917 (Nestor Makhno, op. cit., p. 165). O principal grupo revolucionário em Gulai-Polye era o dos anarquistas, sendo de esperar, portanto, uma desconfiança excepcional acerca dos bolcheviques, mas não há razão para duvidar que sentimentos como os expressados aqui fossem amplamente difundidos no campesinato "apolítico" comum, no qual séculos de opressão tinham gerado uma hostilidade passiva, mas resignada, contra todas as autoridades fora da comunidade aldeã.

No que diz respeito à massa dos trabalhadores ucranianos, em especial os camponeses nas aldeias submetidas à servidão, ela via no novo governo socialista-revolucionário (de novembro de 1917) pouco mais do que outro governo igual a todos os outros que só chamavam sua atenção quando roubavam os camponeses através de variados impostos, recrutavam soldados ou intervinham mediante algum ato de violência na vida difícil dos que trabalhavam. Era frequente ouvir os camponeses expressarem sua verdadeira opinião sobre regimes pré-revolucionários e revolucionários. Pareciam estar brincando, mas na verdade falavam com a maior seriedade, e sempre com sofrimento e ódio. "Depois que expulsamos o idiota (*durak*) Nicky (Nikolka) Romanov", diziam eles, "outro idiota tentou tomar seu lugar, Kerenski, mas ele também teve que ir embora. Quem agora vai bancar o idiota às nossas custas? O sr. Lênin?" Assim perguntavam. Outros, no entanto, diziam: "Não podemos ficar sem algum 'idiota'" (e com a palavra *durak* sempre queriam dizer o governo). "As cidades não têm outro objetivo que não seja esse. A ideia das cidades e seu sistema é ruim. Elas favorecem a existência do *durak*, o governo." Assim diziam os camponeses.

8. A VONTADE DO CZAR (POLTAVA, 1902; TCHERNIGOV, 1905)

1. Poltava, 1902

FONTE: Lembranças dos problemas agrários na *guverniya* de Poltava, *Istoricheski Vyestnik* (abr. 1908), reimpresso em Raoul Labry, *Autour du Moujik* (Paris: Payot, 1923).

Nossa aldeia inteira tomou parte na pilhagem da propriedade de C. Foi tudo muito rápido e ao meio-dia tinha terminado. Os camponeses voltaram para casa cheios de alegria e de canções. Estávamos então à mesa. Mas mal tínhamos engolido a primeira colher de sopa quando (recebi um) bilhete [...] dizendo que seríamos saqueados às três horas [...]. O momento fatal ainda não tinha chegado quando meu capataz veio anunciar a aproximação dos camponeses [...].

"Por que vocês vieram?", perguntei.

"Para exigir milho, para fazer você nos dar seu milho", disseram várias vozes ao mesmo tempo.

"Quer dizer que vieram saquear?"

"Saquear, se quiser chamar assim", disse um rapaz no meio do grupo, até então calado.

Não pude deixar de pensar em como os tratei por tanto tempo.

"Mas o que devemos fazer?", perguntaram várias vozes.

"Não estamos fazendo isso em nosso nome, mas em nome do czar."

"É ordem do czar", disse uma voz no grupo.

"Um general distribuiu esta ordem do czar nos distritos", disse outra.

Devo dizer que no começo da agitação havia um persistente rumor de que um general de São Petersburgo tinha chegado, um enviado do czar, com a missão de proclamar ao povo um manifesto escrito "em letras de ouro" [...]. Circulavam histórias sobre falsos sargentos de polícia percorrendo as aldeias para distribuir "decretos" ao povo. O camponês tende a acreditar em tudo que seja de seu interesse. Por isso acreditou nas histórias sobre o suposto general. Nenhum de meus vizinhos o viu: mas fulano ou sicrano viu, o que bastava para que todos acreditassem na realidade desses impostores e de suas missões.

"De qualquer forma, *barin*", acrescentavam os vizinhos, "se não der alguma coisa a seus camponeses, estranhos virão tomar. Se souberem que foi saqueado, não virão. Não vamos lhe fazer mal. Mas os outros, quem sabe o que são capazes de fazer?"

2. Tchernigov, 1905

FONTE: Os problemas agrários na *guberniya* de Tchernigov em 1905, *Istoricheski Vyestnik* (jul. 1913), reimpresso em Raoul Labry, op. cit.

No auge da violência e depois que o movimento acabou, a atitude dos camponeses para com as autoridades continuou correta. Estes não tinham medo de aparecer no interior, em particular os juízes de instrução e representantes de procurador que eram obrigados, no cumprimento do dever, a viajar pela província. No tocante aos policiais, durante o saque eles nunca mostravam a cara nas aldeias, com raras exceções. As boas relações entre os camponeses e os funcionários judiciais ficam muito claras nos acontecimentos da aldeia de Rietski, distrito de Gorodna, onde o saque da fazenda do proprietário Enko e o pogrom contra os judeus ocorreram simultaneamente. Durante o saque da fazenda, os desordeiros se aproximaram do apartamento do juiz local, que morava numa das casas de Enko, mas o deixaram em paz. Ouviram-se vozes na multidão: "O juiz é como a gente, trabalha para ganhar o pão". O apartamento não foi tocado. [...]

Um grande número dos que participaram desses ataques se negava a ver seus atos como criminosos, uma vez que, como diziam, direitos lhes haviam sido concedidos. Acreditavam até que, agindo como agiam, estavam ajudando a transferir as terras dos proprietários para suas próprias mãos, consequência natural dos direitos que lhes foram garantidos. Só isso explica por que nas propriedades eles destruíam com extraordinária fúria laranjais e jardins — que de nada lhes serviam — e, nas casas, quadros e móveis, numa palavra, tudo que não consideravam uma necessidade de vida, mas símbolo de conforto e luxo. Por outro lado, poupavam o gado e tomavam cuidado para não destruir estoques de grãos.

Muitos camponeses achavam que os manifestos imperiais os autorizavam a tomar todos os bens da pequena nobreza e dos judeus. Essa ilusão se manifestou de forma particularmente notável na aldeia de Kussiey, distrito de Gorodna [...]. Em 26 e 27 de outubro, alguns camponeses voltaram da aldeia de Dobrianka para Kussiey carregando um butim tirado de algum lugar durante um pogrom contra os judeus. Depois disso, todo mundo na aldeia falava com convicção sobre a nova lei que permitia a qualquer pessoa pegar o que quisesse, onde quisesse. A existência dessa nova lei era afirmada com grande convicção e foi confirmada por dois camponeses que voltavam do trabalho nas imediações de Tchernigov, Vassilli Sinenko e Kirill Yevtushenko. Disseram eles que foi justamente em cumprimento dessa lei que os pogroms contra a pequena nobreza e os judeus tinham ocorrido na *guberniya* de Kiev e em outras províncias. [...]

A atitude dos saqueadores para com as ordens das autoridades é demonstrada pelos seguintes casos, estabelecidos em investigação preliminar e confirmados durante o julgamento. Logo depois do pogrom de Ryepki a polícia prendeu e levou para a cadeia de Tchernigov setenta camponeses condenados por participação. Apenas dois guardas desarmados foram destacados para acompanhar os presos de Ryepki a Tchernigov, uma distância de 33 verstas. Além disso, eram camponeses da mesma aldeia, e muito provavelmente envolvidos no incidente. Quando o comboio parou para passar a noite no meio do caminho, em Roitchenski, três presos disseram aos guardas que ainda tinham uns assuntos para resolver em casa, voltaram a Ryepki na mesma noite, tocaram fogo na casa do camponês Fiódor Ryedki como castigo por ele ter sido contra o pogrom e denunciado os líderes, e então, não querendo ficar para trás, pegaram uma carroça e alcançaram os camaradas. Todos os presos se apresentaram na cadeia.

9. CONVERSA COM GIOVANNI LOPEZ, SAPATEIRO (SAN GIOVANNI IN FIORE, 1955)

FONTE: Registrada por E. J. Hobsbawm, setembro de 1955, em San Giovanni in Fiore, Calábria, na oficina do sr. Lopez.

Giovanni Lopez, sapateiro, San Giovanni in Fiore, mais ou menos cinquenta anos.

* * *

Nasci em 1908. Tive uns cinquenta ofícios na vida, pastor de cabras, biscateiro, sacristão, criado, sapateiro. Não dá para contar tudo. Meu pai foi embora quando eu tinha sete ou oito meses de idade, e nós éramos muito pobres, muito pobres mesmo. Eu me tornei pastor de cabras com seis anos, a verdade é que todos os meninos são escravos e servos de todo mundo. Então os padres me pegaram e virei sacristão e fiquei anos com eles. Depois me cansei dos padres e fui embora. Eles disseram: "Melhor aprender um ofício". Por isso encontrei um bom homem que me pegou e ensinou a fazer sapatos e me pagou um salário decente. Acho que fiz certo. O Senhor disse: "Com o suor de teu rosto comerás teu pão" e não com as mãos limpas como os padres, por isso é melhor ser sapateiro; mas ainda sei um pouco de latim, e posso discutir com eles.

Fiz meu serviço militar, mas fora isso sempre estive aqui, em San Giovanni. Fui filho único, agora estou casado e tenho dois filhos, o filho é carpinteiro com uma boa oficina e até motor elétrico, a filha vai casar neste Natal. Depois vou ficar só, com minha mulher. Minha mãe e meu pai eram socialistas. Entenda que, naquele tempo, não havia Partido Comunista. Ainda tenho as carteirinhas e fotografias em casa, onde as escondi durante o fascismo. Claro que sou comunista. O Senhor disse: "Expulsa os cambistas do templo". Gosto do que os padres dizem, mas não do que fazem. Se você me disser que esta sola é de couro e eu vejo que é de papelão, vou dizer que você é mentiroso. As escrituras são pelo comunismo. Você conhece a parábola da vinha. O Senhor disse: "Eu quero dar a este último o mesmo que a ti". Isso prova que deve haver igualdade. Se chove digo que deve chover para todos. Mas se chove para mim, um trabalhador ou sapateiro, e não para você, que deve ser um *benestante* (homem abastado) ou funcionário, eu vou me rebelar. Veja bem, não estou me queixando. Sou um bom sapateiro, faço todo o trabalho para os *carabinieri* locais e para os trabalhadores da estrada. O governo me deixa fazer porque sou um bom sapateiro, não porque sou comunista.

Nossa cidade é boa, San Giovanni, uma cidade que tem de tudo. Temos quatro moinhos, vinte, 25 anos atrás conseguimos eletricidade e em junho passado chegou até telefone. Temos aqui um bom movimento de gente boa, nosso prefeito é um homem bom, um trabalhador da construção civil. Antes vivíamos na servidão, agora somos livres. Veja estas fotografias que tenho em minha parede: Stálin, Togliatti. Recortei dos jornais. No fascismo não podíamos ter isso. Liberdade é uma grande coisa. Eu me dou bem com as pessoas, mesmo com os que foram fascistas e agora estão voltando como quem não quer nada. Não guardo rancor, porque nós, comunistas, só queremos o bem-estar e a felicidade de todos os homens. Queremos paz, porque não há nada de bom na guerra. Minha razão de discutir com os padres é que não dizem paz, mas espada, e eu discordo. Sou pela paz com todo mundo. Mas não com ladrões e assaltantes. Cortem as mãos deles, é o que digo.

10. DOIS SERMÕES DE GREVE (LORAY, CAROLINA DO NORTE, 1929)

FONTE: *Charlotte Observer* e *Baltimore Sun*, citados em Liston Pope, *Millhands and Preachers* (New Haven: Yale University Press, 1942).

1. "Nunca supliquei ajuda a nenhuma viúva. Nunca pedi ajuda a ninguém. Quase morro de fome, e acho que teria morrido, mas alguém me ajudou, e não foi ninguém de Loray; foi alguém de fora." Isso provocou aplausos [...]. "Mas", disse ele, "não fiquem achando que esta luta que temos aqui para conseguir algu-

ma coisa para vestir e para comer vai levá-los ao céu, pois não vai. Você precisa ser um soldado tão bom para o Senhor como na luta para sobreviver aqui. Sim, alguns de vocês estão morrendo de calor aí fora, mas não se esqueçam de que existe um lugar mais quente do que este esperando aquele que fica em casa e vai para o inferno."

O pregador grevista pediu que mostrassem as mãos aqueles que tinham sido "salvos pelo sangue de Cristo", e apenas uns dez levantaram as mãos. Ele contou suas variadas experiências, e mencionou que tinha visto até três camaradas mortos de uma só vez. Fez muitas referências a seu texto e, de modo muito sutil, comentou: "Eu detestaria estar no lugar de homens que conheço no condado de Gaston que estão roubando de Deus". Isso provocou muitos aplausos.

2. Os grevistas voltaram hoje aos princípios que trouxeram das montanhas. Ajoelhado num velho balcão de loja resgatado dos escombros da sede dos grevistas, H. J. Crabtree, ministro da Igreja de Deus, orou pedindo orientação divina para a greve. Enquanto o velho rezava, um grupo de grevistas permaneceu em pé, de cabeça baixa, e quando ele terminou uma dezena de vozes se juntou no "Amém". [...] O irmão Crabtree então pregou. Seu texto foi "Livra-me, Senhor, do homem mau; preserva-me do homem violento". "Chamo Deus como testemunha de quem foi o homem violento nesta greve", disse o pregador. "Mas precisamos aguentar. Paulo e Silas tiveram que passar por isso, e hoje estão sentados cantando perto do grande trono branco. Em poucos dias, vocês estarão cantando nas ruas de Loray com bons salários. Deus é o Deus do homem pobre. O próprio Jesus Cristo nasceu num velho estábulo em Belém. Foi chutado, trespassado com uma lança e por fim pregado numa cruz. E por quê? Pelo pecado. É o pecado

que causa este problema. O pecado do homem rico, o homem que acha que é rico [...]."

"Todos os homens ricos desta multidão levantem as mãos. Vou levantar a minha. Meu pai é dono do mundo inteiro. É dono de todos os morros deste mundo, e de cada batata nestes morros."

11. UM SINDICALISTA DE LINCOLNSHIRE: JOSEPH CHAPMAN (ALFORD, 1899)

FONTE: Rex C. Russell, *The Revolt of the Field in Lines* (Lincoln: Lincolnshire County Committee — National Union Agricultural Workers, 1956), pp. 137-8. A citação é de um panfleto publicado por Chapman em 1899. Ele se tornou metodista primitivo em 1836 (com catorze anos de idade).

Estive entre os primitivos da Área de Alford por mais de trinta anos. Trabalhava como pregador pela causa de Cristo [...]. Quando o Sindicato dos Trabalhadores começou a funcionar em Alford, eu me interessei muito por ele [...]. Como funcionário não remunerado eu trabalhava para ganhar a vida durante o dia e saía à noite para dar palestras em benefício do Sindicato [...]. O ano de 1872 deu origem ao Sindicato dos Trabalhadores. Eu, Joseph Chapman, com Joseph Arch e William Banks, de Boston, dedicamos nossas vozes, nossas cabeças, nossos corações, nossa influência ao amadurecimento do citado Sindicato. Não acreditamos que senhores e senhoras, sacerdotes e suas mulheres devam ser tidos como sagrados e camponeses como vermes. Não achamos certo que a ociosidade se sente ao banquete enquanto os que trabalham ficam com as migalhas. Ouso dizer que fizemos mais pela emancipação dos escravos brancos da Inglaterra do que todo o clero moderno [...]. Acho que não está longe o dia em que Deus enviará à sua Igreja apóstolos e profetas restaurados que visitem os idosos pobres e investiguem como vivem com três xelins por semana, pensão que lhes concede a paróquia, se o aluguel, o carvão e a iluminação são pagos com esse dinheiro, e façam um forte protesto contra essa crueldade e preguem com muito vigor o evangelho de Deus, que matará ou curará professores vazios e infrutíferos [...]. Há sinais da grande união que está por vir na qual o príncipe, o nobre e o camponês se unirão e cooperarão para o bem de todos, sem exceção. Todos quantos forem guiados pelo espírito de Deus e apenas eles. Algum dia essa união será tão grande quanto o mundo inteiro, o mundo de união.

12. OS "HOMENS DECIDIDOS" RECOMENDAM UM IRMÃO (LECCE, APÚLIA, 1817)

FONTE: *Memoirs of the Secret Societies of the South of Italy, Particularly the Carbonari* (Londres: John Murray, 1821), pp. 130-2.

S. D. S. [A Decisão (Loja) Salentina. Saúde]

Nº 5 Grandes Maçons L. D. D. T. G. S. A. F. G. C. I. T. D. U. etc.

[A Decisão (loja) de Júpiter, o Trovejante, espera fazer guerra contra os tiranos do universo etc.]

O mortal Gaetano Caffieri é um Irmão Decidido, nº 5, pertencente à Decisão de Júpiter, o Trovejante, difundida sobre a face da Terra, por sua Decisão, tem tido o prazer de pertencer a esta Decisão Republicana Salentina. Convidamos, portanto, todas as Sociedades Filantrópicas a emprestar seu braço forte ao mesmo e ajudá-lo em suas necessidades, tendo ele chegado à Decisão de que conseguirá a liberdade ou a morte. Datado deste dia, 29 de outubro de 1817.

Assinado

Pietro Gargaro (o Grande Mestre Decidido nº 1)

Vito de Serio, Segundo Decidido
Gaetano Caffieri, Notário de Óbitos

As letras L. D. D. T. etc. e algumas outras iniciais estão escritas com sangue. Quatro pontos abaixo do nome do Grande Mestre indicam seu poder de proferir sentença de morte. O documento é adornado com duas caveiras nos cantos superiores, intituladas "Tristeza" e "Morte", com dois conjuntos de tíbias cruzadas presos com fita nos cantos inferiores, sob os quais está escrito, respectivamente, "Terror" e "Luto" e com duas placas: os feixes e o barrete da liberdade sobre uma caveira entre dois machados; e um raio que sai de uma nuvem e atinge as coroas e a tiara. A loja operava em Lecce, na Apúlia.

13. ALGUNS JURAMENTOS SECRETOS (GRÃ-BRETANHA, ANOS 1830; NÁPOLES, 1815-20; PARIS, 1834)

1. O Sindicato dos Cardadores de Lã

FONTE: *Character, Object and Effects of Trades' Unions* (Manchester: Express Co-operative Printing, 1834), pp. 66 e ss.

Eu, A. B., cardador de lã, na augusta presença de Deus Todo-Poderoso, declaro por livre e espontânea vontade que me esforçarei com perseverança para apoiar uma irmandade conhecida pelo nome de Sociedade Solidária de Operários da Indústria Têxtil e de Outros Operários Industriais, e solenemente declaro e prometo que jamais agirei contra a irmandade em nenhuma de suas tentativas para melhorar salários, e farei o que estiver a meu alcance para ajudá-la em todas as ocasiões lícitas e justas a conseguir uma remuneração justa por nosso trabalho. E invoco Deus por testemunha desta minha soleníssima declaração de que nem esperanças, nem medos, nem recompensas, nem castigos, nem mesmo a morte me induzirão direta ou indiretamente a dar quaisquer informações relativas a esta Loja, ou a qualquer Loja semelhante ligada à Sociedade; nem escreverei, nem farei com que seja escrito, em papel, madeira, areia, pedra ou qualquer outra coisa, que sirvam para torná-la conhecida, a não ser com permissão das autoridades competentes da Sociedade. E jamais darei meu consentimento para que qualquer volume de dinheiro pertencente à Sociedade seja dividido ou destinado a qualquer outro objetivo que não seja o uso da Sociedade e o apoio ao ofício, e que Deus me ajude, e me mantenha firme nesta minha soleníssima obrigação; e se eu alguma vez vier a revelar parte ou partes desta minha soleníssima obrigação, que esta Sociedade à qual estou em vias de pertencer, e tudo que seja justo, me desonre enquanto eu viver; e que o que tenho agora diante de mim afunde minha alma no poço eterno do infortúnio. Amém.

2. O juramento carbonário

FONTE: *Memoirs of the Secret Societies of the South of Italy, Particularly the Carbonari*, op. cit., p. 196.

Eu, N. N., prometo e juro pelos estatutos gerais da ordem, e por este aço, instrumento vingador do perjuro, guardar escrupulosamente o segredo do carbonarismo; e não escrever, gravar ou pintar nada que a ele se refira, sem ter obtido permissão por escrito. Juro ajudar meus Bons Primos em caso de necessidade, no que estiver a meu alcance, e não tentar coisa alguma contra a honra de suas famílias. Consinto e espero que, se cometer perjúrio, meu corpo seja cortado em pedaços, depois queimado, e minhas cinzas espalhadas ao vento, para que meu nome seja exposto à execração dos Bons Primos em toda a terra. Que Deus me ajude.

3. Resumo do juramento e da cerimônia da Sociedade das Estações (1834)

FONTE: Adolphe Chenu, *Les Conspirateurs* (Paris: Garnier, 1850), p. 20.

Copreaux, na qualidade de padrinho, me vendou os olhos e me foi lido um formulário nos seguintes termos:

"Você é republicano?"

"Sou."

"Jura odiar a monarquia?"

"Juro."

"Se pretende vir a ser membro de nossa sociedade secreta, saiba que a primeira ordem de seus chefes deve ser cumprida. Jure obediência incondicional."

"Juro."

"Proclamo-o, então, membro da Sociedade das Estações. *Au revoir*, cidadão, e logo mais nos vemos de novo."

[...]

"Pronto", disse Copreaux, "agora você nos pertence. Vamos beber para comemorar."

Notas

PREFÁCIO À TERCEIRA EDIÇÃO [pp. 11-9]

1. Cf. Jean Chesneaux, *Les Sociétés secrètes en Chine* (Paris: R. Julliard, 1965).

2. A crítica mais completa está na tese de doutorado de Maria Isaura Pereira de Queiroz, *Movimentos messiânicos: Tentativa de classificação sociológica* (São Paulo: USP, 1962); a versão publicada dessa obra, *Réforme et révolution dans les sociétés traditionelles* (Paris: Anthropos, 1968), sugere mais do que declara essas diferenças. A dra. Pereira de Queiroz, a maior especialista em movimentos messiânicos brasileiros, resumiu suas opiniões em inglês em "Messiahs in Brazil" (*Past & Present*, Oxford, v. 31, jul. 1965).

3. Eric R. Wolf, *Peasants*. Englewood Cliffs: Prentice-Hall, 1966, p. 108.

4. Cf. a declaração de Franco P. de Piana registrada em Danilo Dolci, *Inchiesta a Palermo* (Turim: Einaudi, 1956), pp. 383 e ss., que ilustra a combinação de um revolucionismo cristão primitivo, incorporado num movimento moderno de esquerda, deliberadamente universal em seu alcance. Reflete certo isolamento — "Nós descendemos de exilados" —, mas um isolamento de pioneiros — "Sessenta anos de socialismo não foram em vão; em comparação com outras aldeias, estamos sessenta anos à frente". Essa bela declaração complementa os documentos da mesma aldeia citados neste livro.

1. INTRODUÇÃO [pp. 21-36]

1. Não pretendo entrar na discussão reavivada em Isaac Schapera, *Government and Politics in Tribal Societies* (Londres: C. A. Watts, 1956).

2. O BANDIDO SOCIAL [pp. 37-56]

1. Para esta área usei não só as fontes impressas de praxe, mas também as valiosas informações do professor Ambrogio Donini, de Roma, que teve contato com ex-bandidos, e algum material de jornais.

2. John L. H. Keep, "Bandits and the Law in Muscovy". *Slavonic & East European Review*, Londres, v. 35, n. 84, pp. 201-23, dez. 1956.

3. O romance de Ivan Olbracht *The Robber Nikola Shuhaj* (*Nikola Šuhaj 'Loupežnilk*), ed. alemã (Berlim: Ruetten & Loening, 1953), não é apenas um clássico tcheco moderno, como me informam, mas de longe o retrato mais comovente e historicamente sólido do banditismo social que já encontrei.

4. "Angiolillo, capo di banditti", em *La rivoluzione napoletana del 1799* (Bari: Laterza, 1912).

5. Gavin Maxwell, *God Preserve Me from My Friends*. Londres: Pan, 1956.

6. Paul Bourde, *En Corse*. Paris: Calmann Lévy, 1887, p. 207.

7. Para uma crença real na eficácia dos amuletos (nesse caso, uma encomenda do rei), ver Apêndice, item 3: "Um bandido bourbônico interrogado".

8. *Paese Sera*, Roma, 6 set. 1955.

9. *La Voce di Calabria*, [s.l.], 1/2 set. 1955; Riccardo Longnone em *Unità* (Roma, 8 set. 1955) observa que os jovens ainda "*rapiscono la donna que amano e che poi regolarmente sposano*".

10. Velio Spano, *II banditismo sardo e i problemi della rinascita*. Roma: Biblioteca di "Riforma Agraria", [s.d.], pp. 22-4.

11. "Il banditismo sardo e la rinascita dell'isola". *Rinascita*, Roma, v. 10, n. 12, [s.p.], dez. 1953. Para uma bibliografia completa do banditismo sardo, ver Franco Ferracuti, Renato Lazzari e Marvin E. Wolfgang (Orgs.), *Violence in Sardinia* (Roma: Mario Bulzoni, 1970), pp. 147 e ss.

12. Riccardo Longnone em *Unità* (Roma, 8 set. 1955): "Quando, por exemplo, um homem comete um delito de honra numa aldeia e foge para as montanhas, a sociedade secreta local sente que é seu dever ajudá-lo a escapar, encontrar um refúgio para ele e sustentá-lo, bem como à sua família, mesmo que ele não seja membro".

13. Giuseppe Alongi, *La maffia*. Turim: Fratelli Bocca, 1887, p. 109. Apesar do título, esse livro é muito mais útil no que diz respeito à bandidagem do que no que diz respeito à máfia.

14. Paul Bourde, op. cit., pp. 218-9.

15. Giacomo Racioppi, *Storia dei moti di Basilicata e delle provincie contermini nel 1860*. Bari: Laterza, 1909, p. 304. Relato de uma testemunha ocular feito a um oficial e revolucionário liberal da localidade.

16. Julian Pitt-Rivers, *The People of the Sierra*. Chicago: University of Chicago Press, 1954, pp. 181-3.

17. Citação de Enrico Pani-Rossi, *La Basilicata* (Verona: G. Civelli, 1868), em Cesare Lombroso, *Uomo delinquente* (Turim: Fratelli Bocca, 1896), v. I, p. 612.

18. Eugenio Rontini, *I briganti celebri italiani*. Florença: A. Salani, 1898, p. 529. Excelente livreto de *narrazioni storiche*.

19. Ver as constantes queixas do prolixo D. Julián de Zugasti, governador da província de Córdoba, encarregado de suprimir bandidos, em seu *El bandolerismo* (Madri: T. Fortanet, 1876-80), dez volumes; por exemplo, v. 1, "Introducción", pp. 77-8, 181 e, especialmente, 86 e ss.

20. Antonio Lucarelli, *Il brigantaggio politico del Mezzogiorno d'Italia, 1815-18*. Bari: Laterza, 1942, p. 73; Antonio Lucarelli, *Il brigantaggio politico delle Puglie dopo il 1860*. Bari: Laterza, 1946, pp. 102-3, 136; Giacomo Racioppi, op. cit., p. 299; John Henry Blunt (Org.), *Blunt's Dictionary of Sects, Heresies, Ecclesiastical Parties, and Schools of Religious Thought* (Londres: Rivingtons, 1874), verbete "Metodistas, Bryanitas".

21. Julian Pitt-Rivers, op. cit., p. 183; Count Maffei, *Brigand Life in Italy*. Londres: Hurst & Blackett, 1865, pp. 9-10. 2 v. v. I.

22. A principal fonte é Johann N. Becker, *Actenmaessige Geschichte der Raeuberbanden an den beyden Ufern des Rheines* (Colônia: Keil, 1804).

23. Franco Molfese, *Storia del brigantaggio dopo l'Unità* (Milão: Feltrinelli, 1964) é o melhor tratamento geral e traz uma bibliografia.

24. "O sr. imperador tinha ouvido falar nesse homem que nenhum poder era capaz de subjugar; ordenou, então, que ele fosse a Viena fazer as pazes. Mas era uma armadilha. Quando Dovbush chegou perto, mandou todo o seu exército contra ele para matá-lo. E debruçou-se na janela para observar. Mas as balas batiam nele e atingiam os fuzileiros, matando-os. Então o imperador mandou suspender o fogo e fez as pazes com Dovbush. Deu-lhe toda a liberdade para lutar onde quisesse, desde que não fosse contra seus soldados. Entregou-lhe uma carta selada para provar isso. E durante três dias e três noites Dovbush foi hóspede do imperador na corte." Ivan Olbracht, op. cit., p. 102.

25. "Era assim: ele era um pastor fracote, pobre, aleijado e tolo. Pois, como dizem os pregadores e os intérpretes das escrituras, o Senhor quis provar pelo exemplo que cada um de nós, todo aquele que é amedrontado, humilde e pobre, pode realizar grandes façanhas, se for a vontade de Deus." Ibid., p. 100. Note-se que os líderes de bandos legendários raramente são os membros mais fortes e os mais durões.

26. Ver Enrico Morsello e Sante De Sanctis, *Biografia di un bandito: Giuseppe Musolino di fronte alla psichiatria ed alia sociologia* (Milão: Fratelli Treves, 1903).

27. Ver Massimo Ganci, "Il movimento dei Fasci nella provincia di Palermo", em *Movimento Operaio* (Milão, v. 6, n. 6, nov./dez. 1954).

28. Verbete "Brigantaggio", em *Enciclopedia italiana di scienze, lettere ed arti* (Roma: Istituto della Enciclopedia Italiana, 1949-52). Até os *bandoleros* espanhóis eram parcialmente vítimas do livre-comércio. Como diz um de seus protetores (Julián de Zugasti, op. cit., v. 1, "Introducción", p. 94): "Veja, senhor, aqui nós temos muitos rapazes pobres que costumavam andar pelas estradas para ganhar uma peseta contrabandeando; mas agora isso não existe mais, e os pobres não sabem de onde virá a próxima refeição".

29. "Segundo outra versão, na verdade muito estranha e fantástica, não foi Romano que tombou em Vallata, mas outro bandido parecido com ele; pois a imaginação exaltada das massas considerava o sargento, por assim dizer, invulnerável e 'imortal' por causa da bênção papal, e Gastaldi informa que diziam tê-lo visto por muitos anos ainda, a percorrer o interior do país secretamente e sozinho." Antonio Lucarelli, *Il brigantaggio politico delle Puglie dopo il 1860*, op. cit., 133 n.

30. Ivan Olbracht, op. cit., p. 98.

31. Há uma boa descrição do efeito psicológico do incêndio do bairro comercial numa cidade espanhola em Gamel Woolsey, *Death's Other Kingdom* (Londres: Eland, 1939).

32. "*Ils ont ravagé les vergers, les cultures scientifiques, coupé les arbres fruitiers. Ce n'est pas seulement par haine irraisonnée contre tout ce qui a appartenu au seigneur, c'est aussi par calcul. Il fallait égaliser le domaine, l'aplanir* [...] *pour rendre le partage possible et equitable* [...]. [*Voilà*] *pourquoi ces hommes qui, s'ils ignorent la valeur d'un tableau, d'un meuble ou d'une serre, savent cependant la valeur d'une plantation d'arbres fruitiers ou d'une exploitation perfectionnée, brisent, brûlent et saccagent le tout indistinctement*." Raoul Labry, *Autour du Moujik* (Paris: Payot, 1923), p. 76, sobre o saque das casas de campo na *gubernia* de Tchernigov em 1905. A fonte é o registro de interrogatório de camponeses.

33. Giacomo Racioppi, op. cit., cap. XXI.

34. Isso fica claro no estudo do Levante dos Trabalhadores ingleses em 1830,

do qual *The Village Labourer* (Londres: Longman, 1978), de John Lawrence e Barbara Hammond, ainda é o único relato impresso.

35. Raoul Labry, op. cit., reimprime "The Agrarian Troubles in the Gubernia of Chernigov in 1905", de *Istoricheski Vyestnik* (São Petersburgo, pp. 202-26, jul. 1913). Nove camponeses e seis cossacos foram mortos. Labry observa corretamente que essa área ficava no limite da zona na qual o *mir* era poderoso e resistente, e na qual sua desintegração e a formação de propriedades individualistas avançavam rapidamente (pp. 72 e ss.).

36. Cf. Bakunin: "O bandido é sempre o herói, o defensor, o vingador do povo, o inimigo irreconciliável de todo Estado, regime social ou civil, o combatente na vida e na morte contra a civilização do Estado, da aristocracia, da burocracia e do clero". O problema é discutido com mais detalhes em F. della Peruta, "La banda del Matese e il fallimento della teoria anarchica della moderna 'Jacquerie' in Italia" (*Movimento Operaio*, Milão, pp. 337-85, 1954).

37. A citação é tirada de William Henry Chamberlin, *The Russian Revolution* (Nova York: Macmillan, 1935), v. II, pp. 232 e ss.; para outros relatos imparciais, David Footman, "Nestor Makhno", em *Soviet Affairs* (Londres: Chatto & Windus, 1959), série St. Antony's Papers, n. 6, e Paul Avrich, *The Russian Anarchists* (Princeton: Princeton University Press, 1967). O relato makhnovista padrão é Peter Arshinov, agora disponível em francês, *L'Histoire du mouvement makhnoviste* (Paris: Aux Éditions Anarchistes, 1970). As memórias de Makhno, das quais trechos são reproduzidos no Apêndice, não parecem ir além de 1918. Ele viveu de 1884 a 1934, depois de 1921 no exílio, e foi convertido ao anarquismo aos vinte e poucos anos. A "veia bandida" nesse movimento é fortemente negada pelos historiadores anarquistas e exageradamente enfatizada pelos bolcheviques, mas parece inegável.

38. Antonio Lucarelli, *Il brigantaggio politico delle Puglie dopo il 1860*, op. cit., p. 138.

39. Gino Doria, "Per la storia del brigantaggio nelle province meridionali". *Archivio Storico per le Province Napoletane*, Nápoles, v. 17, p. 390, 1931.

40. Antonio Lucarelli, *Il brigantaggio politico delle Puglie dopo il 1860*, op. cit., pp. 82-3.

41. Id., *Il brigantaggio politico del Mezzogiorno d'Italia, 1815-18*, op. cit., pp. 1129-31.

3. MÁFIA [pp. 57-87]

1. Ver Julián Zugasti, op. cit., v. 1, "Introducción", para os relatórios dos *alcaldes* sobre a situação de criminalidade em suas áreas da província de Córdoba,

c. 1870; por exemplo, uma "associação secreta de ladrões" em Baena, uma "*sociedad de ladrones*" em Montilla, alguma coisa bem parecida com a máfia no famoso pueblo de contrabandistas de Benamejí, e a silenciosa oposição de Iznájar onde, "de acordo com o inveterado costume dessa cidade, todos esses crimes permanecem impunes" (ou seja, não resolvidos). Inclino-me a aceitar a opinião de Brenan de que era mais uma *piotomafia* do que uma situação de máfia. Cf. também o capítulo 5, sobre o anarquismo andaluz, mais adiante.

2. Giuseppe Alongi, *La Camorra*. Turim: Fratelli Bocca, 1890, p. 30. A nota sobre a Camorra na Calábria (*Archivio di Psichiatria, Antropologia Criminale e Scienze Penali*, Turim, v. IV, p. 295, 1883) parece tratar exclusivamente de uma organização de criminosos urbanos em Reggio Calabria, e parece completamente alheia ao grupo rural. Note-se que ninguém tinha um interesse mais apaixonado por esse tipo de fenômeno do que a escola positivista italiana de criminologia (Lombroso), cujo órgão era o *Archivio*.

3. As principais fontes deste artigo, além de conversas pessoais na Sicília, são Napoleone Colajanni, *La delinquenza della Sicilia e le sue cause* (Palermo: Giornale di Sicilia, 1885), Napoleone Colajanni, *La Sicilia dai Borboni ai Sabaudi (1860-1900)*, org. de Giovanni Conti (Milão: Universale Economica, 1951), Antonino Cutrera, *La Mafia ed i mafiosi* (Palermo: Alberto Rebrer, 1900), Giuseppe Alongi, *La maffia*, op. cit., Giuseppe Montalbane, "La Mafia" (*Nuovi Argomenti*, Roma, n. 5, p. 191, nov./dez. 1953), várias investigações oficiais e obras-padrão sobre as condições econômicas e sociais sicilianas, das quais Leopoldo Franchetti, *Condizioni politiche e amministrative della Sicilia* (Florença: Barbera, 1877), é um exemplar elogiável, e os artigos de Gaetano Mosca no *Giornale degli Economisti* (Pádua, 1900) e a *Encyclopedia of Social Sciences*. Para fontes mais recentes, ver Bibliografia.

4. Emilio Sereni, *Il capitalismo nelle campagne, 1860-1900*. Turim: Einaudi, 1948, p. 187.

5. Leopoldo Franchetti, op. cit., pp. 219-21.

6. *Mafia* (Nova York: Random House, 1952), de Ed Reid, jornalista americano, que adota a visão centralizada, deve ser desconsiderado, pois o livro — muito provavelmente escrito às pressas, para tirar proveito de um mercado despertado pela investigação criminal do senador Kefauver (que fez amplas acusações contra a Máfia) — mostra notável incompreensão dos problemas sicilianos. A prova mais forte a favor da centralização vem da Máfia americana, que já não pode ser simplesmente identificada com sua progenitora siciliana. No entanto, mesmo aqui está claro que a interferência da "comissão nacional" nas relações entre o chefe de uma "família" e seus "soldados" é vista como ilegítima e causadora de profundos ressentimentos. Cf. Henry A. Zeiger, *Sam the Plumber* (Nova York: Signet, 1970), passim.

7. Citado em Giuseppe Montalbane, op. cit., p. 179.

8. Giuseppe Alongi, *La maffia*, op. cit., pp. 70 e ss.

9. Giuseppe Montalbane, op. cit. A descrição mais completa desses é a dos Stoppaglieri de Monreale e arredores, e da Fratellanza de Favara (província de Agrigento) e arredores. As descrições estão impressas em vários lugares, como Montalbane. Ver também Ferdinando Lestingi, "L'associazione della Fratellanza" (*Archivio di Psichiatria, Antropologia Criminale e Scienze Penali*, Turim, v. v, pp. 452 e ss., 1884).

10. Giuseppe Montalbane, op. cit., p. 191. Para o mesmo ritual nos Estados Unidos, cf. Peter Maas, *The Valachi Papers* (Londres: Granada, 1968).

11. Ed Reid, op. cit., pp. 143-4, para uma iniciação em Nova York; Giuseppe Alongi, *La maffia*, op. cit., p. 41.

12. É provável também que a Máfia entre os imigrantes nos Estados Unidos fosse mais centralizada do que em sua origem, pois eles foram transferidos para o Novo Mundo por relativamente poucas rotas e se estabeleceram num pequeno conjunto de cidades grandes. No entanto, não precisamos nos preocupar com isso.

13. Giuseppe Montalbane, op. cit., pp. 194-7, para uma valiosa discussão do problema.

14. Giuseppe Pitré, *Usi e costumi, credenze e pregiudizi del popolo siciliano*. Palermo: L. P. Lauriel, 1889, v. III, pp. 287 e ss.; verbete "Mafia", em *Encyclopaedia of the Social Sciences* (Londres: Macmillan, 1930-67).

15. Sebastiano Nicastro, *Dal Quarantotto al Sessanta in Mazara*. Milão: Società Editrice Dante Alighieri, 1913, pp. 80-1.

16. Antonino Cutrera, op. cit., pp. 170-4.

17. *Giornale di Sicilia*, 21 ago. 1877, citado por Giuseppe Montalbane, op. cit., pp. 167-74.

18. Antonino Cutrera, op. cit., pp. 73, 88-9, 96. Leopoldo Franchetti, op. cit., pp. 170-2. O espetáculo do gangsterismo como fenômeno típico de classe média surpreendia e perturbava Franchetti.

19. Um dos erros mais comuns sobre a Máfia — perpetuado em obras como a inefável *The Last Struggle with the Mafia* (Londres: Putnam, 1933), do prefeito Cesari Mori, e a primeira edição de *Sicily: The Garden of the Mediterranean* (Londres: Faber & Faber, 1938), de Giuseppe Guercio — é a confusão que se faz entre ela e o banditismo. A Máfia mantinha a ordem pública por meios privados. Os bandidos eram, em termos gerais, aquilo contra o que ela protegia o público.

20. Ver Napoleone Colajanni, *Gli avvenimenti di Sicilia e le loro cause* (Palermo: Sandron, 1894), cap. 5, sobre a função da máfia como um código que regia as relações entre diferentes classes de mineiros de enxofre, especialmente pp. 47-8.

21. Não estou convencido de que a ascensão desses grupos nos anos 1870 possa ser interpretada puramente em termos de revolta de jovens contra velhos elementos da Máfia, tal como sugerido por Montalbane, embora possa ter sido esse o caso em Monreale.

22. Giuseppe Montalbane, op. cit., p. 197.

23. Eugenio Cuello Calón, *La Mafia: Notas sobre la criminalidad en Sicilia.* Madri: Viuda de Rodríguez Serra,1906, p. 11.

24. Ver o valioso mapa de distribuição da Máfia em Cutrera. Piana, aparentemente lenta na adoção da organização camponesa, se tornou o grande reduto dos Fasci em 1893, e desde então continua sendo uma fortaleza do socialismo (e mais tarde do comunismo). O fato de ter sido antes impregnada pela Máfia é sugerido pela história desta em New Orleans, cuja colônia siciliana ali chegada nos anos 1880 tinha, a julgar pela ocorrência dos característicos sobrenomes albaneses — Schirò, Loyacano, Matranga —, um forte contingente de emigrados de Piana. Os Matranga — membros dos Stoppaglieri — controlavam o crime na zona portuária e se destacaram nos incidentes mafiosos de 1889 em New Orleans (Ed Reid. op. cit., pp. 100 e ss.). A família aparentemente prosseguiu com suas atividades mafiosas, pois em 1909 o tenente Petrosino, da polícia de Nova York, mais tarde assassinado em Palermo — supostamente pela Máfia —, estava investigando a vida de um membro (Ed Reid, op. cit., p. 122). Lembro-me de ter visto a rebuscada sepultura de um Matranga em Piana em 1953, um homem que tinha acabado de voltar da emigração nos Estados Unidos e fora encontrado morto numa estrada, em circunstâncias que ninguém estava ansioso para investigar, poucos anos antes.

25. Abele Damiani, *Inchiesta agraria.* Roma: Forzani, 1884, v. III: Sicilia; Giovanni Lorenzoni, *Inchiesta parlamentare* (Roma: Tipografia Nazionale, 1910), v. VI: *Sicilia*, pp. i-ii, especialmente pp. 649-51.

26. Napoleone Colajanni, *La Sicilia dai Borboni ai Sabaudi* (*1860-1900*), op. cit., p. 78.

27. Ver especialmente Francesco Renda, "Funzione e basi sociali della Mafia", em *Il movimento contadino nella società siciliana* (Palermo: Sicilia al Lavoro, 1956), e Giuseppe Montalbane, op. cit. Para literatura recente, ver Bibliografia.

28. Para ser justo com o prefeito Mori, ele pelo menos menciona esse fato en passant.

29. Ver Michele Pantaleone, *Mafia e politica 1943-62* (Turim: Einaudi, 1962) — o autor vem de Villalba.

30. Para dados eleitorais por província até 1953, Elio Caranti, *Sociologia e statistica delle elezioni italiane nel dopoguerra* (Roma: Studium, 1954). Os dados de 1958 são tirados do *Corriere della Sera* de 28 de maio de 1958, pós-eleição.

A porcentagem total socialista-comunista para as quatro províncias mafiosas em 1958 foi de 33%-39% contra 43% para os democratas cristãos, e a maior parte do saldo foi para a extrema direita (Divisão eleitoral de Palermo, Trapani, Agrigento, Caltanissetta).

31. Francesco Renda, op. cit., p. 219.

32. Para as velhas rixas, cf. Ed Reid, op. cit., pp. 100, 146. Para o expurgo de 1930 (não mencionado por Reid ou Kefauver), Burton B. Turkus e Sid Feder, *Murder, Inc.* (Londres: Gollancz, 1953).

33. Francesco Renda, op. cit., p. 213.

34. Em 1958, os partidos do regime pré-fascista — liberais e monarquistas — continuavam notavelmente fortes em certas áreas, o que talvez possa servir como um índice aproximado da influência eleitoral da "velha Máfia": em Trapani, ficaram na frente dos democratas cristãos e dos socialistas-comunistas, em Partinico-Monreale — feudo da velha Máfia —, na frente dos socialistas-comunistas, embora em áreas tipicamente mafiosas como Corleone e Bagheria tenham ficado bem atrás da esquerda e muito atrás dos democratas cristãos.

35. Cf. Michele Pantaleone, *Mafia e droga* (Turim: Einaudi, 1966).

36. Francesco Renda, op. cit., p. 218.

37. *Rinascità*, Roma, pp. 11-21, 12 out. 1963.

38. Para documentação mais recente a respeito, ver Giuseppe Guido Loschiavo, *100 Anni di Mafia* (Roma: Vito Bianco, 1962), especialmente pp. 393-421, que trazem dois relatórios policiais e uma versão completa do ritual de iniciação.

39. Crescenzo Guarino, "Dai mafiosi ai camorristi" (*Nord e Sud*, Nápoles, n. 13, pp. 76-107, 1955), sustenta que o segredo foi revelado por um membro da Sociedade, um certo Serafino Castagna, homem bastante impopular, que cometeu alguns assassinatos extremamente terríveis e depois pediu que ela o ajudasse a escapar. A Sociedade se recusou e Castagna, desesperado, fez um acordo com a polícia. Foi, contudo, condenado, apesar de ter testemunhado livremente. Cf. também Giovanni Cervigni, "Antologia della 'fibbia'" (*Nord e Sud*, Nápoles, n. 18, 1956).

40. Meu relato se baseia em Crescenzo Guarino, op. cit., Giovanni Cervigni, op. cit., Adolfo Fiumanò e Rosario Villari, "Politica e malavita" (*Cronache Meridionali*, Nápoles, v. II, n. 10, pp. 653 e ss., 1955), mas, acima de tudo, em reportagens de jornal de setembro de 1955, em especial os excelentes artigos de Riccardo Longnone em *Unità*. "Leggenda e realta della 'ndranghita", 8 set. 1955, é particularmente valioso.

41. Adolfo Fiumanò e Rosario Villari, op. cit., pp. 657-8.

42. Para uma reportagem que combina dois tradicionais fenômenos calabreses, o rapto de noivas (ver capítulo 1) e a Sociedade, ver *La Nuova Stampa*, Turim, 17 nov. 1956. O incidente é noticiado de Bordighera. Para a Sociedade na Austrália — assunto que sociólogos australianos poderiam proveitosamente investigar — cf. o caso de Rocco Calabro, chefe local da *fibbia* em Sinopoli, e três anos como imigrante em Sydney, que foi morto em 1955 em sua cidade natal, supostamente como resultado de uma disputa na Sociedade em Sydney (*Paese Sera*, Roma, 7 set. 1955; *Il Messagero*, Roma, 6 set. 1955). Vinte por cento dos naturais de Sinopoli emigraram para a Austrália.

43. Esta nota se baseia primariamente em Giuseppe Alongi, *La maffia*, op. cit.; não é um livro muito bom, mas engloba toda a literatura anterior.

44. Ibid., p. 27.

45. Friedrich Avé-Lallemant, *Das Deutsche Gaunerthum*. Leipzig: Brockhaus, 1858, v. I, p. 48 n.

46. Giuseppe Alongi, *La maffia*, op. cit., p. 39.

47. Ibid., p. 32.

48. Ibid., p. 111.

49. Crescenzo Guarino, op. cit.

4. MILENARISMO I: LAZZARETTI [pp. 88-107]

1. Yonina Talmon, "Millenarism", em *International Encyclopedia of Social Sciences*, org. de David Sills (Nova York: Macmillan, 1968), ainda mantém a opinião antiga, mas cf. Justus M. van der Kroef, "Javanese Messianic Expectations: Their Origin and Cultural Context" (*Comparative Studies in Society and History*, Cambridge, v. I, n. 4, pp. 299-323, 1959).

2. A visão moderna foi adotada pioneiramente por Jacob Bronowski, *William Blake: A Man without a Mask* (Londres: Penguin, 1944).

3. Milovan Djilas, *The New Class* (Nova York: Frederick A. Praeger, 1957), p. 32, discute esse ponto de maneira bem interessante. Esse livro de autoria de um revolucionário desiludido é valioso pela luz que lança sobre a psicologia revolucionária, incluindo a do próprio autor, e praticamente por mais nada.

4. Ibid., p. 153, "Entre homens e mulheres do movimento, uma relação limpa, modesta e cálida é fomentada: uma relação na qual o cuidado entre camaradas se torna uma paixão assexuada" etc. Djilas, sem dúvida tendo em mente o período de guerra guerrilheira, também ressalta o momento histórico ("na véspera da batalha pelo poder", quando "é difícil separar palavras de ações"), mas também nota, com perspicácia, que "essa é a moral de uma seita".

5. O mais conhecido desse tipo, mas não o único, foi o movimento de Antônio Conselheiro, no sertão do Brasil em 1876-7, tema de uma obra-prima da literatura, *Os sertões*, de Euclides da Cunha. A rebelde Sião de Canudos combateu literalmente até o último homem. Quando foi capturada, não havia um só defensor vivo.

6. Cf. Alfonso La Cava, "La rivolta calabrese del 1848" (*Archivio Storico per le Province Napoletane*, Nápoles, v. XXXI, pp. 445 e ss., 540, 552, 1947-9).

7. Por exemplo, em Peter Worsley, *The Trumpet Shall Sound* (Londres: MacGibbon & Kee, 1957), um estudo de primeira linha dos cultos "de carga" do Pacífico.

8. Quem me chamou a atenção para esse movimento foi o prof. Ambrogio Donini, que conversou com os lazzarettistas existentes e colheu alguns de seus escritos não publicados. Além das informações que ele me passou, baseei-me na monografia contemporânea de um estudioso local, Barzellotti, e em algumas outras obras.

9. Eugenio Lazzareschi, *David Lazzaretti*. Bréscia: Morcelliana, 1945, p. 248.

10. Ibid., p. 238.

11. Ibid., p. 262.

12. Giacomo Barzellotti, *Monte Amiata e il suo profeta*. Milão: Treves, 1910, pp. 77-8.

13. Eugenio Lazzareschi, op. cit., pp. 282-3.

14. Para a melhor discussão desse problema em geral, Emilio Sereni, op. cit. O livro menciona os lazzarettistas en passant nas pp. 114-5 n.

15. Giacomo Barzellotti, op. cit., p. 79.

16. Ibid., p. 256.

17. Nello Rosselli, *Mazzini e Bakunine* (*1860-1872*) (Turim: Einaudi, 1927), para o melhor relato geral, pp. 213 e ss.

18. Emilio Sereni, op. cit., p. 111.

19. Giacomo Barzellotti, op. cit., pp. 193-4.

20. Ibid., pp. 208, 235-6. Normalmente seria de esperar que a terceira era fosse a da Liberdade.

21. Ibid., pp. 256-7.

22. "Praticamente todos os Giurisdavidici votavam no Partido Comunista desde as primeiras eleições (pós-fascistas) [...]. É significativo que os Giurisdavidici mais convictos sustentem que o apoio ao Partido Comunista é total, e não poderia ser de outra forma, uma vez que a concepção de justiça social do partido era análoga à da Igreja deles." Antonio Moscato e Maria Novella Pierini, *Rivolta religiosa nelle campagne*. Roma: Samonà e Savelli, 1965, p. 130.

23. Entretanto, Elena Cassin, *San Nicandro, histoire d'une conversion* (Paris: Plon, 1957) — estudo minucioso do notável grupo de camponeses convertidos ao judaísmo — contém material valioso sobre o fervor religioso no monte Gargano, a "espora na bota" da Itália e também um mapa de distribuição de comunidades pentecostais no país. Obra altamente esclarecedora. Para a natureza da Igreja pentecostal e de outras igrejas cujo apelo tem sido maior desde a guerra, cf. a descrição geral das seitas do setor algodoeiro americano no capítulo 8.

24. Rocco Scotellaro, *Contadini del Sud* (Bari: Laterza, 1955), Vita di Chironna Evangelico.

25. Elena Cassin, op. cit., infelizmente dá apenas a situação social de cinco dos vinte e tantos membros do sexo masculino da comunidade.

26. Sou grato ao sr. Lucio Conte e outros da federação provincial da CGIT em Foggia e a vários membros do Partido Comunista em San Nicandro por informações sobre a composição social e a filiação política dos sectários em 1957.

5. MILENARISMO II: OS ANARQUISTAS ANDALUZES [pp. 108-30]

1. Este capítulo se baseia na maior parte em Brenan, *The Spanish Labyrinth* (Cambridge: Cambridge University Press, 1943) e algumas das obras citadas em sua bibliografia, em especial Juan Díaz del Moral, *Historia de las agitaciones campesinas andaluzas: Córdoba* (Madri: Revista de Derecho Privado, 1929), à qual nenhum elogio do estudioso dos movimentos sociais é grande o suficiente. Também é digno de menção *The People of the Sierras*, op. cit., de Julian Alfred Pitt-Rivers, monografia antropológica sobre o pueblo de Grazalema. Suas observações sobre o anarquismo local são úteis, mas demonstram pouco entendimento do fato de que essa pequena cidade não era apenas anarquista, mas um dos centros clássicos do anarquismo, e assim conhecida em toda a Espanha. Não se tenta investigar por que Grazalema foi um centro tão mais poderoso do movimento do que outros pueblos, nem explicar o avanço e o ritmo do movimento, o que reduz o valor do livro pelo menos para o historiador.

2. Angel Marvaud, *La Question sociale en Espagne*. Paris: F. Alcan, 1910, p. 42.

3. Gerald Brenan, op. cit., pp. 114 e ss.; ver também os mapas, pp. 332-5; *La reforma agraria en España* (Valência: Instituto de Reforma Agraria, 1937); "Spain: The Distribution of Property and Land Settlement" (*International Review of Agricultural Economics*, Oxford, n. 5, 1916), que dá a proporção de proprietários de terras por habitantes da zona rural fazendo trabalho agrícola como sendo 17% na Andaluzia Ocidental e menos de 20% na Andaluzia Oriental, em comparação com quase 60% na Velha Castela (pp. 95 e ss.).

4. Angel Marvaud, op. cit., pp. 137, 456-7; Francisco Valverde y Perales, *Historia de la villa de Baena*. Toledo: J. Peláez, 1903, pp. 282 e ss.

5. Assim, nas eleições de 1936 na província de Cádiz havia maiorias da Frente Popular em todos os lugares, exceto ao longo de parte da costa ocidental e no rincão montanhoso de Ronda, que incluía alguns redutos tradicionais e legendários do anarquismo, onde a política de abstenção supostamente funcionava. Utilizei os números dos resultados publicados pelo *Diario de Cádiz* em 17 de fevereiro de 1936.

6. Julian Pitt-Rivers, op. cit., cap. XII, sobre o lugar do bandido no esquema geral das coisas num moderno pueblo andaluz. Mas essa discussão não demonstra um entendimento particularmente bom do fenômeno.

7. "The Agrarian Problem in Andalusia". *International Review of Agricultural Economics*, Oxford, v. XI, p. 279, 1920.

8. Meu amigo Victor Kiernan, em cujo profundo conhecimento de assuntos espanhóis de meados do século XIX me baseei, me diz que isso é sugerido — talvez sem qualquer fundamento — em Nicolás Díaz y Pérez, *La francmasonería española* (Madri: [s.n.], 1894).

9. Julián Zugasti, op. cit., v. 1, "Introducción", pp. 239-40. Iznájar, outro centro pioneiro de revolução social, também tinha um código de *omertà* anormalmente forte, segundo a mesma fonte.

10. Em *Cádiz*: Arcos, Alcala del Valle, Cádiz, Jerez, La Línea, Medina-Sidonia, San Fernando, Villamartín. *Sevilha*: Carmona, Morón. *Córdoba*: Bujalance, Castro del Río, Córdoba, Fernán-Nuñez. *Málaga*: Antequera. *Jaén*: Linares.

11. Gerald Brenan, op. cit., p. 156.

12. Uma ilustração: antes do levante em Casas Viejas (1933) havia quatro guardas civis estacionados na aldeia; hoje (1956) supõe-se que haja de doze a dezesseis.

13. O relato de Brenan, como sempre, é conciso, lúcido e perspicaz.

14. Ver Apêndice, item 5.

15. Franz Borkenau, *The Spanish Cockpit*. Londres: Faber & Faber, 1937, pp. 166 e ss.

16. Gerald Brenan, op. cit., p. 189.

17. Ibid., p. 175; Angel Marvaud, op. cit., p. 43 observa que durante a greve geral de Morón, em 1902, os casamentos foram adiados para o dia do *reparto*, mas atribui isso apenas a um otimismo absurdamente ingênuo.

18. Juan Díaz del Moral, *Historia de las agitaciones campesinas andaluzes: Córdoba*. Madri: Revista de Derecho Privado, 1929.

19. Minhas fontes são o *Diario de Cádiz* e alguns sobreviventes na aldeia. Edward Malefakis, *Agrarian Reform and Peasant Revolution in Spain* (New Haven: Yale University Press, 1970), pp. 241, 258-61 é o melhor relato curto.

20. Constancio Bernaldo de Quirós, *El espartaquismo agrario andaluz*. Madri: Reus, 1919, p. 39.

21. Juan Díaz del Moral, op. cit., p. 190.

22. Constancio Bernaldo de Quirós, op. cit., p. 10.

23. Juan Díaz del Moral, op. cit., p. 358.

24. Constancio Bernaldo de Quirós, op. cit., p. 39; Juan Díaz del Moral, op. cit., p. 207.

25. Julian Pitt-Rivers, op. cit., p. 223. Para o reaparecimento da ação guerrilheira depois da Guerra civil — caracteristicamente na Andaluzia anarquista evoca o padrão do "bandido nobre" —, ver Tomás Cossias, *La lucha contra el "Maquis" en España* (Madri: Nacional, 1956), pp. 73-6; Andres Sorel, *La guerrilla española del siglo XX*. Paris: Globe, 1970. Para as opiniões de trabalhadores andaluzes nos anos 1960, Juan Martínez Alier, *La estabilidad del latifundismo* (Paris: Ruedo Ibérico, 1968), especialmente caps. 1-7.

6. MILENARISMO III: OS FASCI SICILIANI E O COMUNISMO CAMPONÊS [pp. 131-47]

1. Refiro-me à maior parte do sul da Itália. O caso de áreas como Romanha, onde o anarquismo era influente, é um pouco diferente, mas nem econômica, nem social nem politicamente comparável ao Sul ou à Andaluzia.

2. Emilio Sereni, op. cit., pp. 175-88 oferece uma excelente imagem sucinta, que pode ser complementada por qualquer relato e investigação contemporâneos, como por exemplo o de Sonnino e Franchetti em 1876. Por conseguinte, esses dois impecáveis liberais toscanos foram violentamente atacados como incitadores da guerra de classes por indignados jornais de proprietários locais. Ver Giuliano Procacci, *Le elezioni del 1874 e l'opposizione meridionale* (Milão: Feltrinelli, 1956), pp. 78-9.

3. Pasquale Villari, *Le lettere meridionali*. Turim: Fratelli Bocca, 1885, p. 27.

4. A frequência da vingança de sangue contribuía para a taxa extremamente elevada de homicídios. Cf. Napoleone Colajanni, *La delinquenza della Sicilia e le sue cause*, op. cit., p. 39. Um indicador de sua importância nos períodos iniciais é dado pela seguinte lista de motivos para homicídios julgados na ilha em 1834 (Carl Joseph Anton Mittermaier, *Italienische Zustände* [Heidelberg: Mohr, 1844], pp. 128-9): número total de homicídios: 64; assalto ou outro motivo econômico: dezoito; ciúme, adultério etc.: dezesseis; vingança: trinta.

5. Denis Mack Smith, "The Peasants' Revolt of Sicily in 1860". In: Gino Luzzatto, *Scritti in onore di Gino Luzzatto*. Milão: Giuffrè, 1950; Salvatore F. Romano, *Momenti del Risorgimento in Sicilia*. Messina: D'Anna, 1952.

6. Este …os Fasci é baseado sobretudo em Napoleone Colajanni, *Gli avveni…cilia*, op. cit., Adolfo Rossi, *L'agitazione in Sicilia* (Milão: Kan-…) e no número especial de *Movimento Operaio* (Milão, nov./dez. …) …s Fasci Siciliani.

…iteratura sobre a causa dos Fasci, noto apenas os três artigos em *Gior-…i Economisti* (Pádua, v. I, 1894), em especial o excelente "I moti di Si-…" de Ernesto La Loggia; cf. também F. Voechting, *La questione meridionale* (…poles: [s.n.], [s.d.]), pp. 204-11.

8. Francesco Renda, "Origini e caratteristiche del movimento contadino della Sicilia Occidentale". *Movimento Operaio*, Milão, pp. 619-67, maio/ago. 1955. O autor descreve as fraternidades em sua cidade natal ainda no período fascista: a Confraria do Purgatório, que recrutava mestres artesãos, e a da Immacolata, que recrutava sobretudo camponeses.

9. Da vasta literatura de denúncia sobre a política municipal siciliana, destaque-se sobretudo Giuseppe Alongi, "Le condizioni economiche e sociali della Sicilia" (*Archivio di Psichiatria, Antropologia Criminale e Scienze Penali*, Turim, v. XV, p. 229, 1894), especialmente pp. 242 e ss.

10. Ver a útil tabela de tumultos em Ernesto La Loggia, op. cit. Para a ausência de tumultos em centros com Fasci fortes, ibid., p. 212.

11. Napoleone Colajanni, *Gli avvenimenti di Sicilia*, op. cit., p. 186.

12. Adolfo Rossi, op. cit., pp. 7, 10.

13. Ibid., pp. 86, 69 e ss. As opiniões das camponesas são reproduzidas de modo mais completo no item 5 do Apêndice.

14. Ibid., p. 38.

15. Ibid., p. 10.

16. *Inchiesta parlamentare*, op. cit., v. VI, 1-2: Giovanni Lorenzoni, *Sicilia*, p. 633.

17. Adolfo Rossi, op. cit., p. 70.

18. Ibid., pp. 55, 89-90.

19. Massimo Ganci, "Il movimento dei Fasci nella provincia di Palermo", *Movimento Operaio*, op. cit., p. 873.

20. Adolfo Rossi, op. cit., pp. 6-7.

21. Este relato fragmentário do movimento em Piana se baseia amplamente em informações locais colhidas na cidade, graças à cortesia do prefeito e excelentíssimo deputado Michele Sala, e em várias referências em jornais e na literatura secundária. Felizmente Piana, por ficar bem perto de Palermo, tem sido bastante descrita por jornalistas e pesquisadores.

22. Os Matranga, Schirò e Barbato são mencionados como "famílias nobres" originais em Pietro Pompilio Rodotà, *Dell' rito greco in Italia* (Roma: Giovanni

Generoso Salomoni, 1763), v. III, e em Vincenzo Dorsa, *Su gli alb*
Trani, 1847). Sobre o acordo original, ver também Vito Maria An
Statella, *Lexicon topographicum siculum* ([S.l.]: [s.n.], 1757-60) v. II, *les:*
Graecorum", p. 83. Também: "Breve cenno storico delle colonie greco-al
di Sicilia" (*Roma e l'Oriente*, Roma, v. III, p. 264, 1911-2). Para uma bibliogra
ver Salvatore Petrotta, *Albanesi di Sicilia* (Palermo: [s.n.], 1966), pp. 200-17.

23. Adolfo Rossi, op. cit., p. 32.

24. Francesco Guardione, *Il dominio dei Borboni in Sicilia (1830-61)*. Turim: Società Tipografico Editrice Nazionale, 1907, v. II, p. 56.

25. Ernesto La Loggia, op. cit., pp. 215-6.

26. Francesco Renda, "Origine e caratteristiche del movimento contadino della Sicilia Occidentale", op. cit., pp. 637-8.

27. Massimo Ganci, op. cit., pp. 861-2.

28. Adolfo Rossi, op. cit., p. 74.

29. Giovanni Lorenzoni, op. cit., p. 663.

30. "Italy: Collective Farms" (*International Review of Agriculture Economics*, Oxford, v. VIII, pp. 617-30, 1918), especialmente p. 626.

31. Discuti alguns aspectos dessa descontinuidade em "Economic Fluctuations and Some Social Movements since 1800" (*The Economic History Review*, Glasgow, 2ª série, v. v, n. 1, 1952).

32. Salvatore Costanza, "I Fasci dei Lavoratori nel Trapanese", *Movimento Operaio*, op. cit., p. 1028 n.

7. A TURBA URBANA [pp. 148-68]

1. George Unwin, *Industrial Organisation in the Sixteenth and Seventeenth Centuries* (Londres: Routledge, 1963) ainda é a melhor discussão do assunto para esse país.

2. "Gesellenverbaende", artigo de Schoenlank nas primeiras edições de *Handwörterbuch der Staatswissenschaften* (Jena: Gustav Fischer, 1925), e *Le Compagnonnage*, de Étienne M. Saint-Léon (Paris: Colin, 1901), são as introduções mais proveitosas. Para um ofício especialmente tradicional, também discutido por Unwin, ver Guillaume Des Marez, *Le Compagnonnage des chapeliers bruxellois* (Bruxelas: Henri Lamertin, 1909) e Jean Vial, *La Coutume chapelière* (Paris: Domat-Montchrestien, 1941). Para os *compagnonnages* assumindo algumas funções de sindicato, ver, por exemplo, Elisabeth Todt e Hans Radandt, *Zur Fruehgeschichte der deutschen Gewerkschaftsbewegung 1800-1849* (Berlim: Die Freie Gewerkschaft, 1950).

3. Espero que fique claro, do que se segue, que nem todo tumulto urbano é "motim de turba", e nem toda grande reunião de cidadãos é "turba" no sentido da palavra usado neste capítulo. Como poucas palavras têm sido usadas de modo mais indiscriminado do que "turba", esta advertência talvez seja apropriada.

4. Cf. Elie Halévy, *A History of the English People in 1815* (Londres: Pelican, 1924), pp. 193 e ss. para o "direito de rebelião".

5. Eric J. Hobsbawm, "Economic Fluctuations and Some Social Movements since 1800", op. cit., p. 5.

6. Michelangelo Schipa, "La cosiddetta rivoluzione di Masaniello". *Archivio Storico per le Province Napoletane*, Nápoles, 2ª série, v. 11, p. 75, 1913.

7. George Rudé, "The Gordon Riots". *Transactions of the Royal Historical Society*, Cambridge, 5ª série, v. VI, 1956. Os tumultos de Liverpool em 1778 e os de Birmingham em 1791 ainda não foram adequadamente analisados.

8. Agradeço ao dr. Ernst Wangermann por esse argumento.

9. Benedetto Croce, *Curiosità storiche* (Nápoles: Riccardo Ricciardi, 1919), pp. 136-7 cita alguns versos; Benedetto Croce, *Storia del Regno di Napoli* (Bari: Laterza, 1925), p. 224 e *La Rivoluzione napolitana del 1799* (Bari: Laterza, 1912), Count Maffei, *Brigand Life in Italy*, op. cit., para o saque de casas de monarquistas em 1860.

10. F. Brancato, "Origini e carattere della rivolta palermitana del 1866" (*Archivio Storico Siciliano*, Palermo, 3ª série V, v. I, 1952-3), pp. 139 e ss., para alguns relatórios consulares contradizendo especificamente essa interpretação.

11. George Rudé, "The Motives of Popular Insurrection during the French Revolution". *Bulletin of the Institute of Historical Research*, Londres, v. XXVI, p. 55 n, 1953.

12. Id., "La Taxation populaire de Mai 1775". *Annales Historiques de la Révolution Française*, Paris, p. 38, abr./maio 1956.

13. Benedetto Croce, "I lazzari". *Varietà di storia letteraria e civile*, Bari: Laterza, 1935, v. I, pp. 189 e ss.

14. Sobre isso, ver Michelangelo Schipa, op. cit., v. II e III e seu "La mente di Masaniello" (*Archivio Storico per le Province Napoletane*, Nápoles, 1ª série, v. XXXVIII, XXXIX, 1918).

15. Benedetto Croce, "Varietà intorno ai 'lazzari'". *Napoli Nobilissima*, Nápoles, v. XIV, pp. 140, 171, 190, 1905.

16. David Silvagni, "La corte", citado em Luigi Dal Pane, *Storia del lavoro in Italia 1700-1815* (Milão: A. Giuffrè, 1943), p. 102.

17. Luigi Dal Pane, op. cit., p. 100.

18. Ibid., pp. 279, 323.

19. Biagio Riguzzi, *Sindacalismo e riformismo nel parmense*. Bari: Laterza, 1931.

20. Os votos monarquistas e qualunquistas (neofascistas) são corretamente vistos pelos estudiosos do sul da Itália como sinais de falta de consciência política, mais do que como votos políticos. Uma votação baixa para os democratas cristãos ou para os socialistas-comunistas assinala o que tem sido chamado de "zona cinzenta" da conscientização política, assim como uma mudança arbitrária entre candidatos muito radicais. Ver Rocco Scotellaro, op. cit., pp. 31-2.

21. Sou grato ao sr. Nino Cavatassi, secretário da Federação de Cosenza do Partido Comunista Italiano, pelos números das eleições provinciais, distribuídos por cidades e aldeias.

22. Para essa interessante ascensão, Raoul Labry, op. cit., e Franco Venturi, *Il populismo russo* (Turim: Einaudi, 1952), v. I, que se baseia nas mais recentes pesquisas russas.

23. Benedetto Croce, "I lazzari", op. cit., pp. 197-8.

24. O dr. Ernst Wangermann extraiu essas informações dos arquivos.

25. Otto Rommel, *Die Altwiener Volkskomoedie* (Viena: Bindenschild, 1952) é a obra de referência padrão; Johann Nestroy, o típico ator-autor do palco suburbano pré-1848.

26. Silverio, o pai do — geralmente apolítico — flamenco, tinha uma elegia ao herói republicano Riego em seu repertório inicial: Demófilo, *Collecion de cantes flamencos* (Sevilha: El Porvenir, 1881), p. 194. O menestrel Fernando el de Triana explica, em *Arte y artistas flamencos* (Madri: Libros con Duende, 1952), pp. 85-9, como conquistou o público de Barcelona, que não tinha simpatia pelo canto andaluz, inventando um tango sobre o assunto do general Prim.

27. Gerald Brenan, op. cit., p. 34. Seu movimento tinha sido tacitamente tolerado pelo governo por ser anticatalanista.

28. Sobre o medo de que a revolução influenciasse o planejamento urbano, cf. a obra de Haussmann em Paris e, no caso de Viena, Heinrich Benedikt, *Die wirtschaftliche Entwicklung in der Franz-Joseph-Zeit* (Viena: Herold, 1958), pp. 46-7.

8. AS SEITAS TRABALHISTAS [pp. 169-98]

1. O Censo Religioso da Inglaterra e do País de Gales em 1851 é a primeira das grandes pesquisas; as obras de Le Bras e da escola católica francesa de "sociologia religiosa" têm produzido os melhores estudos desde 1941.

2. "Sentiment religieux et cultes populaires pendant la Revolution". *Archives de Sociologie des Religions*, Paris, n. 2, jul./dez. 1956.

3. Não estou querendo dizer que grupos parecidos não existissem em outros lugares. No entanto, por conveniência, discutirei os fenômenos britânicos quase exclusivamente. Eles são, de qualquer forma, os mais importantes.

4. Franz Linden, *Sozialismus und Religion.* Leipzig: De Gruyter, 1932.

5. A tese de Halévy de que o surgimento do metodismo impediu a revolução na Grã-Bretanha serviu de fundamento para a maior parte dessas discussões. Para uma discussão crítica, ver meu "Methodism and the Threat of Revolution in Britain" (*History Today*, Londres, v. 7, n. 5, 1957). A maior parte do material foi coletada por historiadores metodistas ansiosos para mostrar a contribuição de seus grupos para o movimento trabalhista, em especial Robert Wearmouth, que publicou uma série de volumes sobre o assunto, nos quais este capítulo se baseia em grande parte. Nos últimos anos, o slogan "O trabalhismo britânico deve mais a Wesley do que a Marx" difundiu mais escuridão do que luz.

6. Este resumo se baseia principalmente no Censo Religioso de 1851 e nas estatísticas de filiação de várias denominações religiosas.

7. Wesleyanos e kilhamistas para 1805, wesleyanos, kilhamitas, metodistas primitivos, Associação Metodista Wesleyana, Reformadores Metodistas Wesleyanos para 1851. A ausência de estatísticas úteis sobre as seitas dissidentes mais descentralizadas dificulta a apresentação de números comparáveis para elas; ver, contudo, o Censo de 1851 para estimativas.

8. Os comentários sobre religião da classe trabalhadora feitos adiante não se aplicam aos grupos mais antigos de artesãos, nem mesmo àqueles que eram sectários trabalhistas à sua maneira. Para uma descrição excelente de uma comunidade desse tipo, Laurance J. Saunders, *Scottish Democracy 1815-1850* (Edimburgo: Oliver & Boyd, 1950), p. 127.

9. O melhor relato que conheço sobre religião das classes trabalhadoras nos primórdios do industrialismo é Liston Pope, *Millhands and Preachers* (New Haven: Yale University Press, 1942), que trata de Gastonia, Carolina do Norte, *c.* 1900-39. Embora meu relato se baseie nas condições britânicas, a religião desses brancos pobres das montanhas transformados em operários de fábrica é tão extraordinariamente semelhante à dos sectários do século XIX que de vez em quando usarei Pope para ilustrá-la.

10. Mary Merryweather, *Experience of Factory Life*, 3. ed. (Londres: Emily Faithfull, 1862), p. 18. Cf. Liston Pope, op. cit., pp. 90-1, pois avivamentos se transformando em festivais comunitários e "reuniões de oração são praticamente a única forma de entretenimento à nossa disposição" (p. 89).

11. Nas igrejas de "Santidade" de Gastonia eis o que ocorre: salvos, santificados, batizados com o Espírito Santo, batizados com água, tendo a primeira bênção, a segunda, a terceira etc. Liston Pope, op. cit., p. 137.

12. "A religião deles está intimamente relacionada às lutas e vicissitudes diárias de uma vida insegura, e é útil para interpretação e ajuda. Ela 'funciona' e 'muda as coisas'." Ibid., p. 86.

13. Hilda Jennings, *Brynmawr*. Londres: Allenson, 1934, p. 124.

14. "Publicamente, a religião nas igrejas de fábrica parece indiferente às condições econômicas; a rigor, ela é em parte produto dessas condições e, ao tirar delas a atenção, é, indiretamente, uma aprovação delas." Liston Pope, op. cit., p. 91. Talvez se deva notar que esse autor é um cristão com forte antipatia pela "interpretação econômica da história".

15. Charles Maurice Davies, *Unorthodox London*. Londres: Tinsley, 1873, v. I, pp. 89 e ss.

16. Cf. Robert Wearmouth, *Methodism and the Working-Class Movements of England: 1800-1850* (Londres: Epworth, 1937) e meu artigo em *History Today*, op. cit.

17. Além dos relatórios da conexão, baseei-me em Holliday Bickerstaffe Kendall, *The Origin and History of the Primitive Methodist Church* (Londres: Edwin Dalton, 1906), 2 v., William J. Townsend, Herbert Workman e George Eayrs, *A New History of Methodism* (Londres: Hodder & Stoughton, 1909), 2 v. e obras de Robert Wearmouth.

18. James Bennett, *The History of Dissenters: During the Last 30 Years*. Londres: Hamilton Adams, 1839, pp. 31-4.

19. *Monthly Repository*, Londres, v. v, p. 560, 1820; Robert Wearmouth, op. cit., pp. 211-2.

20. Robert Halley, *Lancashire: Its Puritanism and Nonconformity*. Manchester: Tubbs & Brook, 1869, v. II, pp. 482-4.

21. Cf. *Beehive*, 15 jun. 1867.

22. Robert Wearmouth, op. cit., p. 101.

23. Comissão Real sobre as Leis dos Pobres, *Parliamentary Papers*, v. XXXIV, 1834, Questões rurais 53: Sutton Wick, Berks.

24. Censo Religioso de 1851, LXXXII.

25. Holliday Bickerstaffe Kendall, op. cit., v. I, p. 474.

26. Um desses documentos, dos trabalhadores agrícolas de Norfolk, é reproduzido em meu *Labour's Turning Point* (Londres: Lawrence & Wishart, 1948), p. 89.

27. "Os líderes naturais dos trabalhadores encontram na Igreja praticamente o único veículo para expressão de liderança; esse fato ajuda a explicar a contínua popularidade das 'reuniões de testemunho' nas quais vários fiéis têm oportunidade de falar, e o número relativamente grande de oficiais e comitês encontrados em igrejas de fábrica." Liston Pope, op. cit., p. 89.

28. Robert Wearmouth, op. cit., p. 174.

29. Robert Goetz-Girey, *La Pensée syndicale française*. Paris: Armand Colin, 1948, p. 24. Keufer, dos impressores, Isidore Finance, dos pintores de parede, os principais pilares do reformismo, eram positivistas.

30. O relato mais conveniente desse estranho movimento está em Ken S. Inglis, *The Churches and the Working Classes in Victorian England* (Londres: Routledge, 1963). Esse esboço se baseia no jornal das Igrejas, *The Labour Prophet* (Londres, 1892-8), nos registros escritos à mão da Igreja trabalhista de Birmingham e em diversos materiais biográficos contemporâneos.

31. John Trevor, *My Quest for God*. Londres: *The Labour Prophet* Office, 1898.

32. *The Labour Prophet*, Londres, [s.v.], [s.n.], p. 4, 1892.

33. Henry Pelling, *Origins of the Labour Party*. Nova York: St. Martin, 1954, p. 143.

34. *The Labour Prophet*, Londres, [s.v.], [s.n.], p. 64, 1892.

35. Id., [s.v.], [s.n.], p. 8, 1893.

36. Seth Ackroyd, "Labour's Case for a Labour Church". *The Labour Prophet*, Londres, [s.v.], [s.n.], pp. 1-3, 1897.

37. *The Labour Prophet*, Londres, [s.v.], [s.n.], p. 127, 1894.

38. George Douglas Howard Cole, *A Century of Co-operation*. Manchester: Allen & Unwin, 1944, cap. III-IV.

39. A. Swaine, "Heimarbeit in der Gewehrindustrie von Luettich". *Jahrbuecher fuer Nationaloekonomie und Statiski*, 3ª série, v. XII, p. 218, 1896.

40. "Com meus estudos de teologia, logo me dei conta de que as condições sociais das pessoas não eram como Deus queria que fossem. As flagrantes injustiças infligidas a meus pais e os terríveis sofrimentos pelos quais passei em minha meninice ficaram gravados em minha alma como a ferro quente. Muitas vezes jurei que faria alguma coisa para melhorar as condições de minha classe." George Edwards, *From Crow-Scaring to Westminster*. Londres: The Labour Publishing, 1957, p. 36. Edwards, o líder do sindicato dos trabalhadores agrícolas de Norfolk, se converteu ao metodismo primitivo em 1860 e se tornou sindicalista militante logo que Joseph Arch apareceu.

41. David Williams, *John Frost* (Cardiff: University of Wales Press, 1939), p. 150, e p. 324 para religiões dos desordeiros.

9. O RITUAL NOS MOVIMENTOS SOCIAIS [pp. 199-227]

1. Friedrich Avé-Lallemant, op. cit., dá alguns exemplos interessantes e, pela natureza do caso, desagradáveis. Ver também capítulo 2.

2. Douglas Knoop e G. P. Jones, *The Genesis of Freemasonry*. Manchester: Manchester University Press, 1947, pp. 96-107.

3. O "emblema" do Sindicato dos Estivadores (1889) é descrito minuciosamente em meu *Labour's Turning Point*, op. cit., pp. 87-8. Existe espaço para discussão da simbologia dos primeiros sindicatos britânicos, cujas bandeiras, em alguns casos, ainda podem ser admiradas.

4. John Dunlop, *Artificial and Compulsory Drinking Usages in Great Britain and Ireland* (Londres: Houlston & Stoneman, 1839), várias edições, cada vez mais completas.

5. Para uma boa descrição, "Office du Travail", em *Les Associations professionnelles ouvrières* (Paris: Giard & Brière, 1894), 4 v., especialmente v. I, cap. II, pp. 90 e ss. Para referências completas, ver Roger Lecotté, *Essai bibliographique sur les compagnonnages de tous les devoirs du Tour de France et associations ouvrières à forme initiatique* (Paris: Plon, 1951).

6. O bem fundamentado verbete "Compagnonnage" de Pierre Larousse, *Grand Dictionnaire universel du XIXème siècle* (Paris: Larousse & Boyer, 1866-78) informa as faixas exatas de filiação.

7. No século XIX ele era chamado apenas de "testemunha"; mas relatos de meados do século XVII — pouco antes da condenação teológica oficial da iniciação à *compagnonnage* — o mostram como "cura".

8. *Les Associations professionelles ouvrières*, op. cit., v. I, pp. 117-24.

9. Werner Krebs, *Alte Handwerksbraeuche*. Basileia: Helbing & Lichtenhahn, 1933, cap. IV. Vários sermões são reproduzidos em Rudolf Wissell, *Des alten Handwerks Recht und Gewohnheit* (Berlim: Ernst Wasmuth, 1929-30), 2 v.

10. K. Helfenberger, *Geschichte der Boettcher, Kuefer und Schaefflerbewegung*. [S.l.]: [s.n.], 1928.

11. *The Odd Fellows' Magazine*. Manchester: Mark Wardle, 1829, v. I, p. 146. Devo as referências ao ritual das Sociedades Solidárias sobretudo ao sr. P. H. Gosden, que gentilmente me permitiu citar sua dissertação inédita sobre elas.

12. Citado em George Douglas Howard Cole, *Attempts at General Union* (Londres: Macmillan, 1953), Apêndice 5.

13. Samuel Thomas Davies, P. S., *Odd Fellowship, Its History, Constitution, Principles and Finances*. Witham: Richard Sutton Cheek, 1858.

14. Douglas Knoop e G. P. Jones, op. cit., pp. 209, 249-50, para trotes parecidos — supostamente descendentes de antigos rituais de "teste" — entre os primeiros maçons.

15. Emil Basner, *Geschichte der deutschen Schmiedebewegung*. Hamburgo: Verlag des Zentralverbandes aller in der Schmiederei beschäftigten Personen, 1912.

16. *Les Associations professionelles ouvrières*, op. cit., p. 103 n.

17. *General Laws of the Ancient Order of Foresters*. Bolton: [s.n.], 1865.

18. Ver, por exemplo, Otto Karmin, "L'Influence du symbolisme maçonnique sur le symbolisme revolutionnaire" (*Revue Historique de la Révolution Française*, Paris, v. I, pp. 176 e ss., 1910).

19. Ver os relatórios de *Select Committee on Combinations of Workmen 1838* para a escassez de juramentos.

20. *Les Associations professionelles ouvrières*, op. cit., v. II, p. 802.

21. Pierre Larousse, op. cit., p. 769.

22. Cf. Franco Venturi, op. cit., p. 587 para russos inspirados pela Conspiração dos Iguais de Buonarrotti, *Report of the Sedition Committee 1918* (Calcutá: Superintendent Government Printing, 1918), mais conhecido como Relatório Rowlatt, para a dívida dos terroristas bengalis para com os narodniks russos, e Kalpana Dutt, *Chittagong Armoury Raiders: Reminiscences* (Bombaim: People's Publishing House, 1945) para a dívida deles para com o Exército Republicano Irlandês.

23. Para um exemplo do Tribunal de Honra, Edward H. Carr, *The Romantic Exiles* (Londres: Penguin, 1949), p. 127.

24. Gabriel Perreux, *Au Temps des sociétés secrètes*. Paris: Hachette, 1931, pp. 365 e ss.

25. Sigo Carlo Francovich, "Gli Illuminati di Weishaupt e l'idea egualitaria in alcune società segrete del Risorgimento" (*Movimento Operaio*, Milão, jul./ago. 1952); para reservas a seu respeito, ver Elizabeth L. Eisenstein, *The First Professional Revolutionist: Filippo Michele Buonarroti* (*1761-1837*) (Cambridge, MA: Harvard University Press, 1959), pp. 176-7.

26. Sou muito grato pelas obras recentes de Samuel Bernstein, Galante-Garrone e sobretudo A. Saitta, cujos dois volumes lançam uma enxurrada de luz sobre todo o mundo conspiratório desse período.

27. Por pouco a Primeira Internacional (1864-73) não representou esse ideal, embora os blanquistas se mantivessem distantes; mas as dificuldades de juntar marxistas, mazzinianos, proudhonistas, bakuninistas e uma diversidade de outros revolucionários e esquerdistas se mostraram insuperáveis. As internacionais subsequentes, exceto as especializadas, como a de Cooperadores, foram ideologicamente excludentes.

28. Carlo Francovich, op. cit., p. 584; Samuel Bernstein, *Buonarroti*. Paris: Hier et aujourd'hui, 1949, pp. 167-8, 178; Jean Witt, *Les Sociétés secrètes de France et d'Italie*. Paris: Levavasseur, 1830, pp. 6-7, 9.

29. Parece não haver uma boa história disso. Ver Dorothy Macardle, *The Irish Republic* (Londres: Gollancz, 1937), p. 64, para o juramento da Irmandade

Republicana Irlandesa. Suas similaridades com o padrão continental costumam ser notadas, por exemplo, pelo (tendencioso) Hugh B. C. Pollard, *The Secret Societies of Ireland* (Londres: P. Allan, 1922), pp. 46, 49, cuja filiação precisa, se existe, ainda não foi estabelecida.

30. Por exemplo em Gabriel Perreux, op. cit., pp. 371 e ss.

31. Antonio Lucarelli, "I moti rivoluzionari del 1848 nelle Puglie". *Archivio Storico per le Province Napoletane*, v. XXXI, pp. 435-7, 1947-9. A mais completa descrição da atmosfera do carbonarismo, o mais conhecido fenômeno desse tipo, está nas anônimas *Memoirs of the Secret Societies of the South of Italy, Particularly the Carbonari* (Londres: John Murray, 1821). Segundo especialistas no assunto e no período, o autor, que seria um certo Bertholdi, é extremamente bem-informado e o livro é rico em documentação.

32. Lucien de La Hodde, *Histoire des sociétés secrètes et du Parti Républicain*. Paris: Julien et Lanier, 1850, p. 217.

33. Relatório Rowlatt, citando o panfleto *Bhawani Mandir* de 1905. A ligação entre revolucionismo e castidade ritual continua forte. Kalpana Dutt, op. cit., observa que o terrorista Suriya Sen tinha um homem santo presente em sua noite de núpcias e jamais coabitou com a esposa (1918-28).

34. Para a forma muito superficial de iniciação, ver Adolphe Chenu, *Les Conspirateurs* (Paris: Garnier, 1850), p. 20, e Apêndice, item 13.

35. Detalhes tirados de Karl Wermuth e Wilhelm Stieber, *Die Communistenverschwoerungen des neunzehnten Jahrhunderts* (Berlim: Druck von A. W. Hayn, 1853) e várias biografias de Marx.

36. Ibid., p. 13.

37. Esta visão, é claro, está sujeita a ressalvas, particularmente levando em conta que diferentes lojas de várias irmandades tiveram políticas e graus de êxito muito diferentes. Exceções a essa generalização ocorrem a qualquer especialista, sobretudo em sociedades do sul da Itália. No entanto, não há dúvida quanto a sua validade genérica. Os projetos revolucionários dessas irmandades, como especificado, por exemplo, no Apêndice VI de *Memoirs of the Secret Societies*, eram em essência os do pronunciamento clássico; e na verdade os tradicionais golpes militares dos países ibéricos, em grande parte baseados em irmandades semissecretas de oficiais e soldados, ainda refletem esse padrão.

38. Lucien de La Hodde, *La Naissance de la République en Février 1848* (Paris: Chez l'Éditeur, 1850) identifica as profissões de quatro agentes revolucionários depois de 1839 como marceneiro, dourador, torneiro de cobre e ele próprio, jornalista (e, acrescente-se, espião policial). "Albert", o trabalhador que entrou no governo provisório de fevereiro de 1848, chegou por meio da Société des Nouvelles Saisons, herdeira das Saisons. A Société Communiste Révolution-

naire (segundo De la Hodde) tinha como principais militantes um barbeiro, um alfaiate, um mecânico e um pedreiro. A Sociedade Dissidente (das Novas Estações) tinha entre seus líderes dois alfaiates, um ex-soldado, um fabricante de capas de palha, assim como um comerciante de vinhos e um médico (pp. 10, 15-6). A subsequente atração exercida pelo blanquismo sobre intelectuais, sobretudo estudantes, não deveria ofuscar o fato de que em sua origem o blanquismo era muito mais plebeu do que as irmandades secretas dos anos 1820.

Bibliografia

Algumas das muitas publicações relevantes para os assuntos tratados neste volume merecem menção. A maioria apareceu depois de 1959. Devem servir de guia para leituras complementares.

Capítulo 1: As seguintes discussões de assuntos levantados neste livro podem ser mencionadas: Yonina Talmon, "Pursuit of the Millennium: The Relation Between Religious and Social Change" (*Archives Europeennes de Sociologie*, Paris, v. III, pp. 125-48, 1962); Maria Isaura Pereira de Queiroz, "Millénarismes et messiaismes" (*Annales: Economics, Sociétés, Civilisations*, Paris, v. 19, n. 2, pp. 330-44, 1964); Leandro Perini, "Forme primitive di rivolta" (*Studi Storici*, Roma, v. VIII, n. 3, pp. 598-606, 1967). Jean Chesneaux, Feiling Davis, Nguyen Nguget Ho (Orgs.), *Mouvements Populaires et Sociétés Secrètes en Chine au XIX et XX siècles* (Paris: Maspero, 1970) ajuda muito a esclarecer o problema dos movimentos sociais arcaicos.

Capítulo 2: Para um tratamento mais completo e algumas indicações bibliográficas, Eric J. Hobsbawm, *Bandits* (Harmondsworth: Dell, 1972). [Ed. bras.: *Bandidos*. São Paulo: Paz & Terra, 2015.]

Capítulo 3: Além das passagens relevantes de Denis Mack Smith, *Modern Sicily After 1713* (Londres: Chatto & Windus, 1968), ver Renée Rochefort, *Le Travail en Sicile* (Paris: Persée, 1961) para uma visão geral. Nando Russo (Org.), *An-*

tologia de la Mafia (Palermo: [s.n.], 1964) reimprime documentos e relatos iniciais valiosos, até, e incluindo, o fascismo. Para a era do pós-guerra, ver as obras de Michele Pantaleone, *Mafia e politica 1943-1962* (Turim: Einaudi, 1962), *Mafia e droga* (Turim: Einaudi, 1966), *Antimafia: Occasione mancata* (Turim: Einaudi, 1969) e Danilo Dolci, *Spreco* (Turim: Einaudi, 1962). O inquérito oficial dos anos 1960 também produziu um considerável conjunto de artigos de jornal e revista. Henner Hess, *Mafia* (Tübingen: Mohr, 1970) tem uma boa bibliografia.

Para a Máfia americana, outro assunto cada vez mais documentado, ver Donald Cressey, *Theft of the Nation* (Nova York: Harper & Row, 1969), Peter Maas, *The Valachi Papers* (Londres: Putnam, 1968), Henry A. Zeiger, *Sam the Plumber* (Nova York: Signet, 1970) [ed. bras.: *Sam o encanador*. [S.l.]: Edições MM, 1974]. Este último é especialmente valioso, consistindo em transcrições selecionadas das conversas de um mafioso muito importante, ouvidas pelo FBI, e ilustra relações entre líderes e seguidores.

Capítulo 4: A literatura sobre o milenarismo tem se multiplicado. Consultar o artigo e a bibliografia em David L. Sills e Robert K. Merton (Orgs.), *International Encyclopedia of the Social Sciences* (Nova York: Macmillan, 1968) e, em particular, *Comparative Studies in Society and History*, Haia, Supl. II, "Millennial Dreams in Action", 1962, Wilhelm Muehlmann, *Chiliasmus und Nativismus* (Berlim: D. Reimer, 1961), Vittorio Lanternari, *Movimenti religiosi di libertà e di salvezza dei popoli oppressi* (Milão: Feltrinelli, 1960), Maria Isaura Pereira de Queiroz, *Réforme et révolution dans les sociétés traditionnelles: Histoire et ethnologie des mouvements messianiques* (Paris: Anthropos, 1968).

Desde 1959 Leone Graziani publicou um *Studio bibliografico su David Lazzaretti* (Roma: La Torre Davidica, 1964) e Antonio Moscato e Maria Novella Pierini, *Rivolta religiosa nelle campagne* (Roma: Samonà e Savelli, 1965) sobre os Lazzaretti e os judeus de San Nicandro.

Capítulo 5: Entre as publicações recentes, Raymond Carr, *Spain 1808-1959* (Oxford: Oxford University Press, 1966) fornece informações de fundo, e Edward Malefakis, *Agrarian Reform and Peasant Revolution in Spain* (New Haven: Yale University Press, 1970) é o tratamento mais completo do assunto, e de excelente qualidade; Juan Martínez Alier, *La estabilidad del latifundio* (Paris: Ruedo Ibérico, 1968) investiga o mundo mental dos trabalhadores andaluzes em meados dos anos 1960 e analisa as mudanças ocorridas desde 1936. Também vale notar que uma versão um tanto abreviada do maravilhoso livro de Juan Díaz del Moral também foi reeditada (Madri: Alianza, 1967).

Capítulo 6: O mais completo relato dos Fasci Siciliani é Salvatore F. Romano, *Storia dei Fasci Siciliani* (Bari: Laterza, 1959). Para questões mais amplas, ver Sidney G. Tarrow, *Peasant Communism in Southern Italy* (New Haven: Yale University Press, 1967).

Capítulo 7: A literatura sobre tumultos e turbas se multiplica com rapidez. Consultar Hugh Davis Graham e Ted Gurr, *The History of Violence in America* (Nova York: Praeger, 1969) para exemplos e referências. George Rudé, *The Crowd in History, 1730-1848* (Nova York: Wiley, 1964) é uma excelente introdução ao período coberto aqui. Ver também Raymond Carr, *Spain 1808-1939* (Oxford: Oxford University Press, 1966), especialmente o capítulo v, sobre revoluções urbanas espanholas.

Capítulo 8: Kenneth S. Inglis, *The Churches and the Working Classes in Victorian England* (Londres: Routledge, 1963) é muito útil. Edward Palmer Thompson, *The Making of the English Working Class* (Londres: Vintage, 1963) discute aspectos religiosos dos primeiros movimentos trabalhistas, e John F. C. Harrison, *Robert Owen and the Owenites* (Londres: Routledge, 1969) destaca o caráter milenarista e as ligações com outras correntes milenaristas do owenismo. A seita proletária investigada de forma mais completa é a dos mórmons: ver Philip A. M. Taylor, *Expectations Westward* (Edimburgo: Oliver & Boyd, 1965).

Capítulo 9: Émile Coornaert, *Les Compagnonnages en France* (Paris: Les Éditions Ouvrières, 1966) substitui trabalhos anteriores nesse campo; Edward Palmer Thompson, *The Making of the English Working Class* (Londres: Vintage, 1963) tem profunda consciência dos aspectos rituais do assunto; Peter Henry J. H. Gosden, *The Friendly Societies in England 1815-1875* (Manchester: Manchester University Press, 1961) é a única obra moderna sobre o assunto. Para as origens da Liga Comunista, obras recentes dignas de nota são Werner Kowalski, *Vorgeschichte und Entstehung des Bundes der Gerechten* (Berlim Oriental: Rütten & Loening, 1962) e Bert Andréas, *Gruendungsdokumente des Bundes der Kommunisten* (Hamburgo: Hauswedell, 1969).

Índice geográfico

Agrigento, 265*n*, 267*n*
Albânia, 141, 144, 266*n*
Alcala del Valle, 271*n*
Alemanha, 11, 149, 161, 170, 172, 207, 210, 217, 221, 225, 243; Central, 167; Renânia, 45, 50; Silésia, 177
Alford, 253
Almaden, 110
Andaluzia, 8, 14, 17
Andria, 235
Angri, 87
Antequera, 271*n*
Apúlia, 8
Arahal, 113
Arcidosso, 100, 104
Arcos de la Frontera, 113, 115, 271*n*
Aspromonte, 40
Atella, 236
Austrália, 82, 268*n*
Azov, 243, 245
Baena, 110, 264*n*
Bagheria, 70, 267*n*
Barcelona, 120, 165, 276*n*
Basileia, 84
Bélgica, 194
Benamejí, 112, 115, 264*n*
Benaocaz, 113
Benevento, 132
Bengala, 220, 281*n*
Berlim, 167
Bezdna, 163
Birmingham (Inglaterra), 191, 275*n*, 279*n*
Bisacquino, 139
Bolonha, 155
Bolton, 192
Bordighera, 268*n*
Bornos, 113, 126
Boston (Inglaterra), 253
Bova, 40, 42
Bradford, 190-1

Bradshaw, 192
Brasil, 8, 12, 15-6, 259*n*, 269*n*
Brinkworth, 183
Bruxelas, 214
Buenos Aires, 120
Bujalance, 122, 271*n*
Bykhvostova, 53

Cádiz, 8, 109-10, 113, 120, 271*n*
Cagliari, 231, 233
Calábria, 8
Canicattì, 138
Canolo, 81-2
Carmona, 271*n*
Cárpatos, 38-9, 44, 50
Casas Viejas, 114, 120-3, 127, 271*n*
Castel del Piano, 100
Castro del Río, 117, 122, 271*n*
Catânia, 134, 159
China, 13
Cinigiano, 100
Córdoba, 109-11, 117, 120, 140, 261*n*, 263*n*, 271*n*
Corleone, 137, 267*n*
Cosenza, 8, 106, 159

Delianuova, 40
Dinamarca, 48
Dnieper, 243
Dobrianka, 248
Docking, 183
Don, 243
Dublin, 66, 163, 224

El Bosque, 113
Escócia, 188; *ver também* Grã-Bretanha
Eslováquia, 37
Espanha, 8, 11, 14, 38, 91, 108-30, 132-3, 140, 165; Andaluzia, 26, 28, 37, 42-3, 91, 94, 96-7, 108-32, 139-40, 146-8, 272*n*, 276*n*; Aragão, 112, 116, 166; Castela, 270*n*; Catalunha, 111; Granada, 110; Huelva, 109; Jaén, 109-10, 271*n*; Navarra, 116, 166; "Sicília da", 108; sul da, 38, 132; *ver também nomes de lugares individualmente*
Estados Unidos, 51, 58, 63, 72-3, 76-7, 106, 149, 169, 180, 193, 200, 215, 264*n*, 265*n*, 266*n*, 270*n*; Arizona, 63; Califórnia, 51; Carolina do Norte, 251-2, 277*n*

Farnworth, 192
Favara, 70, 265*n*
Fernán-Nuñez, 271*n*
Foggia, 106, 236, 239
França, 11, 93, 102-3, 161, 188, 193-4, 209, 211, 213, 221; Córsega, 25-6, 39, 42; Fuenteovejuna, 111-2; Nord, 167; Normandia, 48; Pas-de-Calais, 167; Sarthe, 171; Vendeia, 166; *ver também nomes de lugares individualmente*

Gallo, 132
Gaston, condado de, 252
Gastonia, 179, 195, 277*n*
Genebra, 214
Gerace, 82
Gibraltar, 217
Gioia Tauro, 81
Gorodna, 248
Grã-Bretanha, 11, 30, 148, 170, 172, 176, 181, 189, 193, 195, 204, 208, 210-1, 213, 255; Ânglia Oriental, 48; Berkshire, 182; Cornualha, 182;

Cúmbria, 184; Derbyshire, 184, 186; Dorset, 182-4; Durham, 26, 182, 184, 186; Essex, 175; Kent, 180; Lancashire, 181, 191; Lincolnshire, 182, 253; Midlands [região central], 182, 184, 186; Norfolk, 182-4, 186, 278*n*, 279*n*; Norte, 181, 188, 191; Northumberland, 184, 186; Shropshire, 183; Staffordshire, 186; Suffolk, 183; Tyneside, 24; Vale do Tâmisa, 182; West, 181-2, 191; Wiltshire, 183; Yorkshire, 184; *ver também* Inglaterra; Escócia; País de Gales
Grazalema, 113, 121, 270*n*
Grécia, 40, 141, 144
Grimsby, 181
Grotte, 139
Guadalquivir, 108, 110
Gulai-Polye, 243, 245

Halifax, 191
Holanda, 181
Hull, 190, 197
Hyde, 191

Inglaterra, 37, 48, 121, 180-1, 194, 253, 276*n*; *ver também* Grã-Bretanha
Irlanda, 46, 66, 72, 163, 170, 174, 210, 215, 218, 220, 281-2*n*
Islândia, 181
Israel, 239-41
Istambul, 155
Itália, 8, 11, 21, 38, 43-50, 71, 77-9, 96-107, 109, 115, 131-4, 141, 158, 237, 239, 254-5, 270*n*, 272*n*, 282*n*; Apúlia, 43-4, 46, 106, 219, 239, 254; Bari, 86; Basilicata (Lucânia), 42-3; Calábria, 26, 40-50, 58, 79-82, 106, 159, 249, 268*n*; Caltanissetta, 74, 267*n*; Campânia, 159; Capitanata, 43; Caserta, 86; Cilento, 58; Lácio, 44, 99, 159; Ligúria, 82; Lombardia, 59; Maremma, 43; Messina, 134, 159; monte Gargano, 106, 270*n*; Nápoles, 55, 85-7, 142, 152-66; Nuoro, 233; Palermo, 49, 60-79, 134, 141-2, 153-9, 165-8, 241, 273; Piemonte, 59, 65, 101, 238; Reggio Calabria, 40, 79, 264*n*; Roma, 73-7, 143, 154-9, 232, 237-40; Romanha, 158, 272*n*; Salerno, 58, 86; Sardenha, 25, 41, 46, 50, 234; Sicília, 24, 26, 28, 38, 41, 53, 57-87, 92, 97, 109, 115, 117, 129, 131-48, 163, 232, 241; Siena, 101; Sila (calabresa), 49; Sul, 7, 43-56, 71, 96, 105, 107, 109, 115, 134, 158, 239, 272*n*; Tavoliere, 106; Toscana, 97-101, 272*n*; Trapani, 146, 267*n*; Úmbria, 99; *ver também nomes de lugares individualmente*
Iznájar, 112, 115, 264*n*, 271*n*

Jerez, 113-4, 125, 271*n*
Jerusalém, 239

Kiev, 249
Kussiey, 248

La Línea, 271*n*
Lebrija, 126
Lecce, 254-5
Leeds, 191
Letino, 132
Liège, 195
Linares, 271*n*

Liverpool, 275*n*
Livorno, 120
Loja, 112
Londres, 8, 159, 166-7, 172, 174-5, 194, 214
Loray, 251-2

Madri, 120
Málaga, 110, 113, 119, 271*n*
Manchester, 7, 188, 191
Marsala, 142
Medina-Sidonia, 113, 271*n*
Milão, 8, 155, 158, 167
Milazzo, 62
Minsterley, 183
Monreale, 65, 70, 73, 75, 265*n*, 266*n*
Monte Amiata, 98-107
Montelepre, 39, 42, 49
Montemaggiore, 42
Montilla, 264*n*
Morley, 192
Morón, 271*n*
Motcombe, 183

New Orleans, 76, 266*n*
Newcastle-on-Tyne, 183
Newport, 195
Nocera Inferiore, 87
Nola, 87
Noruega, 181
Norwich, 194
Nova York, 76, 120, 266*n*

Orgosolo, 231-4
Osuna, 113, 115

País de Gales, 167, 173, 177, 182, 187-8, 195, 276*n*; *ver também* Grã-Bretanha
Países Baixos *ver* Holanda
Paris, 152, 154, 156-7, 162, 165, 167, 171, 210, 213-4, 217, 221
Parma, 158
Partinico-Monreale, 267
Piana degli Albanesi, 8, 129, 141
Piana dei Greci, 71, 134, 138, 141, 241
Plymouth, 190, 192
Polônia, 37, 170
Poltava, 246
Portella della Ginestra, 53, 74, 144
Portugal, 111
Pozoblanco, 110, 112

Reims, 200
Reino das Duas Sicílias, 132
Reino Unido *ver* Grã-Bretanha
Rio Tínto, 110
Roccalbegna, 100
Rochdale, 194
Roitchenski, 249
Roma, 7-8
Ronda, 110*n*
Rússia, 54, 93, 113, 123, 160, 263*n*; *ver também* Ucrânia, *nomes de lugares individualmente*
Ryepki, 249

"*sa verula*", 231, 234
San Fernando, 271*n*
San Giovanni in Fiore, 8, 249
San Giuseppe Jato, 146
San Nicandro, 8, 106-7, 239, 270*n*
Santa Fiora, 100
São Petersburgo, 247
Scafati, 87
Sciacca, 42
Sevilha, 109-10, 113, 160, 165, 271*n*
Sheffield, 174, 182, 194
Shotley Bridge, 183

Sicília, 8, 17; *ver também* Itália
Sinopoli, 268*n*
Stoke-on-Trent, 168
Sturno, 237
Sydney, 268*n*

Tchernigov, 246-7, 249, 262*n*, 263*n*
Thornley, 183
Tolpuddle, 184
Toscana, 7
Turim, 167
Turquia, 141

Ucrânia, 38, 54, 242, 245

Vallata, 262*n*
Veneza, 157
Versalhes, 156
Viena, 152-3, 155-7, 165-6, 261*n*
Villagrande, 231, 234
Villalba, 74
Villamartín, 113, 126, 271*n*
Volga, 163

Wangford, 183

Yarmouth, 181

Zaporozhe, 245

Índice onomástico

Fontes mencionadas ou discutidas no texto são marcadas com *. Quando necessário, as pessoas indexadas são rapidamente descritas.

Ackroyd, Seth (sectário trabalhista), 190, 197
Albert (revolucionário), 282*n*
Alexandre II da Rússia, 163
*Alongi, Giuseppe, 261, 264-5, 268, 273
al-Rashid, Harun, 162
Angiolillo (bandido), 38-40, 46-7, 55
Annicchiarico, Ciro (bandido), 55
Antônio Conselheiro (profeta), 16, 269*n*
Apraxin, general, 163
Arch, Joseph, 184, 253, 279*n*

Bakunin, Michael, 53, 112-3, 118, 123, 132, 217, 263*n*
Banks, William (sindicalista), 253
Barbato (família siciliana), 140-1, 273
Barbato, Nicola (socialista), 142, 144
*Barzellotti, G., 98, 269*n*
Batey, J. (sindicalista), 186
Blake, William, 91
Blanqui, Auguste, 219-20, 224-7, 283*n*
Blatchford, R., 171, 192
Bloor, T. (sindicalista), 186
Borjes, J. L. (soldado), 52
Bradlaugh, Charles, 171
Branca (policial), 77
*Brenan, Gerald, 108, 110, 115-6, 119, 129, 264*n*, 270*n*
Broadhurst, Henry, 184
Brown, W. J. (político), 187
Bunyan, John, 193-4
Buonarroti, P. (revolucionário), 216, 226
Burt, T. (sindicalista), 184

Cabanas Silva, José, 122
Caffieri, Gaetano (revolucionário), 254
Cafiero, Carlo, 132
*Cagnetta, Franco, 25, 231-2
Calabro, Rocco (mafioso), 268*n*
Campesi (bandido), 40
Cape, Tom, 184
Capraro (bandido), 42
*Cassin, Elena, 106, 239, 270*n*

Castagna, Serafino, 267*n*
Cervantes, Miguel de, 84
Chalier, M. J. (revolucionário), 171
Championnet, general, 163
Chapman, Joseph, 253
*Cohn, professor Norman, 7, 34, 88
*Colajanni, Napoleone, 73, 264*n*, 272*n*
Coleman, Zachariah, 194-5
Comte, Auguste, 171
Cook, A. J., 187
Copreaux (revolucionário), 257
Corrientes, Diego, 37, 111
Cowey, E. (sindicalista), 184
Crabtree, H. J. (pregador), 252
Crawford, William, 184
Croce, Benedetto, 39, 154
Cruz, Curro, 122
Cruz, María, 122
*Cutrera, Antonino, 62, 264*n*, 265*n*, 266*n*

d'Agostino, Nicola, 81-2
*Dakin, D., 217
Dallas, George (membro do Parlamento), 187
de Furia, Giuseppe, 44
de la Hodde (espião da polícia), 218, 223-4, 282
de Serio, Vito, 255
Di Pasquale (bandido), 42
*Díaz del Moral, Juan, 110, 118, 120-2, 124, 126, 270*n*
Dick Turpin, 47, 49
Dimino, S. (herege), 139
Dionigi, Mariani, 40
Djilas, M., 268*n*
Donatello, Carmine ("Crocco"), 55
*Donini, professor Ambrogio, 260*n*, 269*n*
*Douglas, Norman, 47
Dovbush, Oleksa, 39, 48, 50, 261*n*
Duca, A., *ver* Angiolillo
Dugué, Saint Perrine, 171
Dunlop, John, 204

Edwards, Enoch, 184
Edwards, George, 184, 186, 279*n*
Engels, Friedrich, 221
Enko (proprietário de terras), 248

Fenwick, C. (sindicalista), 184, 186
Fernando II de Nápoles, 85
Finance, Isodore, 279*n*
Finney, Sam, 184
Fiore, Joachim de, 34
*Franchetti, L., 264*n*, 265*n*, 272*n*
Francisco I da Áustria, 161
Francisco II de Nápoles, 85, 237-8
Franco, general, 113, 118, 130

García Lorca, F., 112
Gargaro, Pietro, 255
Garibaldi, G., 55, 65, 71, 73, 133, 141, 165-6
Giuliano, Salvatore, 39, 41-2, 44, 48-9, 52, 68, 144, 232, 234
Goddi, G. (bandido), 40
Goethe, J. W. von, 154
Gooch, Edwin, 184
Gramsci, Antonio, 33

Hauptmann, Gerhart, 177
Heller, Justo, 122
Henderson, Arthur, 184, 186
Henrique III da França, 162
Hepburn, T. (sindicalista), 184
Hill, Billy, 45-6
Holyoake, G. J., 172

Hood, Robin *ver* Robin Hood
Horner, Arthur, 187, 197
Hoxha, Enver, 144

Jacks, Samuel, 186
James, Jesse, 51
Janošik (bandido legendário), 37, 44
*Jennings, Hilda, 177
Johnson, John, 184
José II da Áustria, 162

*Kefauver, E., 264
*Kendall, H. B., 181
Kenyon, Barnett, 184, 186
Kerenski, A., 246
Keufer, A. (sindicalista), 279*n*
Kropotkin, Peter, 120

*La Loggia, E., 142
Lansbury, George, 172
Lazzaretti, Davide, 7, 16, 28, 88-107, 136, 147-8, 239
Lee, Peter, 184, 186
Lênin, Vladimir, 106, 226, 246
Lepeletier (revolucionário), 171
Lerroux, Alejandro, 166
*Levi, Carlo, 47
Li Causi, G. (comunista), 74
Libertaria, La, *ver* Cruz, María
*Linden, Franz, 187
Lo Cicero (bandido), 42
Loddo (policial), 233
*Lombroso, C., 264*n*
Londonderry, Lord, 183
*Longnone, R., 80, 267*n*
Lopez, Giovanni, 8, 249
Lorenzo, frei (padre não ortodoxo), 139
Loyacano (família siciliana), 141, 266
Lutero, Martinho, 106

MacHeath, capitão, 49
*Mack Smith, Denis, 166
Makhno, Nestor, 54, 243, 245
Malatesta, Errico, 118, 120, 132
Manduzio, D., profeta, 239-41
Manzoni, Alessandro, 61
Marat, J. P., 171
Mariana, J. de, 112
Martina, duque de, 40
Marx, Karl, 34, 118, 131, 133, 171, 195, 197, 217, 221, 225-6, 277*n*
Masaniello, 154
Matranga (família siciliana), 76, 141, 266*n*, 273*n*
*Maxwell, Gavin, 39
Mazzini, G., 55, 223, 225
Meomartino, Gaetano *ver* Vardarelli, Gaetano
Messer, Fred (membro do Parlamento), 186
Miceli, Salvatore, 65, 73
Milton, John, 194
*Montalbane, G., 70, 75, 265*n*, 266*n*
More, Thomas, 25
Murat, Joachim, 43
Musolino, Giuseppe, 49

Napoleão Bonaparte, 216
Nappi, Vittorio, 87
Nestroy, Johann, 276*n*
Nicolau II da Rússia, 162

O'Casey, Sean, 163
*Olbracht, Ivan, 50-1, 260*n*

Paine, Thomas, 171
Parrott, W. (sindicalista), 184, 186
Pastorelli (família rica), 104

Pepino, o Breve, rei, 239, 241
Petrosino, tenente (policial), 266*n*
Pickard, Ben, 184
Pio IX (papa), 55, 103
*Pitt-Rivers, J., 129, 270*n*
Place, Francis, 172
*Pope, Liston, 175-7, 277*n*
Potapenko, Vassili (cossaco), 53
Prim, general, 276*n*
Provenzano (família camorrista), 76

Reclus, E. (anarquista), 118
Reid, T. (sindicalista), 186
*Renda, F. (organizador político), 74, 76, 78
Ricciu (policial), 234
Riego (herói republicano espanhol), 276*n*
Robin Hood, 12, 21, 25-6, 37, 39, 44-8, 230
Romano, sargento (bandido), 44, 262*n*
Romeo, Vicenzo, 40-2
*Rossi, Adolfo, 138, 140-3, 241
*Rudé, George, 150
Russo, Genco, 66
Rutherford, Mark, 194
Ryedki, Fiódor, 249

Salis, Giovanni Antonio (proprietário de terras), 41
Sánchez Rosa, José, 121
santa Ana, 211
santa Rosália, 154
santo Antônio, 164
santo Elói, 211
são Crispim, 211
são Francisco, 139
são Januário, 154, 164
são João Batista, 219
são José, 211
são Paulo, 196
são Pedro, 211
Scelba, Mario, 232, 234-5
Schiller, F. (poeta), 53
Schinderhannes (bandido), 45, 47
Schirò (família siciliana), 141, 266*n*, 273*n*
*Scotellaro, Rocco, 106
Sebastiano, Mereu, 234
Seis Dedos *ver* Cruz, Curro
Sen, Suriya (terrorista), 282*n*
Serra (policial), 234
Shakespeare, William, 222
Shuhaj, Nikola (bandido de ficção), 39, 44
Silverio (cantor de flamenco), 276*n*
Simons, C. (membro do Parlamento), 187
Sinenko, Vassilli (camponês), 249
*Soboul, Albert, 171
St. André, Jeanbon, 45
Stálin, Josef, 251
Stanley, Albert, 184
Stassi (família siciliana), 141

Tanteddu, Pasquale, 46, 231-2, 234-5
Tanteddu, Pietro, 233
Taras, Antonio, 231
Tcheremok, Piotr, 53
*Thomas, Gwyn, 177
Thomas, J. H., 186
Tiburzi, Domenico, 44
Tillet, Ben, 190
Togliatti, Palmiro, 104, 251
Toyn, J. (sindicalista), 184
*Trevelyan, G. M., 141
Trevor, John, 188-90

Triana, Fernando el de, 276*n*
*Troeltsch, E., 178
Turpin, Dick, *ver* Dick Turpin

Vallejo Chinchilla, M. (anarquista), 122
Valvo (bandido), 42
Vardarelli, Gaetano, 22, 46, 55, 235-6
*Verga, G., 135
Verro, B. (socialista), 140
*Villari, L., 142
Vítor Emanuel I da Itália, 103, 237
Vizzini, Calogero, 66

*Wearmouth, R., 185, 277*n*
Weitling, Wilhelm, 171
Wesley, John, 277*n*
Wicksteed, Philip, 189
Williams, Zephaniah, 195
Wilson, John, 184, 186

Yeats, W. B., 93
Yevtushenko, Kirill, 249

Índice de assuntos

abolição: do dinheiro, 118; da escravidão comercial, 190; do feudalismo, 65, 68, 133, 141; de impostos e tributos sobre consumo, 136
abstinência *ver* temperança
açougueiros, 155
Adelfi, 216-7
adventistas, 106
advogados, 47, 61, 65-6, 75, 119
agiotas e comerciantes, 45, 47, 151, 154-5
alfaiates, 225, 283*n*
anabatistas, 97, 130; *ver também* batismo de adultos
analfabetismo, 23, 55-6, 58, 64, 73, 100, 110, 122, 124, 194, 201, 212, 232
anarcossindicalismo, 123, 129
anarquismo, anarquistas, 14, 17, 28, 53, 90-1, 94, 97, 108-33, 138-41, 148, 164, 168, 169, 243, 245, 263*n*, 264*n*; *ver também* bakuninismo, bakuninistas
anticlericalismo, 107-30, 162, 166, 170, 193, 231; *ver também* clero
artesãos, 63, 105, 111, 118, 136, 149, 152, 155, 159, 172, 174, 176, 194, 204, 207, 210, 212, 221, 225, 273*n*, 277*n*; rurais, 55, 80, 105; *ver também* sociedades de artesãos; plebes
artífices *ver* artesãos
Associação de Funcionários de Escritório do Serviço Público, 187
ateísmo *ver* livre pensamento

babovismo, 216
bakuninismo, bakuninistas, 53, 112, 118, 123, 132, 281*n*; *ver também* anarquismo, anarquistas
banditismo, 12, 18, 21, 25, 27-8, 32, 37-87, 111, 115-6, 133, 144, 148, 160, 231-2, 235, 237-9, 271*n*
bandolero, 38, 43, 116, 262*n*; *ver também* banditismo

bandos camponeses, 43-4, 52-3, 61, 112, 230, 262*n*
barqueiros, 155
batismo de adultos, 122, 201, 206; *ver também* anabatistas; iniciação
batistas, 106, 173, 181-2, 186, 188-9
Bhawani Mandir, 223, 282*n*
Bíblia, 44, 177, 180, 190, 193, 196, 231, 240
blanquismo, 220, 224-7, 281*n*, 283*n*; *ver também* Sociedade das Estações
bolchevismo, 93, 113, 119, 226, 243, 245, 263*n*; *ver também* comunismo
Bourbon, 44, 47, 52, 65, 67, 70, 80, 85, 116, 133, 156, 161, 163, 165, 260*n*
braceros *ver* trabalhadores sem-terra
budismo, 89
Bund der Geächteten *ver* Liga dos Fora da Lei
Bund der Gerechten *ver* Liga dos Justos
burguesia, 46, 65-6, 133, 158, 174, 192, 209, 224; *ver também* classe média
burguesia, pequena *ver* lojistas e comerciantes

caciques, 38, 43, 116
Camere del Lavoro, 107
Camorra, 61, 62, 84-7, 165, 264*n*, 267*n*
campieri, 67, 78, 142
camponeses, 13, 17, 22, 26, 28, 31, 33, 37-148, 157, 160, 163-8, 202, 223, 230; levantes camponeses (*jacqueries*), 22, 25-6, 49, 53, 71, 88-107, 131-47, 232; ligas camponesas (*ver também* Fasci Siciliani), 49, 57, 74, 106, 108-30, 131-47; *ver também* *campieri*; classe média, rural; meeiros; pastores; terra; trabalhadores sem-terra
cantonalismo, 112
capitalismo, 14-5, 22, 24, 31, 45, 48, 50, 65, 70, 100, 115, 121, 126, 134-5, 148, 190; *ver também* liberalismo econômico
carabinieri, 104, 231-4, 251; *ver também* polícia
carbonários, 55, 80, 112, 199-27
carlistas, 116, 166
carregadores, 154
cartismo, 135, 173, 179, 194
cercamentos *ver* terra, comum
Charbonnerie Démocratique Universelle, 217
cidades, 18, 24, 29, 63, 100, 134, 136, 148-68, 172, 174, 194, 196, 220, 230, 242-3, 246; capitais, 151, 167; patriotismo, 148-68; planejamento, e tumulto, 167; *ver também cidades individualmente*
Circolo Savonarola, 139
Clarion, 192
classe média, 13-4, 58, 65, 80, 136, 139, 169-70, 173, 189, 193, 196, 224-5, 265*n*; rural (*ver também gabellotti*; camponeses), 24, 47, 66, 68, 70, 134; *ver também* lojistas e comerciantes
classe trabalhadora, 26-30, 110, 149, 167, 169-98, 213, 224
clero, 161, 169-98, 263*n*; *ver também* anticlericalismo, *igrejas específicas*
Cofradia del Monopodio, 84
coletores, 24, 64, 101, 117
comerciantes e agiotas, 45, 47, 151, 154-5
comerciantes *ver* lojistas e comerciantes
Comitê de Segurança Pública, 45

compagnonnages ver sociedades de artesãos
comunidade aldeã, 53, 108-30, 243, 245; industrial, 148, 156, 172, 277*n*
comunismo, 16-7, 28, 46, 49, 105, 112, 123, 127, 130-47, 169, 181, 220, 250, 266*n*; *ver também* bolchevismo
Confederação Geral do Trabalho Italiana (CGTI), 106
confraria, 273*n*
congregacionalistas, 182, 184, 197
construtores, 205
contrabandistas, 38, 41, 111, 264*n*
contrarrevolução, 53, 154, 160
contro-squadre, 68, 70
conversão, 84, 101, 144, 173-4, 178, 180, 186-7, 239
cooperação, 55, 70, 144, 194-5
cosche, 61, 69
cossacos, 53, 263*n*
crime, 41, 43, 53, 57-87, 112, 206, 232-4, 238, 242
cristãos bíblicos, 44, 180
cultos de carga, 26, 269*n*
curtidores, 154
custo de vida, 151, 156
czar *ver* soberano

Decisi, 55
deísmo, 163, 171, 173, 189
depressão econômica, 43, 84, 133, 137, 144
desemprego, 75, 151, 154, 167, 182, 223, 235
destrutividade, 53, 230-1
dezembristas, 217

eleições, 74, 76, 81, 110, 143, 158, 266*n*, 269*n*, 271*n*, 276*n*
elites, 14, 24, 72, 77, 84, 94, 169, 174, 196, 217, 224, 227, 264*n*
emigração, 50, 82, 129, 135, 266*n*
empregados domésticos, 126, 154
Empresas Armadas, 67
Enfants de Salomon *ver* sociedades de artesãos
Enfants du Maître Jacques *ver* sociedades de artesãos
Enfants du Père Soubise *ver* sociedades de artesãos
Estado, 24, 26, 38, 40-1, 44, 59, 63, 81, 85, 105, 112, 115-7, 151-2, 160, 163-4, 190, 193, 263*n*
estivadores, 154, 199, 280*n*
estrangeiros, 25, 29, 47, 115, 153, 155; *ver também* nacionalismo
excomunhão, 103, 139, 238, 242
Exército da Salvação, 176
Exército Republicano Irlandês, 220, 281*n*

fabianos, 171, 218
fabricantes de carruagens, 204, 213
fabricantes de corda, 154
Fasci Siciliani, 71, 131-47
fascismo, 74, 76-7, 106, 129, 144, 159, 250, 267*n*, 269*n*, 273*n*, 276*n*
Federação Social-Democrata, 172
fenianos *ver* Irmandade Republicana Irlandesa
ferroviários, 186
feudalismo, 26, 33, 59-60, 65-6, 68, 70, 80, 115, 133-4, 141
fibbia, 79, 268*n*
Filadelfi, 216-7
fileleno, 217
folclore, 39, 161, 175; *ver também* Dick Turpin; Janošik; Robin Hood (no

índice onomástico); literatura popular
fome, 49, 111, 114, 151, 160, 167
fora da lei *ver* banditismo
Fratellanza, 70, 265*n*
fraternidade, 84, 86, 93, 210-6, 242
fraternidades religiosas *ver* irmandades, guildas e corporações; parentesco, artificial
Fratuzzi, 70
frenesi milenarista, 129; *ver também* revivalismo
Frente Popular, Espanha, 271*n*
fronteira americana, 180-1
funcionários públicos, 24

gabellotti, 66, 72, 75, 134, 144; *ver também* classe média, rural
galantuomini ver pequena nobreza
garibaldinos, 55, 65, 71, 73, 133, 141, 165
Gesellenverbaende ver sociedades de artesãos
Grande Oriente, 215; *ver também* maçons
greve geral, 113-4, 126
greves, 91, 113-4, 119, 146, 158, 179, 183
guardadores dos campos *ver campieri*
Guardia Civil, 116-7
guerras civis, 114, 129
guerrilheiros, 27, 42-3, 47, 52, 71, 112, 272*n*
guildas e corporações, 85, 149, 152, 155

hinduísmo, 89, 220
homicídio, 40, 79, 231, 234, 238, 272*n*; *ver também* vingança de sangue

Igreja anglicana, 173-4
Igreja Católica Romana, 30, 111, 139, 141, 170, 174, 211; *ver também* papado
Igreja de Deus, 179, 252
Igreja dos irmãos cristãos, 106
"Igreja e rei", 29, 54, 150, 153, 162, 166, 230
igrejas incendiadas, 118; *ver também* puritanismo
Igrejas pentecostais de santidade, 179
igualdade, 50, 93, 164, 231, 250
Illuminati, 216, 219
Iluminismo, 169, 215; *ver também* deísmo, racionalismo
imigrantes *ver* emigração
Immacolata, 273*n*
impossibilismo, 92, 97
impostos, 64, 99-102, 136, 151, 223
impressores, 207, 210, 225, 279*n*
industrialização, 18, 21, 28-30, 47, 101, 109, 169-98, 208, 213
informantes, 8, 142, 231, 234; *ver também indivíduos por nome* (no índice onomástico); traição
iniciação, 62, 81, 200-1, 205, 216-7, 221, 224, 280*n*; *ver também* ritual
insurreição, 108-30, 134, 139, 162, 218; *ver também* blanquismo; camponeses, levantes camponeses; revoluções
intelectuais, 55, 102, 118, 132, 136, 139, 169-70, 176, 180, 194, 223, 225, 283
Internacional, 112-4, 146, 216; Primeira, 195, 281*n*; Segunda, 136
Irlanda Unida, 215
irmandade de sangue, 62, 76; *ver também* irmandades; guildas e corporações; parentesco, artificial

Irmandade Republicana Irlandesa, 163, 218
irmandades, 18, 23, 31, 138, 163, 199-227, 231, 256; *ver também* guildas e corporações; irmandade de sangue; parentesco, artificial

jacobinismo, 22, 29-30, 55, 93, 100, 150, 153, 165-6, 172-4, 192, 194, 197
jacqueries, 63, 115, 133, 135, 163, 263*n*
jornalistas, 32, 59, 79, 120, 137, 172, 232, 241, 273*n*, 282*n*
judeus, 45, 76, 106-7, 188, 201, 248; *ver também* pogroms
juramentos, 96, 202-26; *ver também* ritual

latifúndios, 60-1, 63, 101, 108, 122-3, 137
lazzarettistas, 16, 28, 88-107, 136, 138, 147-8, 239
lazzari, 153-4, 163-5; *ver também* plebes
legitimismo populista, 160-1
lei, 24, 27, 34, 39, 57-87, 100, 102, 114, 123, 134, 143, 164, 173, 201, 210, 241, 248, 278*n*; *ver também* crime; polícia; prisões
lei florestal, 100-1
Levante da Páscoa irlandês, 93, 224
leveller, 194
liberalismo, 47, 55, 69-70, 77, 83, 85, 100, 102, 115, 133, 135, 159, 165, 188, 190, 192, 261*n*, 267*n*, 272*n*
liberalismo econômico, 24, 50, 100, 116, 264*n*
Liga dos Comunistas, 221-2
Liga dos Fora da Lei, 221
Liga dos Justos, 221, 225-6
literatura popular, 11, 18, 47, 59, 62, 93, 111, 118, 239, 268*n*, 273*n*; *ver também* Bíblia; folclore
livre pensamento, 169, 171-2, 195, 197
lojistas e comerciantes, 101, 152, 155, 159
ludismo, 22, 161
Lumpemproletariat, 85; *ver também* crime

maçons, 82, 202, 208, 215
Máfia, 13-4, 22, 26-7, 31-2, 38, 41, 53, 57-87, 260*n*
magia e milagres, 39, 90, 161, 171, 177, 202, 230
magliari, 86
Makhnovtchina, 54, 243
mandato do céu, 161
manifestações de massa, 31, 47, 74, 83, 113, 128, 140, 166, 169
marceneiros, 154, 282*n*
marujos, 63, 175
marxismo, 34, 118, 131, 133, 171, 195, 197, 221, 226, 281*n*
mazzinianos, 55, 223, 225, 281*n*
meeiros, 66, 101, 105-6, 137; *ver também* camponeses
menu peuple ver plebes
messianismo, 89, 129
metodistas: Associação Wesleyana, 277*n*; calvinistas, 173, 181-2; kilhamitas, 277*n*; primitivos, 179-89, 253, 277*n*, 279*n*; Reformadores Wesleyanos, 277*n*; wesleyanos, 180-5, 190, 277*n*
mezzadri ver meeiros
milenarismo, 7, 16, 18, 21-2, 26, 28, 34-5, 55, 88-147, 162, 165, 230

mineiros, 26, 63, 69, 74, 139, 182-7, 195, 197, 265*n*
minorias nacionais, 170
mir ver comunidade aldeã
monarca *ver* soberano
monarquistas, 49, 77, 159, 267*n*, 276*n*; *ver também* soberano
Motins de Gordon, 152
Movimento Terrorista Bengali, 220
mulheres, 8, 49, 54, 95, 103, 108, 118, 126, 137, 142, 146, 155, 166, 175-6, 180, 201, 268*n*; *ver também* rapto, casamento por

nacionalismo, 90, 170, 223; *ver também* estrangeiros
Narodniks, 220, 226, 281*n*
'ndranghita, 79, 267*n*
neofascistas, 159, 276*n*
nobreza, 83, 94, 132, 138, 141, 152, 273*n*; *ver também* pequena nobreza; proprietários de terras

o'brienitas, 171
obreros conscientes, 17, 120-2, 129
Oddfellows *ver* sociedades solidárias
omertà, 59-60, 63, 271*n*
Onorata Società, 41, 80-2
ourives, 154
owenitas, 171, 174, 194

"Pangs", 152
papado, 102, 156, 162, 237-8
parentesco, 15, 24-5, 97; artificial (*ver também* irmandades), 62; *ver também* vingança, de sangue
partidarismo, 52, 154
Partido Republicano (Estados Unidos), 73
Partido Trabalhista (Reino Unido), 159, 172
Partido Trabalhista Independente (Reino Unido), 172, 188, 192
pastores, 42, 55, 67
pequena nobreza, 44, 47, 52, 111, 126, 128, 132, 135, 243, 248; *ver também* proprietários de terras; nobreza
pescadores, 63, 155, 181
picciotti, 61, 70
plebes, 148-68, 283*n*; *ver também ofícios específicos*
poder, 12-3, 27-8, 35, 42-3, 45, 48, 51, 54, 60, 63-77, 80-3, 85, 94, 104, 112-3, 117, 127, 135, 137, 143-4, 152, 154, 164, 193, 196, 218, 233, 261*n*, 263*n*, 268*n*, 270*n*
pogroms, 248-9
polícia, 24, 34, 37-56, 63-5, 67, 75-6, 79-81, 85, 104, 117, 127, 129, 155, 214, 218, 224, 231, 233, 235, 247-8, 267*n*, 282*n*
pomeschiki, 243-4; *ver também* pequena nobreza
popolino, popolo minuto, *ver* plebes
positivismo, 36, 171, 188, 264*n*, 279*n*
pregadores leigos, 180, 185, 187
presbiterianos, 173, 188
Primeira Guerra Mundial, 25, 49-50, 74, 76, 135, 143
Primeiro de Maio, 53, 68, 144, 146
prisões, 52, 54, 59, 62, 81, 85, 160, 233, 249
profecias/profetas, 16, 34, 90, 102, 105, 118, 130, 171, 177, 185, 193, 241, 254; *ver também profetas específicos* (no índice onomástico)
propriedade, 63, 65-71, 77-8, 81, 83-4,

86, 100, 108, 115, 118, 134, 138, 153-4, 157, 270*n*
proprietários de terras, 24, 34, 38, 54, 110, 115, 127, 133, 143, 236, 244, 246, 270*n*; *ver também* nobreza; pequena nobreza
protestantismo, 30, 44, 106-7, 169-98, 207, 239; *ver também igrejas específicas*
proudhonistas, 281*n*
purgatório, 219, 273*n*
puritanismo, 122, 194

quacres, 173, 188, 197
qualunquistas, 276*n*
quiliasta, 89

racionalismo, 23, 32, 36, 89, 91, 169, 173, 197, 200, 222; *ver também* livre pensamento
radicalismo, 22, 35, 71, 133, 159, 167, 173, 180, 184, 188, 197
rainha *ver* soberano
rapto, casamento por, 40, 43, 268*n*
rebelião, 100, 131-68, 232-5
reformismo, reformistas, 12, 15, 27-30, 33-6, 78, 81, 83, 91, 96, 100, 123, 133, 135, 145, 158, 173, 180, 184, 197, 231, 270*n*, 277*n*, 279*n*
rei *ver* soberano
"reis injustos", 162
"reis justos", 51, 230
republicanismo, 42, 55, 112, 129, 194, 215, 218, 220, 254, 257, 276*n*, 281*n*; *ver também republicanos específicos* (no índice onomástico); *organizações pelo nome*
respiga, 46, 236
revivalismo, 174, 194; *ver também* frenesi milenarista
Revolução Industrial, 172
revoluções, 12, 14-9, 28-31, 85, 88-147, 199-227, 259*n*; Americana, 169, 215; Francesa, 21, 31, 90, 92-3, 151-2, 165, 167, 169, 171, 173, 215, 276*n*; napolitana (1647), 151, 154; napolitana (1848), 101, 133, 135, 165; Russa, 92-3, 113, 123, 263*n*; siciliana, 66-84, 134, 146
ritual, 18, 21, 23, 30-2, 62, 80, 84, 90, 149, 171, 199-227, 231, 267*n*; *ver também* iniciação; irmandade; juramentos; magia e milagres; senhas; simbolismo
rixa de família *ver* vingança, de sangue
ronde, 63

saint-simonismo, 171
santos, 139, 154, 164, 196, 211, 219; *ver também santos específicos* (no índice onomástico)
sapateiros, 8, 106, 120, 150, 154, 165, 211, 225, 249-51
secularismo *ver* livre pensamento; racionalismo
Segunda Guerra Mundial, 66
seitas trabalhistas, 18, 21, 26, 29, 169-98, 230
senhas, 61-2, 202, 211, 217, 221; *ver também* ritual
separatistas sicilianos, 49, 53, 77
Sião, 269*n*; comunista, 35
simbolismo, 62, 202-3, 212, 215, 217, 280*n*; *ver também* ritual
Sindicato dos Trabalhadores do Gás, 192
sindicatos, 21, 24, 30, 106, 122, 129, 149, 158, 179, 183-8, 195, 203, 212-3, 274*n*, 280*n*; *ver também sindicatos específicos*

Skhods, 243
soberano, 29, 46-7, 54-5, 102, 116, 137, 142, 150, 152, 160-5, 200, 230, 238-9, 241, 260*n*; *ver também* legitimismo populista; monarquistas; "reis injustos"; "reis justos"
socialismo, 29, 49, 90, 92, 97, 110, 131-47, 259*n*, 266*n*; cristão, 139, 169-98; italiano, 158; utópico, 22, 28, 171; *ver também socialistas específicos* (no índice onomástico)
Sociedade das Estações, 219-20, 225, 257, 282*n*
Sociedade das Famílias, 225
Sociedade das Novas Estações, 283*n*
Sociedade Racional, 194
sociedades de artesãos, 22, 30, 105, 194, 203, 208, 212; *ver também* artesãos; guildas e corporações; irmandades
sociedades secretas, 13, 21, 57-87, 199-227, 257, 260*n*
sociedades solidárias, 70, 203, 209, 211, 213
soldados como rebeldes, 38, 52, 283*n*
spencianos, 171
squadre, 65, 69-70, 73
Stoppaglieri, 65, 70, 265*n*, 266*n*
Sublimes Mestres Perfeitos, 217

tanoeiros, 207
temperança, 185, 204
terra, 100, 115; coletivização da (*ver também* cooperação), 115, 141; comum, 100, 134; divisão da, 112; ocupação da, 77-8, 96, 109, 132, 134; reforma agrária, 81
terrorismo, 74, 218, 220, 223, 234, 281*n*; *ver também* Exército Republicano Irlandês; Irmandade Republicana Irlandesa; Movimento Terrorista Bengali; Narodniks
testemunhas de Jeová, 95, 106-7
trabalhadores agrícolas, 115, 181, 184, 186, 197, 278*n*
trabalhadores da indústria têxtil, 213
Trabalhadores Industriais do Mundo (IWW), 51
trabalhadores pobres *ver* plebes; *ofícios específicos*
trabalhadores, revolução de (1830), 183, 262*n*
trabalhadores sem-terra, 53, 74, 101, 105, 108-30, 133, 142
tráfico de drogas, 78
traição, 39, 43, 55, 95, 118, 138, 153, 160, 224, 234, 239, 243; *ver também* informantes; *omertà*
tranquilidade, 128, 161
Tugendbund, 216-7
turba urbana, 54, 148-68

unificação italiana, 50, 72, 100, 134
unitaristas, 173, 184, 188-9, 197
urbanização *ver* cidades
usura, 25, 139, 242
utopismo, 22, 28, 36, 91-2, 97, 117, 127, 171

valdenses, 106
vassalos, 26, 38, 43, 57-87, 133-4
vendedores de peixe, 154
vingança, 12, 27, 37, 45, 47, 51, 70, 134, 177, 230, 263*n*, 272*n*; de sangue, 25, 81-2, 160

"Walworth Jumpers", 178

ESTA OBRA FOI COMPOSTA PELO ACQUA ESTÚDIO EM MINION E IMPRESSA
EM OFSETE PELA GRÁFICA PAYM SOBRE PAPEL PÓLEN NATURAL
DA SUZANO S.A. PARA A EDITORA SCHWARCZ EM JANEIRO DE 2025